故宫学视野丛书

故宫学研究中的价值观问题

主编 **单霁翔 郑欣淼** 执行主编 **章宏伟**

李文儒◎著

故宫出版社

图书在版编目 (CIP) 数据

故宫学研究中的价值观问题 / 李文儒著．— 北京：故宫出版社，2019.12
（故宫学视野丛书）
ISBN 978-7-5134-1263-6

Ⅰ．①故… Ⅱ．①李… Ⅲ．①故宫—研究
Ⅳ．①K928.74

中国版本图书馆 CIP 数据核字（2019）第 246238 号

故宫学视野丛书
故宫学研究中的价值观问题
李文儒◎著

出 版 人：王亚民
责任编辑：顾从辉　高原辰
封面设计：王　梓
出版发行：故宫出版社
地址：北京市东城区景山前街4号　邮编：100009
电话：010-85007808　010-85007816　邮箱：ggcb@culturefc.cn
制　　版：保定市万方数据处理有限公司
印　　刷：保定市中画美凯印刷有限公司
开　　本：787毫米×1092毫米　1/16
印　　张：18.25
字　　数：220千字
版　　次：2019年12月第1版
2019年12月第1次印刷
书　　号：ISBN 978-7-5134-1263-6
定　　价：60.00元

总　序

故宫遗产包括故宫古建筑群和故宫博物院藏品两大部分，两者在中国古代历史文化遗产中都有无与伦比的地位和价值。故宫建筑群是中国现存古代官式建筑的最大案例和最高典范。故宫建筑群原名紫禁城，建成于明永乐十八年（1420 年），及至清宣统三年（1911 年）溥仪退位，明清两代共 24 位皇帝在此居住执政。故宫建筑群既有深厚的历史价值，又有鲜明的艺术价值，其空间格局体现了中国传统礼制文化的规划理念，其园囿布置展示了中国古代宫廷园林的艺术成就，其建筑档案保存了中国古代营建制度和传统技艺的重要信息。故宫博物院藏品是中国古代艺术的完美表达和系统展示。故宫博物院堪称中国最大的古代文化艺术宝库，是中国古代物质文明和文化艺术的物质载体和精神象征。截至 2010 年 12 月，馆藏文物总计 1807558 件套，其中珍贵文物 1684490 件套、一般文物 115491 件套、标本 7577 件套。

自 20 世纪以来，在中国社会政治变革和文化转型进程中，紫禁城经历了极其复杂的转变。皇宫转变为博物馆，皇家收藏从秘藏走向公开，故宫博物院承载着政治、文化和艺术的丰富内涵，是中国社会变革进程的时代见证和经典缩影。保护好故宫建筑群，保管好故宫博物院藏品，是一代代故宫人肩负的神圣职责。跻身世界一流博物馆，展现中华艺术文化精神，是一代代故宫人不懈奋斗的目标。为此，故宫博物院着力于紫禁城建筑的保护修缮，埋首于清宫文物藏品的清理点查，潜心于明清宫廷历史文化的整理研究，专注于中国古代艺术珍品的陈列展览。在长达 90 年的发展进程中，故宫博物院逐渐形成了一套自成体系、别具一格的研究体系和工作模式。

2003 年，在分析阐释故宫遗产的价值和梳理总结故宫博物院的学术路径的基础上，郑欣淼先生提出了“故宫学”的学术概念。从概念界定和范畴体系来看，故宫学的主要研究对象包括三方面：其一，故宫建筑群，既是明清两代的皇家建筑，也是中国保留最为完整的宫殿建筑群。其二，故宫博物院藏品，主要包括古物、典籍、档案，既是中国历代艺术文化的重要载体，也是明清两代宫廷历史文化的信息记录。其三，故宫博物院，既是近代中国社会政治变革的典型产物，也是推动当代中国文化转型的重要力量。故宫学将故宫建筑群、文物藏品和故宫博物院视为有机的文化整体，在类型庞杂、内容交叉的研究对象中，找寻相通的理论基础和方法体系，建构合理的学术范畴和学科体系，并有力地指导和推动着故宫的保护与博物院的发展。自 2005 年以来，故宫博物院陆续成立古建筑、古书画、古陶瓷、明清宫廷历史、藏传佛教文物五大研究中心，获批设立“明清官式建筑保护研究国家文物局重点科研基地”“古陶瓷保护研究国家文物局重点科研基地”。尤其是 2009 年故宫学研究所的设立，将故宫学的理论探索与实践应用提升到一个新水平：以探索理论方法为核心的学术研究已初现成果，以建构学科体系为目标的联合办学已渐成规模，以积蓄学术力量为要务的交流平台已凸显成效。

最近五年，故宫博物院立足文化自觉和文化创新，有序推进“平安故宫”和“学术故宫”建设，全面提升故宫博物院的硬实力和软实力。一方面，故宫博物院启动“平安故宫”工程，预期在 2020 年完成文化遗产完整保护、环境质量稳步提升、安防设施全面覆盖、开放区域适度扩大、文物库房功能改善、文物藏品保护修复的六大目标，并最终实现将壮美的紫禁城完整地交给下一个 600 年的历史使命。另一方面，故宫博物院着手建设“学术故宫”，以故宫研究院和故宫学院为平台，不断完善学术布局，逐步扩大学术影响力。目前，故宫研究院形成了“一个研究室、十五个研究所和一个博士后流动站”的学术布局，故宫学院已经形成了苏州分院、西安分院、景德镇分院、深圳分院的组织架构。至此，故宫博物院已经完成了双引擎、四轮驱动的战略布局："平安故宫"和"学术故宫"统率故宫博物院硬实力和软实力的建设目标，两院（故宫研究院和故宫学院）两基地（明清官式建筑保护研究国家文物局重点科研基地和古陶瓷保护研究国家文物局重点科研基地）引领故宫博物院古建筑保护、文物修复、学术研究和文化传播的发展方向。在"平安故宫"实践中总结提炼，在"学术故宫"框架内提纲挈领，故宫学将会迎来一个新发展，迈上一个新台阶。

2020 年，紫禁城将迎来建成 600 周年纪念。2025 年，故宫博物院将迎来百年华诞。故宫和故宫博物院正走向百年历史进程的重要时期。值此关键时期，"故宫学视野丛书"即将出版，首次推出故宫学研究专著五种。郑欣淼《故宫学概论》明确界定故宫学的概念、范畴以及学科体系，全面探讨故宫学的学科特点、研究方法以及意义价值，并详细论述故宫学的研究进展及前沿领域。王素《故宫学学科建设研究初探》从学科建设的视角出发，全面建构故宫学学科体系的基本架构，论证分支学科的对象、范围的价值。章宏伟《故宫学的视野》立足具体个案的实证研究，深入剖析故宫学文化整体性的思维结构和多重论证的方法体系。武斌《故宫学与沈阳故宫》坚持理论与实践的结合，详细论述故宫学对沈阳故宫博物院的建筑保护、藏品研究以及学术交流等方面的指导意义和应用价值。魏奕雄《故宫国宝南迁纪事》对地方文献、档案材料的挖掘，丰富了故宫这段院史的血肉。这五部论著坚持纯粹的学理阐述，又兼顾学术的实践维度，为故宫学的发展奠定了基础。

故宫学的探索与实践，故宫学的视野与梦想，看似学术理论层面的思考，实则影响到故宫博物院实践层面的效果，甚至是关乎国家文化外交和文化战略层面的重要因素。尤其是近年来，习近平总书记多次强调要提高文化软实力，要努力展示中华文化的独特魅力，要系统梳理传统文化资源，让收藏在禁宫里的文物、陈列在大地上的遗产、书写在古籍里的文字活起来。如何在中华民族的伟大复兴进程中发挥故宫学的学术意义和现实价值，如何在故宫博物院建设世界一流博物馆进程中拓展故宫学的学术视野和学术影响，这是新的时代环境赋予的机遇与挑战。我们希望，经过几代故宫人的努力，故宫学能够成为海内外瞩目的一门显学，故宫遗产价值得到更为深刻的阐释，中华文化艺术得到更为广泛的传播。

目　录

故宫学研究中的价值观问题（代前言）

故宫作为曾经的皇宫，所承载的历史的或曰传统的文化体系，与故宫博物院作为博物馆所承载的现代文化体系，是两种性质完全不同的，甚至在某种程度上是相互对立的文化体系。故宫学研究者的重要职责之一，不仅要研究两种不同的文化体系，更要研究这两种文化体系之间的切割与转化关系。在由这样的故宫学研究内涵的三个向度构成的三维文化学术空间中，研究主体的价值观——价值评判与价值导向是这一特殊学术建构的灵魂。

故宫学的提出，《故宫学刊》的编辑出版，故宫学研究所的建立，故宫研究院的建立，足以说明对以“故宫”的全部文化承载为研究对象的学术研究的高度自觉。由于研究对象的特殊性，故宫学研究中的价值观问题是我这些年来一直关注的问题之一。我在《从皇宫到故宫到博物院——纪念辛亥革命100年》一文中的结束部分较为集中地提出了这一问题，但并未展开深入讨论①。

我提出的主要问题是：作为形象鲜明的文化形态“符号”，明清时代的皇宫紫禁城符号的核心指的是帝制、君主；成为故宫之后则是半君主半民主、君主与民主纠结的符号；只有到了故宫博物院时代，才成为完整意义上的民主符号。但对于作为公共文化机构的博物馆来说，对于承担民主文化使命的博物馆来说，博物馆民主文化价值的实现在较长时期内未能引起足够的重视。从故宫文化的价值构成和博物馆文化价值构

① 见《故宫博物院院刊》2011年第6期。

成着眼，故宫文化在完成了“谁的紫禁城”的文化民主转型之后，故宫博物院面临的重大文化任务是如何实现故宫文化向民主文化的本质性转型，如何推进故宫文化为真正的民主文化建设做出历史贡献。辛亥革命已经百年，至少如下问题仍很现实：第一，以故宫博物院成立为标志，将君主独占的文化改变为人民共享的文化，将皇家的私藏改变为公共的所有，如前所述，这只是改变了作为“物”的所有权问题，解决的仅仅是容易解决的表层问题；在更深的层次上，如故宫成为故宫博物院后，在文化的民主化建设方面到底意味着什么？到底应该承担什么样的文化历史使命？故宫博物院作为现代公共文化机构的价值实现到底引发过怎样的讨论？第二，在故宫文化体系中，“君主”与“民主”的关系如何？故宫文化的“主流”是什么？是君主文化还是民主文化？以故宫文化为代表的传统文化中究竟是“君主”的成分多还是“民主”的成分多？对于其中的精华与糟粕又该如何认识和取舍？第三，怎样以现代理性与观念，即以民主文化的价值观对待保存至今的故宫文化？从君主到民主，从传统到现代，故宫文化经历了怎样的演变过程？孕育出怎样的新文化的成果？传统文化、故宫文化如何在现代文化转型、文化创新中发挥应有的作用？如何在人民创造自己的新生活中发挥应有的作用？

我以为这一问题是所有参与故宫学研究的研究者需要持久关注和思考的重要问题。因为作为皇宫承载的历史的或曰传统的文化体系，与作为博物馆承载的现代文化体系，是两种性质完全不同的甚至是根本对立的文化体系。故宫学研究者的职责，不仅要研究两种不同的文化体系，更要研究这两种文化体系之间的切割与转化关系。在由这样的故宫学研究内涵的三个向度构成的故宫学的三维文化学术空间中，研究主体的价值观——价值评判与导向是这一特殊学术建构中的灵魂。

我所强调的故宫学研究中的价值观，即研究和评判故宫所承载的悠久丰富的历史与厚重复杂的传统文化时依傍和运用的价值体系，归根结底还是“当下”如何解读“传统”的问题，还是任何历史都是“当代史”的含义。基础是还原研究，所谓还历史的本来面目，重点是评价性研究，是理性批判，也就是治史向来看重的史与论、知识与见识的关系。缺乏客观的、真实的、严谨的还原性研究，谈不上理性的评判与见识。当然，有了前者，也不一定必然有后者，但一定可以为后者提供充分讨论的基础，奠定产生和发扬真知灼见的基本条件。不论是以还原性研究为主，还是以评判性研究为主，当然更多的应该是你中有我、我中有你的综合性研究，不管何种研究，提出应当达到当时与现时的最高历史水平的要求，任何时候都不算过分。

以我和赵中男先生策划，主要由他主编的《明代宫廷史研究丛书》为例。故宫的研究资源特色与优势要求故宫博物院应有相应的学术研究特色与优势。最初的目的主要是想弥补宫廷史研究，特别是明代宫廷史研究的不足，所以研究范围涉及宫廷历史的方方面面。现在的故宫是明代建造、明清两朝使用近 500 年的皇宫。家国天下，皇宫是家亦是国，是一个国家长达 500 年的权力政治核心。清承明制，清朝不只是承袭了明朝帝王的执政与生活的空间，包括制度文化、政治文化、经济文化、社会文化，是全方位的继承。故宫学研究如果缺失明代宫廷史研究，后果是不可想象的。为了选题立项、研究的展开、成果的出版，我们多次召开了专家学者论证会。故宫学首创者郑欣淼先生专文予以评价，认为该研究项目首次从宫廷史的角度分门别类、系统全面地研究明代宫廷史，可以逐步确立明代宫廷史相对独立的学术地位，可以促使宫廷史涉及的一些问题与领域受到关注，可以推动社会史、文化史的研究，可以促进中外宫廷研究方面的交流与合作①。

《明代宫廷史研究丛书》虽然首先是立足于故宫丰富的文化资源的还原性研究，但因宫廷地位的特殊性，足以辐射与影响到每一个角落。如对最高端的权力集中、体制运行的研究，决策、执政、行政的通畅与阻滞，权力制衡、监督的有效与失效，体制内种种可能的有限性与种种不可能的无限性等等。不只是还原性研究的巨大空间，同时也是评判性研究的巨大空间，更是对研究者的巨大挑战与考验。同样是体制与权力运行程序的原因，宫廷制度、政治、经济、文化对整个社会的思想文化的统治与影响虽然显而易见，但仍然值得仔细梳理，尤其有必要做价值

① 见《略评明宫史研究丛书》，《故宫学刊》2010 年，总第 6 辑。

判断层面的深刻反思。

以皇宫建筑研究为例，皇宫建筑紫禁城是故宫最外在最鲜亮的标志。这些年来下大力搜罗辑录整理，陆续编辑出版的《明清宫廷建筑大事史料长编》，无疑是填补空白的还原性研究。多年来一直进行着的保护研究、修缮研究、建筑科学研究、建筑工艺研究，已经积累了丰富的研究成果，这些都是非常必要也是非常重要的。不过，紫禁城作为皇宫，作为发挥专制统治核心的功能早已成为历史，今天的紫禁城，已经成为千百万人自由出入的公共文化空间了，当这么多的人们面对曾经神圣不可侵犯、至今依然保存完好的历史建筑形态时，应当有何感想又如何认识呢？也许这才是更重要的、最需要做出价值判断的论题。

有人亲口告诉我，从天安门走进紫禁城，走啊走，看见太和殿，腿一软就跪下了。我说不至于吧，为什么要跪下呢，累了吧？他说，不是，紫禁城，震撼！多么大的力量啊，把膝盖都震软了。仔细想想也不无道理。从永定门开始，乃至从更远的地方开始，一条笔直的中轴线，一直通到太和殿的“宝座”上。试想怀抱着一定要亲眼看看皇帝的金銮宝殿的心愿，穿过永定门门洞，前门门洞，明朝大明门、清朝大清门、民国中华门门洞（已不存，现毛主席纪念堂所在地），外金水桥，天安门门洞，端门门洞，午门门洞，内金水桥，太和门，到太和殿广场了，突然看见蓝天白云中雄伟的金銮宝殿了，这是一种怎么想也想不到的经过，我想刹那间确实能够涌出那种被震撼到的感觉，腿一软不就跪下了嘛。当然，现在有人下跪只是一种极端的表现，但从根本上看，皇帝就是要凭这个形成无比的威严无上的权威啊。不管北京城有多大，紫禁城有多大，所有的建筑都在突出唯一的皇帝的这个位置。皇帝已经不是一个具体的人了，而是一个抽象的位置了。不管谁坐上这个位置都行，撒尿的孩子坐上去也行。坐什么人不重要，那个位置最重要，这就是皇帝宝座的核心价值。我们的问题是要研究修建紫禁城时用什么手段达到了强化皇权位置的这一目标。为什么设定了这样一个建筑，就能够实现这样一个目标？过去是所有人必须下跪的，但为什么会影响到现在？为什么紫禁城会有这样的效果？皇帝要的就是这个效果，你跪下了，正中皇帝的下怀，他就是要把皇权推到至高无上的地步，让你进了这个空间，就不自觉地腿一软跪下了，这就是帝制时代的紫禁城建筑的核心价值。我们今天建造一处地方，让你见了就跪下，这肯定不行，现在要的是人人平等，谁也不会再去营造这样一个建筑空间。建造紫禁城所追求为皇权、为帝制、为专制、为等级制服务的价值体系，现在谁还需要呢？没人需要了，这是要批判的、被抛弃的价值体系。但是，我们要弄清楚这样的价值观念，是怎样通过形态化的方式呈现并被强化的。研究清楚当然是很有价值，因为任何时候都有这样那样的价值体系需要形态化呈现并被强化。

随着紫禁城原有的使用价值的消失，作为文化遗产的审美价值会越来越被强化。公众文化素质大大提高，审美需求迅速增加，走进紫禁城的人们会思考：紫禁城为什么这么好看、耐看？一般说把大红、大绿、大黄堆积在一起肯定不好看，但大红大绿大黄的紫禁城为什么这么好看且百看不厌？紫禁城里大面积铺排开来的金黄色大屋顶，你站在景山上放眼望去，灿烂辉煌，好看！老百姓家盖房子，用大黄屋顶，肯定不好看，为什么？紫禁城的宫墙，那么大面积单调的紫红色，为什么好看？紫禁城的彩绘，颜色丰富不丰富？赤橙黄绿青蓝紫，什么色彩都有了。按理说，这些色彩堆积在一起，能好看得了吗？哪个姑娘肯将一件赤橙黄绿青蓝紫的衣服穿在身上试试？但是故宫的彩绘就是好看，为什么？这就是他的特殊的美学效果。美学效果和整体理念有什么样的关系？这类的问题是需要我们去研究的有永恒价值、永恒意义的问题。如紫禁城这样的人类文化遗产，有许许多多文化的价值、美学的价值等待我们去发掘。

帝制、皇权、等级与皇宫的建筑形态是什么关系？从建筑理念、建筑思想、建筑文化层面研究和解读往昔的皇宫肯定是非常重要的课题。紫禁城已经成为历史，我们为什么还要精心地保护？除了理性地认识历史，还有没有实用价值？使用的价值一去不复返了，审美价值应该与时俱存。从建筑艺术和从建筑审美的层面研究皇宫建筑就会成为一个研究不尽的课题。我曾尝试从图像学、视觉艺术的角度研究紫禁城。紫禁城给我的感受是：紫禁城其实是一个“主题先行”的艺术结晶，即中国帝王意志、统治思想、传统文化的艺术结晶。紫禁城是中国古老哲学、诗学和传统礼制礼教的形体化、格式化、标准化。紫禁城的选址、规划、布局、结构、造型、着色，紫禁城的高低错落、疏密协调、宽窄相间、空间节奏、光影变幻，紫禁城整体的统一、完备、端庄和变化差异中的对应、和谐、均衡、灵动，不是在建筑美学的指引下完成的，而是在帝制、宗法、礼教理念的指引下完成的。悠久深厚的中国传统文化是紫禁城定位奠基的原点，是紫禁城营建的基准线，或者说古老文化、政治体制、社会结构、礼制理念左右了建筑审美取向——这正是中国古代宫廷建筑审美的独特性、根底性所在。找到了这个文化之本、文化之根，也就找到了面对紫禁城宏大建筑群之时，我们为什么总是被建筑的政治理念与建筑的艺术审美竟能如此完美地统一而震撼的根本原因，我们因此更加确信：伟大的美在于整体而不在局部，任何时候伟大的美都是整体的美，这样伟大的美一定有它深深的文化之根——整体的浪漫想象与细节的灵感闪烁镶嵌在高远、博大、深厚、精致的文化背景上。我发现我从图像、视觉艺术出发，结果回到理念、思想、文化上了，它们之间的关系，也许是最有意义、最有价值的①。

再以故宫藏品为例，被世人称为稀世珍藏的 180 万件以上的藏品是故宫深处最隐秘最吸引人的文化资源。进故宫的人，一多半是冲着皇帝的宫殿来的，还有一部分是除了看宫殿，还惦记着看所谓“皇帝的宝贝”。明明白白想着到故宫博物院这个全世界著名的博物馆里看博物馆藏品，看博物馆展览的不占多数。为什么？这也是价值判断、价值导向的问题。不少人，包括不少熟悉的文化界人士，总会问到两个相关的问题：一是故宫到底有多少好东西？二是好东西是不是都弄到台湾去了？这问题逼着郑欣淼院长写了一本《天府永藏——两岸故宫博物院文物藏品概述》的专著，第一次全面盘点了两岸故宫博物院的藏品，也是第一次全面系统地梳理了除建筑外的明清皇宫遗存的历史流变。

大陆人到台湾的多起来了，到台湾一定会到台北故宫博物院去看展览，转一圈，看见上千件的展品，就觉得北京故宫好的东西都跑到台湾

① 见《紫禁城的图像学意义——纪念紫禁城 590 年》，《故宫博物院院刊》2010 年第 4 期。

了。其实他是没有到北京故宫博物院去看，或是到了只顾看宫殿，没看展览。北京故宫里的书画馆、陶瓷馆、珍宝馆、钟表馆、青铜器馆等常设展展品上万件，仔细看，两天看不完。比起看没看到“宝物”来，从“宝物”中看到什么更重要。不少到过台北故宫博物院的人还会这样说：看看人家的“红烧肉”（肉形石），看看人家的翠玉白菜，多好！“红烧肉”怎么啦？有多好？那不就是一块像红烧肉的石头吗？翠玉白菜，不就是把翡翠雕成白菜的样子吗？除了工艺确实不错，那还有什么呢？这就是关于看藏品展品的价值观问题。当年在皇宫里，这些不就是帝后们的一件玩物吗？一个雅赏吗？就不得了啦？文化遗产的价值，有历史价值、科学价值和艺术价值，“红烧肉”和翠玉白菜最多也就是工艺艺术价值。台北故宫博物院比这有价值的藏品多得是，北京故宫里不用说书画馆里的晋唐书画了，陶瓷馆里随便一件，哪个不比它们价值高？从历史价值的角度，“红烧肉”、翠玉白菜的价值和其他文物的价值一样吗？故宫博物院建院时清点文物，天字第一号（按千字文排序）文物是什么？是皇帝的宝座吗？不是，是乾清宫门口用来挡门的小木头板凳。清点文物的人员第一眼看到的是它，就把这个小木头板凳排为上百万文物中的第一号文物。这就是博物馆人的博物馆文化价值观，而不是值钱不值钱的价格观、宝贝观。从历史价值的角度看，从皇宫到故宫再到建立故宫博物院的巨大历史变革的角度看，从博物馆文化的角度看，是“红烧肉”、翠玉白菜有价值，还是天字第一号的木头小板凳有价值？现在的社会导向往往简单地以值多少钱来衡量文物的价值，把价格混同于价值，张口就问值多少钱。就说那件翠玉白菜吧，值多少钱？它的价值在历史价值、审美价值上，不在价格上。这件工艺品是做了瑾妃的陪嫁才进到宫里的。料并不算好，工艺很好，寓意也好，一表清白，二祈多子。这只是还原性叙述。今天我们看这件翠玉白菜，应有更丰富的审美发现。正如一棵白菜不是天生的，是种菜的农民耕地、育苗、施肥、浇水、管理，才长成一棵水灵灵的大白菜一样，翠玉白菜的产生是一个审美创造的过程。是谁，又是如何把一块石头变成了白菜？什么样的创意？什么样的造型？什么样的工艺？想法是怎么来的？怎么雕得那么像白菜？他为什么对白菜有这么深的感情呢？他的美学观是什么？是崇尚自然的美学观，还是尊重劳动的美学观？为什么齐白石天天画白菜、画石头？为什么他就是劳动人民的知音？他就是根植于劳动人民的“菜根”？我们现在叫草根吧，白菜就是菜根啊。古人也好，今人也罢，艺术家、工匠、手艺人，他的经历、立场、选择、判断、审美追求都是不一样的。做“红烧肉”的那个人，他肯定喜欢红烧肉，不可能是吃素的，他一想起红烧肉，感觉就来了：这块石头，真像红烧肉，再看更像红烧肉。做翠玉白菜的，也许同时也是个种菜的，看见白菜有特别的感觉，他一定和白菜有很深的感情。这不是胡思乱想，也许最初就是这么回事。我们要从这种创造过程，创造出来后对人的影响来看其审美效果。为什么“红烧肉”、翠玉白菜对普通老百姓有那么大吸引力呢？为什么大家都喜欢齐白石呢？因为创造者的审美心理契合了普通人的审美心理，这就是艺术创造者和欣赏者的审美感应、审美共鸣效果，这就是艺术美的价值所在。

故宫博物院有无比丰富的历史文化资源。博物馆作为公益性文化机构，要保障公民的文化权益，要让公众共享文化资源、分享文化成果。但是，博物馆文化如何面对大众？我们研究宫廷历史、研究皇宫建筑、研究皇家收藏，我们举办展览，我们有什么样的价值观和价值导向？我们告诉老百姓的是什么？我们把传统文化资源交给社会、交给公众的同时，又交给社会、交给公众怎么样去认识皇宫文化、传统文化的文化价值观？如果单单是少数学者对历史学的某一很专门的研究，可以不考虑公众的认知与接受，但一旦与博物馆文化联系在一起，就不能置公众于不顾。或者说，博物馆文化就是从学者研究到社会普及的文化，是从公众认知接受到形成共同记忆的文化过程。学者与公众具有不可分割的互动关系。

即便是比较单纯的学者研究，也有一个对待传统文化、帝制文化的科学态度问题。我们常常用“敬畏”来表达我们对悠久历史、丰富传统文化的虔诚的尊重，这当然是应有的姿态。但在具体的学术研究过程中，我们在“现在”与传统文化对话的时候，我们在还原、阐述、解读传统的时候，就应该不是“敬畏”“仰视”，而是平等的态度。并应特别防止盲从、泥古，更要警惕复古、食古不化，警惕“亡灵”“王魂”的“复活”。对帝制那样的制度文化的评判当然不会丧失现代理性，但对物质文化、对文物、对沾了皇帝气的物件的评价，难免在有意无意之间，被“帝制”“王魂”，被帝王意识“俘虏”或“绑架”。

把故宫学研究、故宫文化传播与博物馆文化价值、与公众认知联系在一起的时候，尤其需要保持清醒的理性。在帝制时代，社会思想是统治者的思想。“真命天子”与“皇帝万岁万万岁”既是皇帝的统治思想理念、统治者的核心价值观，也是社会百姓的被统治的核心价值观和比较普遍认同的思想理念。帝制文化中的天命、等级、特权，与现代文化中的人权、平等、公平正义水火不容，需要我们在故宫学研究中作出鲜明的切割和创造性的文化转化。

以民主文化为标志的故宫博物院文化中的故宫文化、传统文化，如果和现代人生活不发生关系，博物馆就真的只是保留了“死”的东西，没有生命了；如果博物馆把传统的、应该扬弃的文化价值，原封不动地传达给现代公众，那它还不如死了的好。历史留给故宫博物院的文化资源是不变的，但其文化价值经过我们的研究，选择成、转化成、创造成对我们现代生活有用的、能够提升我们生活质量的、能够提高我们认知水平和审美能力的、能够让我们今天生活得更好的，它才是有价值的，也就是说传统的东西经过我们的选择、转化与创造，参与到我们现代生活的创造中，或者说参与到我们所创造的新生活之中，其博物馆文化价值才得以实现。相反，如果我们宣传了多年的故宫文化，如果故宫博物院的文化，给观众的文化心理影响是双腿一软不由自主地向皇权下跪，给观众的文化价值选择是我什么时候也弄一把龙椅坐坐，也弄一块“红烧肉”、翠玉白菜把玩把玩，也弄一处像皇家大院一样的院子住住，如我们常常看到的高端房地产广告词标榜的那样，这不就糟糕了吗？我们岂不是继续传播皇权思想吗？岂不是我们最大的失职吗？事实上，在昔日的皇宫这样一个特殊的空间里，以皇宫建筑语言为媒介，以皇家藏品语言为媒介，帝制、皇权、君主语言权力与暴力侵犯公众的危险时时存在。在我们把这样的文化作为主要研究对象之后，研究者被侵犯的危险同样时时存在。这就要求我们不仅要时刻提高警惕，更要有自觉自主的应对意识。在这样一种特殊的研究境域中，以现代理性、现代价值观构建超越性的学术研究追求，就是十分必要和重要的了。只有这样，故宫学研究才能在学术自觉之后，经现代理性价值观的指引而到达学术自信的境界①。

① 见《故宫博物院院刊》2013 年第 2 期。

故宫学的第一个十年

一、从故宫学之提出看故宫学之要义

2002 年 9 月，郑欣淼先生以中华人民共和国文化部（现文化和旅游部）副部长的身份出任故宫博物院院长。一年之后的 2003 年 10 月，郑欣淼院长第一次向社会正式、明确地提出“故宫学”这一学术概念。

其时我正协助院长分管全院的学术研究工作，对院长提出的故宫学，我当时的直感是豁然开朗，意兴无穷，并意识到此举在故宫博物院学术史上，无疑是一件划时代的大事，但同时又不免心存好奇：郑院长上任一年就有此重大创举，这想法到底是怎样萌生的？故宫学为什么不是在故宫博物院的学术会议或工作会议上提出，而是在南京博物院庆祝建院 70 周年的博物馆论坛上提出？

在私下的交谈中，我肯定向院长问过这样的问题。不管院长谈到过没有，我断定这两个问题，一定与三事相关。

（一）与南京有关

在南京，在南京博物院的学术会议上首次提出故宫学，首次做关于故宫学的讲演，在提出者本人，当然不会是对提出故宫学地点的刻意选择，但正是这一偶然巧合，却给故宫学的提出平添了许多象征、寓意的色彩。

南京是什么地方？就在距郑欣淼先生提出故宫学不远的地方，是明初南京故宫的遗址。朱元璋建立的南京紫禁城，是朱棣建立的北京紫禁城的原版，是已有近 600 年历史的北京紫禁城的直接源头。作故宫学讲演时的故宫博物院院长可能并没有意识到，他正是在明清故宫的源头，为故宫学术研究找到并确立了“故宫学”这样一个大的、总的学术源头。

南京博物院是什么地方？南京博物院的前身是中央博物院。1933年4月，蔡元培倡议，国民政府教育部设立中央博物院筹备处。1936年4月，成立了中央博物院第一届理事会，由教育部会同中央研究院聘请蔡元培、王世杰、胡适、朱家骅、张道藩、翁文灏、傅斯年等13人为中央博物院理事，蔡元培为理事长，傅斯年为秘书。而蔡元培是1925年故宫博物院建院时的第一任董事，1928年，蔡元培被国民政府任命为故宫博物院理事，1934年被任命为理事长。王世杰、朱家骅、傅斯年则均为抗日战争胜利后的故宫博物院理事，翁文灏还出任过故宫博物院的理事长。中央博物院的主体收藏为清代热河、奉天两行宫的20多万件文物，与故宫博物院藏品一样，大都是清宫遗留。1948年5至6月间，中央博物院筹备处与故宫博物院在新落成的中央博物院陈列室举办了联合展览，这也是该院举办的第一个展览。从组织管理到藏品到展览，两院关系异常密切。

同样距故宫学提出地不远的南京朝天宫东侧，曾是因抗日战争故宫文物南迁而建立的故宫博物院南京分院、故宫南迁文物保存库，坚固的钢筋混凝土结构外形，仿清代承德避暑山庄外八庙中的须弥福寿之庙的大红台而建。1937年1月至8月，1946年至1949年，先后两次存放故宫南迁文物13427箱又64包，总数多达百万件。就是在这个地方，故宫南迁文物分为两部分，其中的一部分辗转到了台湾，因此有了后来的台北故宫博物院，形成了北京、台北两个故宫博物院的格局。在这样一个地方第一次提出故宫学，最能牵动太多的故宫历史故事，太多的故宫历史际遇。

（二）与故宫博物院的一次展览有关

在我的印象中，郑欣淼先生不止一次说过，他的故宫学想法的产生，最早和参观故宫博物院的一次展览有关。他说的那个展览是故宫博物院于1999年举办的“清代宫廷包装艺术展”。那时，他在国家文物局，我在他领导下的中国文物报社。由于工作的关系，他到各地各博物馆看过的展览当然太多了，但故宫的包装展却引起他特别的关注。看过这个展览，他居然写出3000多字的《我看“清代宫廷包装艺术展”》的文章给我，发表在《中国文物报》上。文章后半部分从文博工作的角度谈了从这个展览中得到的三点启发，首要的一点就是举一反三。全面科学地理解文物的内涵，深化对文物的认识，扩展文物的概念①。这一启发针对的是以往由于认识上的原因，往往把文物与包装分割开来，不把包装算作文物而另行处置的现象，包括许多器物的用名贵材料做的套匣托座都另行处理了。记得到故宫博物院后，有一次随郑院长一起查看库房，就看见过不少紫檀、花梨、楠木做的造型工艺极精致的器物底座堆放在角落里，大小不等早已无法与原器物对上号了。院长当时就说起那次包装展，说到器物与包装、套匣、托座不可分割的文物的整体性，随后又在正式的会议上强调这一问题，并由此谈到故宫文化的整体性问题。

（三）与首次访问台北故宫博物院有关

2002年与2003年之交，郑欣淼先生出任故宫博物院院长不到4个月，就实现了访问台北故宫博物院的愿望。此次访台系台湾《中国时报》邀请，当时我还在中国文物报社任职，故亦应邀随行。2002年最后一天，郑院长赴台北故宫博物院，与时任院长杜正胜先生会谈，会谈后参观了展览，还到地下库房看了所藏书画和清宫档案。给我留下很深印象的是居然看到了排列得整整齐齐的北京故宫南迁文物的包装箱。第二天，2003年的第一天，《中国时报》在《当故宫遇见故宫——两岸故宫历史性一刻》的通栏标题下，对两岸故宫博物院两院长的会见做了详细的图文报道。报道中说：“由于故宫在中国近代史上具有重要历史地位，北京与台北故宫博物院院长的相见，象征着两岸文化交流史上历史性的一刻”；“郑欣淼是迄今大陆来台访问文化官员中层级最高的一位。两位故宫博物院院长见面，学历史出身的杜正胜与学文学出身的郑欣淼，对于两岸学术交流合作都表示同意与赞许”。也是在这一天，已经82岁的台北故宫博物院前院长秦孝仪先生设宴招待郑欣淼院长，并由此开始了同是诗词大家的秦、郑两位之间的唱和往来，此是后话。秦孝

① 该文后收入郑欣淼著《紫禁内外》，紫禁城出版社（现故宫出版社），2008年，第196页。

仪先生是台北故宫博物院成立后的第二任院长，从 1983 年至 2000 年，任院长长达 18 年之久。郑欣淼先生同一天内与台北故宫博物院新、老两位院长的见面，是故宫博物院有史以来两岸故宫博物院院长的第一次正式会见①。

一说起郑欣淼先生首倡故宫学，我就会想到以上三事。我觉得这些事情都是故宫学提出的诱因，正是这类的事情使他萌生了故宫学的想法并逐渐成熟。当然成为诱因的事情很多，只不过这三件事与我有些直接的关系，给我的印象深一些，而且，我觉得这三件事分别从不同的侧面隐含了或者说象征着故宫学的诸多要义。比如在南京提出故宫学这件事，就让我们想到仅南京一地就和故宫有那么多重大的关联，故宫的涉及面真的是太大、太广了，所以故宫学绝不是故宫博物院内部的事，绝不是一个部门一个专业的事。比如由看故宫博物院的一个包装展览，引发了对故宫文物内涵与重新定位的思考，当然也包括对拓宽所有文物的内涵与概念的深入思考，进一步引发了对文化遗产价值、文物价值、故宫文化价值的深化认识，重新认识，以及由此而来的对故宫学术及对故宫这门学问的深化认识，重新认识。比如从北京、台北两个故宫博物院的关系，联系到海峡两岸关系，再联系到更大的中华文化与世界文化的视野，思考故宫文化和学术的意义与价值，就会发现一个更大更新的广阔天地。

当然并不是有这样一些诱因，产生这样一些想法就可以提出故宫学。如果是这样的话，那就太容易了，谁都有可能提出故宫学这样的重大问题了。关键在于不仅要善于发现问题，抓住这些问题不放，还要举一反三、探访调查、深追细究，善于发现更多的问题，思考更多的问题，使这些问题不断地发酵，并寻找相互间的关联，寻找有可能有效研究和解决这些问题的最佳途径。也就是善于把零散的思想碎片，连缀成不可分割的整体系统，把一般的实际工作提升为理论思考、理论研究，把许许多多的问题和想法研究上升为学问②。

① 详见郑欣淼：《我所经历过的两岸故宫交流》，《紫禁城》月刊 2013 年第 2 期、第 3 期。

② 详见郑欣淼：《故宫与故宫学》，紫禁城出版社（现故宫出版社），2009 年，第 326 页。

如前述三事所显示的那样，面对如此悠久、如此厚重、如此庞大、如此丰富的故宫，如他在《探索故宫学的体会》中所说，一来到故宫，就感到要重视学术研究，这是关系到故宫博物院长远发展的大事。从作研究作学问的角度着眼，从宏观的角度着眼，实在需要为故宫的文化、为故宫的学术研究，找到并妥当安放一个既提纲挈领的，又有很大覆盖面的学术支点，承担起统领的作用、组织的作用、号召的作用、动员的作用，使有关故宫研究的方方面面，有一个指向，有一个依归，有一个统辖。于是，在郑欣淼先生那里，故宫学这样一个学术概念、学术口号、学术旗帜就应运而生了。事实上，不管是提出者的愿望，还是学术界的迅速响应，一致认同故宫学最核心的、最鲜明的特征，是它的整体性与开放性。故宫学把包罗万象的故宫文化、故宫学问作为一个不可分割的文化整体和研究对象来看待。故宫学的提出，是全面理解故宫文化、整体把握故宫内涵的一次历史性学术整合。故宫的历史，故宫的建筑，故宫的门类齐全、存量巨大的藏品，与故宫有关的种种人、事、物，故宫的物质与非物质文化遗产，各自的系统性与整体性，故宫学术资源的无比丰富性与复杂性，全社会学界参与的可能性与积极性，及其相互之间的关系，统统因为有了故宫学而纲举目张。

由此看来，郑欣淼院长虽然上任不到一年就有此振聋发聩之声，但绝不是突发奇想，心血来潮，而是深思熟虑，胸有成竹，水到渠成。可是，上任一年就提出如此重大的问题，毕竟让人觉得太快太神了，一定还有其他的原因。这个原因，郑欣淼先生在《探索故宫学的体会》的讲演中透漏了：

我在20年前是从事政策学研究工作的。我曾在一个省的政策研究室工作过15年，主要搞调查研究，为省委决策服务。在第十年的时候，我想搞了这么多年的政策研究工作，体会很多，也读了不少书，主要还是马克思主义基本理论，便决心写一本政策学，那是在20世纪80年代中期，以后写出了《政策学》，80年代后期出版。在当时来说，是中国为数不多的、最早的一批政策学著作之一。《人民日报》《中国图书评论》等报刊都曾有评论文章，给予了肯定。政策学以后有了较快发展，这方面的专著也不断涌现。但我感到架构一个学科的框架是很不容易的。虽费了很大的劲，但还是受到当时个人学识等方面的限制，有很多不足之处，有明显的时代烙印。现在我进行故宫学的研究，就很容易联想起以前这件事。故宫学是博大精深的，对我来说，进行故宫学研究比当年的政策学研究要复杂得多，困难得多，我对故宫了解又不是很深，加之自己的精力也不如以前，往往心有余而力不足。但我知道，故宫学研究我们只是开了一个头，光靠我们是不行的，它的深化要靠大家，靠社会①。

从政策学到故宫学，郑欣淼先生让我们从个人学术史的角度，找到了他上任一年就能提出故宫学学术研究的线性逻辑关系。做政策研究工作，写出“政策学”；领导故宫博物院，研究故宫，提出“故宫学”。可见，故宫学的提出，是他长期学术准备、学术积累、学术历练的结果，是他这位既长期从事实际工作，又长期从事学术研究工作的学者型领导、领导型学者所特有的理论与实践紧密结合的学术智慧、学术力量的一次精彩呈现。

二、从《故宫学述略》到《故宫学概论》

提出故宫学这样一个学术概念，举起故宫学这样一面学术旗帜，固然已经是很重要的学术贡献了，但更重要的是建设故宫学。郑欣淼先生既是故宫学的提出者、首倡者，同时又是故宫学身体力行、身先士卒的建设者。

郑欣淼对建设故宫学的贡献主要体现在两个方面。

一是为故宫博物院这样一座全世界著名的超大型博物馆建立起管理工作与学术研究的新型关系。

博物馆越大，资源越丰富，越需要相应的学术支撑，越需要构建厚实的学术平台。所谓的学术立馆就是这个意思。从事专业研究的人员明

① 详见郑欣淼：《故宫与故宫学》，紫禁城出版社（现故宫出版社），2009年，第347页。

白这个道理，但从事管理工作和其他业务工作的就不大容易明白这个道理。如果不是一院之长提出故宫学，而是一位专业研究者提出故宫学，即便是一位极有造诣的学者提出，其影响也很有可能局限在专业研究的圈子里，但现在则是全面领导故宫博物院的“一把手”提出来的，情况就大不一样了。

在博物馆科学管理体制体系比较成熟的情况下，馆长的选择与作用主要决定于执行力，而在博物馆科学管理体制体系建立之前或正在探索建立之时，一馆之长的作用被极度放大，馆长对博物馆的影响几乎是决定性的，馆长的创意及其价值与执行力相比同样重要，甚至更为重要，亦即馆长的领导思路与工作思路对博物馆的整体工作起着决定性作用。

放在这样的背景下来看，情形就非常清楚了。作为故宫博物院院长，提不提故宫学，并不是对院长的必须的工作要求，甚至并不在院长的工作范畴之内。郑欣淼院长能够提出故宫学，是因为他把他的工作作为研究的对象，是以研究的心态、研究的思路、研究的方法才提出来的。一经提出，立刻受到各方面的认同，对实际工作产生了积极影响；反过来，更坚定和强化了以故宫学为指导，以研究的心态、研究的思路、研究的方法开展具体的工作。不仅仅是他个人的行为，作为院长，他自然而然地会要求各级领导、全体员工，以故宫学为统领，把各自的工作作为研究的对象，以研究的心态、研究的思路、研究的方法开展工作。当然不可能一呼百应，也不可能方方面面都能够迅速跟进，但至少在很快的时间里，在全院范围内，传递和灌输了一种新鲜的学术观念，营造了浓烈的学术氛围，开创了研究和工作的新型关系。也就是说，因为他是院长，他可以把他自己长期以来养成的工作作风和学术研究风格——工作对象即研究对象，以研究态度从事具体工作，以研究成果指导具体工作，从而提高工作效率，提升工作质量，同时也提升学术研究的质量，凸显学术研究的特色——推及全院。这对于一个文化资源、学术资源无比丰富的公共文化机构来说，对于一个以文化学术研究与传播为己任，通过文化学术传播为公众、为社会发展服务为己任的文化机构来说，真的是太重要了，太必要了。完全可以想见，有没有这样的倡导、要求和推广，实际状况肯定是大不一样的。

还是和具体工作结合起来说说吧。

故宫学的鲜明特征是它的整体性。故宫博物院依托的建筑空间是明清遗留的皇宫，故宫博物院的藏品以清宫遗留为主，故宫博物院的首要任务是保护文化遗产。2004年编制上报的《故宫保护总体规划大纲》的核心理念与重要内容就是“完整保护，整体维修”。把故宫学渗透到保护研究和保护工作中，一个重大的变化就是这些年来鲜明地提出和反复地强调整体保护、完整保护的保护理念，并成为故宫内外的共识。用整体保护、完整保护的理念检讨故宫博物院建院以来建筑管理、藏品整理的得失教训，从研究的层面深入认识完整保护、整体保护的意义和可能，不论不可移动和可移动的故宫遗存现在所属何处，均从故宫学整体性的学理层面找到应当的归属，同时也为有可能不断实现的完整性保护创造理论依据。

故宫学的完整性整体性要义极大地改变了人们对馆藏文物的理解与认识。大规模的彻底的院藏文物清查的结果，是将多年来90多万件的藏品数字改写为现在的180多万件。这么巨大的变化绝不是数字游戏，其中包含着如何看待故宫文物的反复研究、反复讨论。故宫博物院的收藏以清宫皇室收藏为主，由皇家所有转变为博物馆全民所有，这是激烈的社会革命带来的化私为公的所有权的巨变。放眼世界博物馆的收藏历史，由皇室收藏、家族收藏、个人收藏转化为博物馆收藏是普遍的规律。在这个转化过程中，家族、个人捐赠是最常见的方式。故宫博物院藏品除皇家遗存外，另有相当数量相当重要的藏品为个人捐赠，为敬仰、铭记、弘扬这种由私而公的奉献精神，特选择故宫内的景仁宫设立捐赠馆，设立捐赠榜，凡捐赠者均榜上有名，并轮流陈列捐赠文物。以收藏古代文物为主的故宫博物院要不要收藏现代艺术品？要不要有选择地接收当代艺术家的捐赠？一直争议不断，最终还是在故宫学的完整性、整体性、延续性的学理层面获得解决：一是应当建立从古到今的连续不断的藏品系列，收藏从古到今的传承创新的历史进程；二是继承和弘扬捐赠精神、奉献精神。有这两条理由，就足以统一各方面的意见了。

以上只是从故宫学的完整性整体性要义出发，举两个方面的例子，说明故宫学在实际工作中所起到的明显作用。还有如举世瞩目的故宫大修，以故宫学的视野，提出在大修实践中完善和创造东方古代木构建筑修缮保护规范标准，遇到问题和争议，通过举行国内国际学术会议讨论解决。为弥补以往宫殿建造与修缮缺失详细记录的不足，更为以后的保护修缮留存充足的研究参考资料，规定每一处修缮规划方案，必须安排撰写大修报告的任务。再有规范和建立展览与学术研究的互动关系，充实展览图录的文化学术含量，提高内外展览水平等等，均是故宫学提出后出现的新气象。

郑欣淼院长建设故宫学另一方面的贡献，是带头研究，不断推出研究成果，为故宫学的建立与发展奠定了扎实的基础。从学术角度看，这是最主要的贡献。

故宫学提出不到一年时间，郑欣淼先生就撰写出近 4 万字的《故宫学述略》，2004 年 10 月发表在由他提议创办的《故宫学刊》创刊号上。就以在这么短的时间里就写出这么长的全面论述故宫学的大文章这件事，也足以看出他提出故宫学是一个深思熟虑的过程。

《故宫学述略》共分四部分：一、故宫学的研究领域；二、故宫学的研究历程；三、故宫学的提出及其发展机遇；四、故宫博物院在故宫学研究中的责任和举措。在第一部分里，将故宫学的研究领域归纳为六大板块：1. 紫禁城宫殿建筑群；2. 文物典藏；3. 宫廷历史文化遗存；4. 明清档案；5. 清宫典籍；6. 故宫博物院院史。这部分从横的方面把涉及很广的故宫学研究内容划分为六大块，虽然每一块的内容仍然十分丰富，但从总体上看，这样的划分，把本因涉及面太大而不易把握的故宫学的研究领域表述得既全面精要，又清晰明了。其余三部分则主要是从纵的方向，从故宫学研究的过去、现在、未来的学术史的角度，为故宫学找到了历史的依据与基础，现在的机遇与使命，未来的走向与前景。《故宫学述略》以纵向的学理逻辑关系与横向的学术研究范畴，建立起令人信服的既覆盖广阔又脉络清楚的故宫学框架网络结构，从而成为故宫学的奠基之作。

以此为基础，为出发点，郑欣淼的故宫学研究，以继续撰写研究文章和学术讲演，以及媒体访谈、学术对话等不同方式，向不同的方位深入开掘。从此以后，不只故宫人，整个文化界、学术界，都能经常看到郑欣淼先生关于故宫学研究的种种成果了。在仅仅五年之后的2008年与2009年之交，竟然有4部专著出版：《天府永藏——两岸故宫博物院文物藏品概述》《故宫与故宫学》《紫禁内外》《守望经典》。这么短时间，成果如此之丰富，与其上任一年就提出故宫学一样令人惊叹。

这4部专著中的《天府永藏》，是对他划定的故宫学研究领域六大板块中的第二板块，文物典藏的研究专著。

这部专著与他就任院长后立即主持制定的2004年到2010年长达7年的彻底清理清点院藏文物的规划与执行直接相关，甚至就是彻底清理清点工作的一部分，所以也是如何处理具体工作与故宫学术研究关系的一个范例。

对这部专著的写作与价值，我做过如下的评价：

清理清点工作在顺利进行着。郑院长说，他发现其中有不少问题80年来没弄清楚，也没说清楚，有些问题不只是清理清点的问题，更是关乎故宫文化整理、学术研究的重大问题。他说他要写点东西，引起大家重视、探讨。没过多久，院长说，写了3万多字了，是篇大文章。又没过多久，院长说，七八万字了，还是挡不住，很兴奋的样子。再后来，见他忙着找资料、找人谈、找老先生、找专家，一次又一次地审读他的文稿。眼见着院长是下大功夫了。院长说，集中了大家的智慧和力量。结果成就了25万字的《天府永藏》。

这部著作是作为故宫博物院的院长，包括历任院长在内，80年来第一次全面盘点故宫文物，第一次详尽比较北京、台北两岸两地两个故宫博物院的藏品。由于经历了从明清两代皇宫到博物院的历史巨变，经历了从一个博物院到两处博物院的变迁，虽是一部盘点整理故宫文物的专著，却具有巨大的历史容量。从第一、二章关于皇宫文物数百年来的聚散流迁中，足以真切地感知其间历史的面貌。第三、四、五章是全书的重点，分述两岸两院藏品的动态，把两院藏品分为12个类别，清点比较各自的来龙去脉，各自的特点特色，多少有无，将同源分流、庞大繁杂的故宫文物梳理得清清楚楚。关于两个故宫博物院文物的所有疑问，几乎都可以从中找到答案。

更有价值的是，本书不是一般的资料梳理，不是公布文物的清点账目，而是研究型的文化整理，是清理文物的研究，其意义远超出文物藏品清点的范围。明显的特点有三：一是客观、准确。以大量第一手材料为依据，实事求是地建立起一个故宫、两个故宫博物院根根脉脉、根脉相连的文物文化谱系。二是大历史大文化的文物视野。除传统的书画、陶瓷、玉器、青铜器等外，更重视发掘更具宫廷特色的宫廷类、宗教类、建筑类文物的历史文化价值。如宫廷类文物，就梳理出帝后玺印、卤簿仪仗、宫廷服饰、科学仪器、戏曲、医药、地毯等16类。三是体现着作者本人首倡的“故宫学”研究的整体性。虽然主体是可移动文物，但始终置于与不可移动之紫禁城的关系，与宫廷历史文化艺术的关系的框架之中，即置于以“故宫学”为标志的故宫文化整理与研究的整体中。因此，《天府永藏》不仅为读者清晰地解析了故宫藏品，更能从历史文化艺术的视角，而不是从所谓藏宝的视角引导人们看待最引人注目的故宫珍藏，从而真正理解故宫博物院藏品对于国家、民族、人民及对于世界的意义。

正是基于以上理由，我把《天府永藏》看作是郑欣淼故宫学专项研究的代表作，当然也是故宫学研究的一个学术范本。

郑欣淼先生仍在孜孜不倦于故宫学研究。最新的也是最重要的成果是《故宫学概论》。只需把这部专著的目录列出来就足以看到它的分量了：

上编

第一章　故宫学的概念与对象

第二章　故宫学的理论基础

第三章　故宫学的学科体系

第四章　故宫学的实践探索

第五章　故宫与明清宫廷建筑

第六章　故宫文物的来源、存藏与散佚

第七章 故宫与博物院

下编

第八章 故宫古代艺术珍品及其研究

第九章 故宫宫廷历史文物及其研究

第十章 故宫图书典籍及其研究

第十一章 故宫明清档案及其整理研究

第十二章 故宫与明清宫廷建筑的保护研究

第十三章 故宫与明清宫廷史研究

第十四章 故宫博物院研究

如果说《故宫学述略》是故宫学的奠基之作，《天府永藏》是故宫学研究的典范之作，那么，《故宫学概论》就是故宫学的成就之作。《故宫学概论》是一个标志，是一个阶段的总结，又一个新的阶段的开始。从十年前故宫学的提出，到十年后的《故宫学概论》，真的是十年磨一剑。十年前提出故宫学，引领故宫学从一个新的概念出发；十年后完成《故宫学概论》，则引领故宫学从一个学科的基地再出发了。

一位领导着、负责管理着故宫博物院这么大一座全世界瞩目的博物馆的院长，居然在短短的十年时间里能有如此重大的学术创新和学术贡献，除了对自我价值实现的证明之外，也是对故宫博物院学术研究的激励、鼓舞与引领，是对所有对故宫学研究感兴趣者、参与者的激励、鼓舞与引领。

三、从《故宫博物院院刊》《紫禁城》改版扩版到《故宫学刊》

郑欣淼先生是2002年9月出任故宫博物院院长的。我于2003年7月到故宫博物院工作。除了协助院长分管科研等工作外，还兼任了紫禁城出版社（现故宫出版社）社长、《故宫博物院院刊》主编、《紫禁城》杂志主编。至今印象最深的一件事，是我到任之初，正式办公室还没安顿好，院长到我的临时办公室来了。记得好像是第一次到我办公室。院长手里拿着两本刊物，也没说几句话，把两本刊物往我办公桌上一撂，笑眯眯地留下一句“你看着办吧”就走了。我一看，这两本刊物都是台北故宫博物院办的，一本是《故宫学术季刊》，一本是《故宫文物月刊》。学术季刊很素雅，纸张印制均好；文物月刊全彩印，我比较熟悉，来故宫博物院前，我主持中国文物报社，把《文物天地》改扩成一本全彩印的文物文化、文物艺术月刊时，就拿台北故宫博物院的文物月刊说过事儿。看着院长留下的两本刊物，琢磨着院长留下的那句话，我突然回过味儿来，怪不得院长执意要我兼任院里主办的两种期刊的主编呢，几次推辞都没有答应。

我明白院长的意思，他是希望我把我们院里的两本刊物办得至少不比台北故宫博物院的两本刊物差。还有，隶属于院里的紫禁城出版社（现故宫出版社）的北京故宫博物院的出版物，在人们的眼里，也有个与台北故宫博物院的出版物的比较在。后来想，虽然那时郑欣淼先生还没正式提出故宫学，但肯定正在最后的酝酿中了，因为在这之后两个月他就提出来了。而故宫学的宣传推广和建设发展，与故宫博物院刊物的编辑，与故宫博物院图书的出版发行，其关系之密切、之重要，自是不言自明的事。

我接管的《故宫博物院院刊》和《紫禁城》这两种期刊，在中国约上万种刊物中，算是资历较长的，在行业内也是很有影响的。当然，和故宫的文化学术资源相比，发展的空间还是很大的。《故宫博物院院刊》已是双月刊，又是纯学术刊物，一下子不可能改动过大，主要从三个方面做了努力：一是实行严格的编委、专家学者匿名审稿制，确保稿件质量；二是适当扩大开本、增加页码、增加容量；三是提升设计印制质量，邀请清华大学美术学院作平面设计研究教学的赵健先生做总体设计（包括《紫禁城》），并根据与故宫相关的学术研究文章图像比较多的特点，选用适合的优质纸张，改黑白印制为全彩色印制。至少在形式上，这样的变化在学术期刊中是独树一帜的。有趣的是，改扩版后的《故宫博物院院刊》出现在三联书店的售卖架上，有朋友告知每期他都买，但我知道他并不是研究文物的，问其故，他说主要是因为看着有品位，养眼。《紫禁城》当时是季刊，且每期只有52页，部分彩印，可改动的空间大，改扩版的动作就更大些。做期刊的都知道，刊物的任何变动均需在前半年办理好所有报批手续，而我们的改版扩版决定已是八九月份，按常规肯定来不及了，不过我有过报纸刊物改扩版特事特办的经验，需要的手续很快就补办齐了。

到编辑定稿、正式出刊的时候，郑欣淼院长的故宫学已经提了出来，改扩版的方向更加明确了。我在改扩版后的《故宫博物院院刊》2004年第1期的卷首作了如下说明：

《故宫博物院院刊》是故宫博物院主办的学术双月刊。

本刊自1958年创办以来，即以深入发掘故宫博物院丰富的文化内涵，努力推进中国宫廷学术研究、明清历史研究、中国古代建筑研究及博物馆研究为己任。以鲜明的学术特色和长期的学术坚持，以国内外、院内外专家学者发表的数千篇论文，受到学术文化界的欢迎和重视。

故宫博物院已经启动有史以来最大的紫禁城全面维修工程，至2020年紫禁城落成600周年时完成。2005年是故宫博物院建院80年。中华人民共和国文化部（现文化和旅游部）副部长、故宫博物院院长郑欣淼旗帜鲜明地提出故宫学的构想，呼吁和倡导举全院之力、社会之力推进故宫文化学术的整理和研究。为此，本刊从2004年起改版扩版，在增强古建维修研究、文保科技研究、宫廷遗存、史料典籍档案抢救整理研究内容的同时，考虑到本刊图像资料较多的特点，在纸张开本上加以调整，并由黑白印制改为彩色印制，由96页扩为160页。

改扩版后的第二年，适逢故宫博物院建院80年大庆，也是紫禁城建成585年，《故宫博物院院刊》2005年第5期破例做了一起特大专辑。我在卷首也作了说明：

拥有世界上现存规模最大、保存最完整、最精致的古代宫殿建筑群是故宫博物院最为鲜明的特色。今年是故宫博物院建院80周年，紫禁城建成585周年，紫禁城学会成立10周年，因此故宫博物院、紫禁城学会邀请中外学者召开“中国明清宫廷建筑国际学术研讨会”，为配合此次研讨会，集中展示故宫特色研究成果，本刊首次推出古建筑研究专辑。

此次研讨会规模空前，论文数量多，本专辑特由往常的160页增扩为379页，以此作为本刊对故宫博物院建院80周年的纪念。

与《故宫博物院院刊》的变动相比，《紫禁城》由季刊改为月刊，则是一个连续不断的努力过程。与《故宫博物院院刊》发表规范的学术论文不同，《紫禁城》定位于面向社会、面向公众，传播故宫的学术、文化、艺术，与台北故宫博物院的《故宫文物月刊》类似。从服务对象的角度看，更能体现博物馆文化的要求。而在研究、传播故宫学方面，则与院刊完全一致。我在改版后的2004年第1期卷首的《〈紫禁城〉改扩版》中，重复了在院刊卷首对院刊与故宫学之关系那样的表述，说明了《紫禁城》与故宫学的关系，并特别强调了《紫禁城》的社会性、公众性，亦即强调了故宫学的社会性、公众性：

从本期始，本刊改扩版。季刊改双月刊，每期52页扩至132页，部分彩印改扩为全彩印。

首都北京是座古老的都城。古城正中有皇城，皇城正中有宫城。皇城原状基本上消失了，宫城完整地保留着，这就是举世瞩目的紫禁城。紫禁城近600年的历史，明、清24帝的历史，世界上现存规模最大、保存最完整的古代宫殿建筑群，100多万件套宫廷遗留文物，以及故宫博物院成立近80年的历史，积淀为深厚博大的故宫文化、故宫学。

2005年，故宫博物院成立80年。文化部（现文化和旅游部）副部长、故宫博物院院长郑欣淼在迎接建院80年之际，旗帜鲜明地提出创建故宫学的构想，呼吁和倡导举全院之力、社会之力推进故宫文化学术的整理研究。故宫博物院遂决定《紫禁城》改扩版，并决定2005年建院80年时继续改扩，由2004年的双月刊改为月刊。

根植于故宫文化的深厚土壤之中，本刊无论怎样改扩，解读故宫、发现故宫的宗旨是不会变的，开发和传达故宫文化、故宫艺术的宗旨是不会变的，只不过是想开掘得更深入些，更丰富些，在传达的方式方法上与读者贴得更近一些。

如紫禁城这座传统文化的最大的最后的城池早已四门洞开、吐纳八面来风一样，《紫禁城》杂志努力用研究成果社会化、学术问题趣味化、专业活动大众化、传统文化时尚化的方式，在更广泛的层面，通过更多的渠道，与读者建立更密切的联系。与读者一起，从不同的路径自由地进出故宫，从各自的角度仔细地打量故宫。

2004年是甲申年。故宫博物院正在举办“清代宫廷珍藏如意展”。本期特别推出“故宫如意大观”专题，也借此期望读者如意，编者如意。

《紫禁城》继续扩展。我在2005年第6期卷首的《紫禁城》再改扩版中写道：

本刊2004年第1期改扩版，我写过这样的话：“从本期始，本刊改扩版。季刊改双月刊，每期52页扩至132页，部分彩印改扩为全彩印。”这话当然当下就兑现了。

我还说过这样的话：“2005年故宫博物院建院80周年时继续改扩，由2004年的双月刊改为月刊。”这话肯定说过头了，2005年本刊还是双月刊，但也不完全是空话大话，虽没改成月刊，但每期页码差不多翻了一番，而且，上一期做了特大号的“80年”纪念专号，算算总账，和改为月刊的总量差不了多少。

不过，从明年开始，即从下期开始，“80年”院庆年一过，本刊就真正改为月刊了。编排内容与形式也会有一些变化，封二的“预告”可略见一二。但大方向是不会变的。所以仍然可以重复说过的话：

“植根于故宫文化的深厚土壤之中，本刊无论怎样改扩，解读故宫、发现故宫的宗旨是不会变的，开发和传达故宫文化、故宫艺术的宗旨是不会变的，只不过是想开掘得更深入些，更丰富些，在传达的方式方法上与读者贴得更近一些。”

“如紫禁城这座传统文化的最大的最后的城池早已四门洞开、吐纳八面来风一样，《紫禁城》杂志努力用研究成果社会化、学术问题趣味化、专业活动大众化、传统文化时尚化的方式，在更广泛的层面，通过更多的渠道，与读者建立更密切的联系。与读者一起，从不同的路径自由地进出故宫，从各自的角度仔细地打量故宫。”

看得出来，《紫禁城》是在努力从故宫文物文化、故宫文物艺术的层面，从努力走向社会、走进公众的方向上推进故宫学建设的。

2006 年，《紫禁城》终于改成月刊了，如院长两年前放在我办公桌上的台北故宫博物院的文物月刊那样。

2007 年，《紫禁城》再扩版，由每月每期的 112 页扩为每月每期的 224 页。刊期虽未变，内容量又翻了一番，成为当时琳琅满目的期刊中容量最大，设计、材质、印制最考究最精致的月刊之一。

如果说《故宫博物院院刊》《紫禁城》是在故宫学的倡导引领下一步步地走向丰富、走向厚实的话，《故宫学刊》则是由故宫学直接催生、直接为故宫学研究服务、为故宫学学科建设服务的。

《故宫学刊》是郑欣淼院长倡议创办的。他在提出故宫学督促我改革《故宫博物院院刊》《紫禁城》的同时，就提出了创办《故宫学刊》的倡议和要求，并主动担任编辑委员会主任，让我担任主编。我一听就来劲了。对于故宫学来说，创办这样一个名号直接而响亮的故宫学学术刊物太必要太重要了。我立即组织力量开展编辑工作。郑欣淼院长亲自撰写了《发刊词》：

在 2004 年岁末，《故宫学刊》第 1 辑和读者见面了。

故宫博物院即将迎来建院 80 华诞，故宫学研究也从滥觞发展到今天蔚为大观，走过了近 80 年的历程。明确提出故宫学的概念并加强故宫学的建设已水到渠成。这是故宫学发展的必然要求，也标志着故宫学研究进入一个新的阶段，即由自发到自觉的阶段。

故宫博物院办有学术性刊物《故宫博物院院刊》及以发掘展示中国宫廷历史文化为核心内容的文化艺术性杂志《紫禁城》，现在又创办《故宫学刊》，它的任务和宗旨是什么？一句话，是为故宫学研究与故官学的建设服务。

《故宫学刊》是个大型的学术性刊物，暂拟每年出一期，主要刊登两方面的文章：一是故宫学研究的成果。它鼓励创新、支持探索、重视为中青年学者创造条件，也为一些有见地的篇幅较长的论文提供园地。二是关于故宫学学科建设的研究，包括学科性质、研究领域、研究方法等方面，欢迎争鸣和探讨。学术发展及学科建设有其自身规律，不能急于求成，需要一个过程，绝非朝夕之功，而要长期的积累。《故宫学刊》反映的就是这个过程中跋涉的足迹，积累中的一砖一石。

故宫在北京，故宫学人在故宫学研究中具有特殊作用，应当作出更大的贡献。1929 年 10 月，经过多年的纷乱，刚走上正轨的故宫博物院即创办了《故宫周刊》，该刊介绍院藏各类文物及古建筑，并刊登专著、考据、史料、校勘、目录等，易培基院长在“发刊词”中说：“是此一周刊之微，他日者或将谓吾国文艺复兴之权舆，亦奚不可，斯又岂独本院本刊之幸哉?”这反映了故宫博物院在传承、弘扬中华传统文化中的强烈的责任感和使命感。《故宫周刊》后因战争原因，出到 510 期被迫停刊，但刊物所体现的故宫学人的精神和抱负，则成了宝贵的遗产被继承下来。《故宫学刊》流淌着《故宫周刊》的精神血脉。

期盼着故宫研究的气象更为宏大，期盼着故宫学研究成果的不断涌现，期盼着新的研究人才脱颖而出，这就是《故宫学刊》的愿望!①

《发刊词》除了说明创办《故宫学刊》的目的宗旨，特别说明故宫学的提出与研究，《故宫学刊》的创办，与故宫博物院创办之初的故宫学人、学术传统、学术精神、学术使命的承续关系。这一点很重要，这是故宫学的根底所在，这也充分表明故宫学的提出是对历史的高度负责。

郑欣淼先生故宫学的奠基之作，长近 4 万字的《故宫学述略》，领衔刊登在《故宫学刊》的创刊号上，这不仅是故宫学的良好开局，也是《故宫学刊》的美好预兆。《故宫学刊》有一个好处是可以不受篇幅

① 见《故宫学刊》2004 年总第 1 辑。

的限制。不知从什么时候开始，学术期刊形成了一个“潜规则”，要求学术论文控制在5000字左右，长了就不易刊登。大概与期刊页码有限、一篇论文长了会影响其他论文的发表有关。人为地控制字数实在是不符合学术研究实际的，论文质量的高低并不在于字数的多少。《故宫学刊》完全放开了对论文字数的限制，只要有创新，有探索，不拘长短，尤其欢迎有分量的长文，3—5万字的长文，甚至8—9万字的宏论，都出现在《故宫学刊》上。从2004年的第1辑，到2013年的第10辑，共刊发故宫学研究论文236篇，总计约800多万字，应该说这是一个相当可观的数量。《故宫学刊》的十年，可谓收获丰盛。郑欣淼先生在10辑《故宫学刊》中共发表论文6篇之多。丰盛的收获，全赖他开辟的这块阵地，也和他的带头辛勤耕耘分不开。

院长郑欣淼先生虽然是当过省长、部长级的官员，但在我眼里，是一位十足的爱书人、读书人、著书立说的人。记得就在我忙不迭地折腾那几种杂志的时候，院长时不时地同我讨论故宫出版的许多事务，因为我还兼着紫禁城出版社（现故宫出版社）的社长。他不止一次地说过这样的意思：故宫的资源太丰富了，过不了多久，我们出的书就会摆这么满满的一架子又一架子，他指着他屋子里摆满了书的书架这么念叨着。这是一种怎样的让我深受感动和鞭策的文化情怀和文化理想啊！

我心甘情愿地把院长布置的任务奉为使命。因为故宫博物院是全世界文化遗产资源最全面、最丰富的博物馆，也是全国几千家博物馆中唯一拥有出版社的博物馆。早在20世纪，故宫博物院编辑出版的期刊图书就是文化机构里出得最多最好的，深受社会各界喜爱。我来院的时候，适逢筹划建院80年大庆，实在是一个太好的时机，以此为契机，便扎扎实实、风风火火地大干快上起来。《徐邦达集》《唐兰集》《罗福颐集》《单士元集》等故宫学术大家的文集，《捐献铭记》及捐献大家马衡、张伯驹、郑振铎、孙瀛洲、周绍良等人的专集，集中出版故宫博物院老专家学者代表性著作的《故宫博物院学术文库》，专为中青年学者筹划的以专题专论为特色的《紫禁书系》，作为明清两代皇宫、宫廷生活及故宫博物院史料掌故钩沉的《故宫文丛》，古陶瓷研究及资料整理系列，明清宫廷史研究丛书，故宫大修实录系列，明清宫廷建筑史料长编，故宫学研究史料与研究丛书，各类展览的论文图录专集等等，筹划并陆陆续续地出版了。正如院长督促和期望的那样，真的是一架子又一架子了。

四、从研究室到科研处

长期以来，故宫博物院这样一个文化学术重地，没有一个专门负责管理协调全院学术研究的职责部门。2004 年 8 月，故宫学提出不到一年，为了提高故宫博物院科研管理水平，加强科研工作的科学化、规范化管理，正式成立了科研处。

科研处是在研究室的基础上建立起来的。研究室虽然也负有为全院科研工作出谋划策的咨询之责，但主要还是为院里的年纪较大的专家学者提供较好的继续开展学术研究的环境，并为他们做好服务工作。新成立的科研处在继续做好这项工作的同时，主要职责明确规定为：协助院领导对院科研工作进行总体规划，根据规划制订实施计划并组织实施和管理，协调各业务部门的科学研究工作，为全院重大科研课题及业务决策提供咨询，组织和协调院科研课题项目的申报、评审、经费使用和日常管理，组织鉴定或评审院内科研成果，向院领导和上级主管部门提出奖励推荐意见，组织开办各类业务研讨、培训、学术讲座、学术报告，接待科研单位、学者来访咨询，开展国内外学术、技术交流，组织和协调大型文物图书、学术成果的编辑出版工作。科研处的成立和赋予科研处的职责，使得全院的科研工作有了一个总的抓手，并落实到一个具体的专职的职能部门，从而使科研工作落到了实处，有了组织机构和体制制度的保障。

我在与科研处讨论研究院里的科研工作时，手拟过一个科研工作推进纲要。大体的内容，一是要像郑欣淼院长那样，做学术的担当，尽学术的职责，继承、弘扬和创新故宫博物院学术传统，创造良好浓厚的学术氛围。二是加深认识科研工作在全院工作中的基础性、前沿性、导向性、形象性的作用和地位，理顺并协调解决科研工作与全院工作、日常业务工作的关系。三是建立健全科研工作组织机构，制定充实科研工作规章制度，加强管理，对内激励，对外开放，促进院内外、海内外学术交流。四是实施“四个一”学术工程：1. 高举起一面学术旗帜，即故宫学学术旗帜，号召、凝聚、整合和引领科研工作，沿着故宫学学科建设、体系建设的学术轨道行进；2. 构建起一个学术平台，即以故宫四刊(《故宫博物院院刊》《紫禁城》《故宫学刊》《明清论丛》）和紫禁城出版社（现故宫出版社）为载体的囊括不同层面的发布、传播、交流故宫学学术成果的平台；3. 实施一个项目课题制度，即通过科研课题项目，规划、组织、实施、督查全院、部门、个人的不同时段的科研项目的落实与完成；4. 实现一个科研学术人才培养目标，在 10 年之内，在更长的时间内，形成不同专业领域的配置合理、承传有序的科研人才梯队，出现并保持 30 名到 50 名不同专业领域的学术带头人，其中一部分达到国内外同专业领先水平。总的方向与目标是搭建起以故宫学为核心的学术网络结构，做到以故宫学为中心的学理、观念、氛围全覆盖，科研工作体制、机制、制度全覆盖，学术成果发布、交流和学术推进路线全覆盖。

科研处成立之后，故宫博物院的科研管理工作有了明显的改观，亮点至少有二：

一是从 2005 年院庆 80 周年开始，在故宫博物院内定期举办故宫学术讲座。我在故宫出版社 2011 年 12 月出版的《故宫学术讲坛》第一辑的《前言》中，对举办学术讲座作了介绍性的评述：

2005 年，故宫博物院纪念建院 80 周年的那一年，“故宫学术讲座”正式开讲。“讲座”自然很受大家的欢迎，但又觉间隔时间过长，不够解渴，于是，第二年又办起了“故宫学术沙龙”。“讲座”每季度一次，以延请院外学者为主，讲题相对宏大一些，在可容纳数百人的报告厅举行；“沙龙”每月一次，以组织院内学者为主，讲题相对更专更细一些，在可容纳数十人的会议室举行，便于讲者与听者的讨论交流。2010 年 9 月，故宫博物院建院 85 周年前夕，出版了《故宫学术讲谈录》第一辑，是 2006 年至 2008 年“故宫学术沙龙”的讲谈结集；现在出版的这本《故宫学术讲坛》第一辑，则是2005年至2010年“故宫学术讲座”的演讲结集。

演讲者学有专攻，听讲者自是各觉启迪甚多，此中交流互动收获，难以备述。好在有此两种讲谈结集在，常可重温。我想说的是，比起开讲座、办沙龙这件事本身，每一次讲座的谁来讲、讲什么也许并不是最重要的，最重要的是持续不断的学术讲座对于故宫博物院学术振兴的意义和作用。

像故宫博物院这样的包罗万象的中国传统文化的汇聚之地，举世瞩目的世界文化遗产地，百科全书式的公益性文化传播机构，如果没有厚重的学术积累，没有广泛开放的学术交流，没有学术研究理念与方法的不断探索；如果组织不起盛大的学术团队，培养不出方方面面的专家学者；如果缺乏由多方面构成的稳固的学术支撑，所谓为历史守护、为现世承传、为未来延续、为公众服务、为文化交流做出无可替代的应有贡献，都是不敢想象的，就连与无比丰富的传统文化资源相适应的必需的基础研究的开展也是不敢想象的。对举办学术讲座的高度重视，正是基于这样的学术自觉；而学术讲座的开展，理所当然地成为故宫博物院学术建设、学术振兴、学术繁荣的重要组成部分。

这些年来，社会上似乎出现了“讲座”热，大众传媒、高等院校、研究机构、文化团体，举办者多、演讲者多、听讲者更多，看起来好像有点凑热闹的意思，但绝对不可以把文化学术讲座说成是凑热闹，要说是的话，这样的热闹应该凑，值得凑，应该大凑特凑。当然，仅靠学术讲座，远不能达到学术目标，完成学术建设的任务，但对于推进学术研究的作用还是不可低估的。故宫博物院的学术讲座自开设以来，颇受欢迎并得以逐步推广。先是全院范围地组织举办，接着以部门、以研究机构为单位也组织举办起来。先是以外来的学者讲为多，逐渐自家人相互讲的也多了起来。时间长了，就变成一种常态，成为日常工作的一部分了。习惯成自然，就会逐渐走进一种很美妙的文化学术境界。已经有了六七年历史的学术讲座的实践证明，坚持开展多样化的开放式的学术讲座，如期望的那样，确实有助于营造浓厚的学术氛围，树立坚韧的学术精神，磨炼严谨的治学态度，形成良好的学术风气，建设过硬的学术队伍，催生较高水平的学术成果，提升文化服务、文化传播的质量。这样的讲座继续办下去，与时俱进，持之以恒，其作用、其意义，定然是无可估量的。

郑欣淼院长认为这样的学术讲座，是为故宫博物院的研究人员打造的一个开阔的学术视野，营造自由探究的学术气氛，鼓励学术争鸣，活跃学术思想，促进交流与创新的高品质的学术交流平台。在这个学术平台上，优良的学术传统与创新的学术思维在相互启发中激荡着，迸发出智慧的火花，给故宫博物院学术研究增添了盎然生机。他还希望“故宫学术沙龙所带来的清新学术气息，不应只散发在故宫的高墙大院之内，而应该走出去，给更多关注故宫博物院发展、关注故宫学术进步的人以亲身体验的机会，让更多的同仁参与到认识故宫价值、挖掘故宫内涵和推进故宫学术研究的行列中，共同谱写故宫学术研究的美好未来”①。故宫学术讲座、学术沙龙还在继续，如郑院长希望的那样，故宫学术讲座也已经以多种多样的形式走出了故宫的高墙大院，走向社会、进入学校、进入社区，引起众多听讲者的浓厚兴趣。故宫学术讲座不止一次地走进北京大学、清华大学、中国人民大学、北京师范大学等高等院校。据记载于《故宫博物院科研工作简报》的学术讲座统计，2008 年至 2012 年，故宫博物院内各部门举办的学术讲座总计 113 次，故宫博物院的专家学者在社会上开讲 84 次。以院内讲座算，加上科研处组织的每月一次全院性的学术沙龙，每季度一次的学术讲座，平均每月就有 3 个以上的学术讲座在紫禁城里举办。由部门到全院，由院内到院外，故宫学术因此而蔚然成风。

提到了《故宫博物院科研工作简报》，顺便再说说简报的事。为了进一步促进故宫博物院科研工作的发展，及时反映最新的科研信息，交流最新的科研动态和学术成果，更好地为科研业务人员服务，从 2008 年开始，科研处创办了每季度一期的《故宫博物院科研工作简报》，也算是一种定期刊物了，不过只是一种院内交流的内部刊物，不对外公开

① 见《故宫学术讲谈录》第一辑《序》，紫禁城出版社（现故宫出版社），2010 年 9 月。

发行。刚开始还是薄薄的一本，很快就越来越厚了。科研工作简报信息量的激增，内容一期比一期丰富，直接说明着科研工作的进展幅度。像学术讲座、学术沙龙一样，同事同行间学术科研动态状态的及时交流，使学术氛围更加浓厚，更是对全院从业人员投身科研工作、参与学术研究的无声的动员、激励与竞争。2009 年初，召开了故宫博物院首届科研信息工作会议。谈到简报时，大家一致肯定简报的创办是科研信息交流与沟通的创新，是科研管理工作的创新。我同大家一起讨论如何进一步把简报办的“简报不简”，如何有深度地报道科研管理和学术研究两方面的消息。我提出要注意把握每条信息的关键词与亮点。关注研究的过程。对于研究人员来说，过程往往比结果更有用，需要简报的信息员和编辑介入研究过程和研究环节中，善于抓住思路与方法层面的创新，发掘科研过程与细节的价值。并提出，有可能的话，简报内容的范围可扩展到院外、国外的同行和相关领域。2012 年，科研工作简报编发到 17 期后，作了较大的改版扩版，在故宫博物院科研信息的基础上，新增了故宫博物院以外的国内外文博科研要情，邀请院内及部分院外国外专业专长的同仁，搜集和编译包括文物、考古、历史、博物馆等相关领域的学术信息，内容量因此而翻了一番，并改名为《文博科研要情》，这样，就为故宫博物院的专业人员打开眺望世界学术动态的窗口，将故宫学人的学术视野，进一步扩展到全世界的视域之中，对于故宫博物院这样一座举世瞩目的博物馆来说，自然是非常必要和急需的。

科研处成立之后故宫博物院科研管理工作的亮点之二是，经过几年的持续努力，基本上完成了为保障和推进科学研究的建章立制的工作，使全院的科研工作、学术研究管理进入了有序、规范、顺畅的轨道。

2007 年，召开了故宫博物院建院以来首次科研管理工作会议，郑欣淼院长作了故宫博物院科研工作报告。这个报告是故宫博物院的院长建院以来第一次对故宫博物院学术研究的历史、现状、成果、独特性及科研管理工作进行的一次系统的总结梳理，同时明确提出科研管理工作的方向。到 2008 年，完成了《故宫博物院科研课题管理办法》《科研成果奖励办法》《学术著作出版项目管理办法》《学术档案管理办法》

《故宫博物院与科研院所联合招收硕、博士生的报名条件及管理办法》等 8 个科研管理规章制度的制定，编制了《故宫博物院近期科研规划（2008—2010 年）》《故宫博物院中长期科研规划纲要（2011—2020 年）》。科研规章制度的全面建立和近期、中长期科研规划的编制，对于建立科学的学术秩序、树立学术规范、理顺学术方向起到了重要作用。科研学术发展的实际状况也一再证明，建立稳定稳固的科研制度，以制度规范学术、以制度管理学术、以制度引导学术，这样的思路和做法，是振兴学术、推动科研工作持续发展的基本的也是非常重要的制度保障。

亮点之三是建立和逐步完善了科研课题项目管理办法。

科研课题由个人或个人牵头的小组集体申报，经院学术委员会讨论评审，无记名投票确定可否立项。立项后则与科研经费挂钩。从科研管理的角度看，研究课题的选定、申报、评审和立项，本身就是一个推动研究的过程。在逐步形成从学术研究理念，到科研管理体制机制，再到学术出版保障方面的比较完备的整体科研格局中，科研课题项目管理是核心环节。在某种意义上说，课题就是研究，课题就是成果。而课题管理的核心是通过管理提高课题质量。为了有效提高选题质量，从 2007 年开始，科研处发布年度科研课题指南，就以 2007 年为例。这一年，科研处广泛征求了各方意见，制定发布了《故宫博物院 2007 年度科研课题指南》（以下简称《指南》）和《故宫博物院 2007 年度拟申报集体攻关科研项目的说明》（以下简称《说明》）。《指南》明确提出 2007 年度科研课题项目的指导思想、总体布局、重点安排，为申报者的申报，也为全体业务研究人员了解院近期科研重点提供了参考依据。《说明》指明 2007 年院科研工作继续加强基础建设，重视故宫基础资料、史料的搜集整理，重视基础研究的同时，加强宏观研究，加强文理工的交叉与渗透。在申报和评审过程中，大家普遍反映，在《指南》和《说明》的引导下，2007 年科研项目选题与批准立项的 22 个科研项目的整体水平比以往有了明显的提升。以故宫学为核心的课题项目管理，对统筹、组织、拉动全院的学术研究，收到了预期的效果。

科研课题项目的科学管理和经费配套，以故宫三刊为主的成果发布平台的搭建和出版资助，同时也对故宫业务人员研究人员起着很大的激励作用。为了加大激励力度，健全激励机制，2009 年，故宫博物院开展了规模盛大的 1991—2008 年科研成果评奖工作，通过褒奖近 20 年来在科研工作中做出突出贡献的学者、专家，进一步激发全院科研人员的积极性与创造性，营造更加浓烈的科研氛围，从而有力推动以故宫学为核心的学术研究工作。历经半年的时间，从近 20 年的科研成果中评出 60 个获奖项目。年底举行了隆重的颁奖大会。郑欣淼院长在颁奖大会报告中说了这么一段话：

这是故宫博物院建院以来第一次召开科研成果颁奖大会。这表明了这一届院领导班子对提高我院整体学术水平的决心，也反映了我院专家学者们和广大业务人员的良好愿望，意义重大。这次评奖是对我院自 1991 年以来科研、学术成果的检阅和总结，获奖的科研成果代表了我院 18 年的学术、展览和出版的水平。其中涌现出一批中青年学者的优秀成果，表现出宽阔的学术视野和交叉学科的研究方法，使人印象深刻，且展现了我院学术的“后劲”。此外，评奖工作也使我院科研管理水平得到了进一步的提高和完善。2004 年成立科研处以来，我院制定并不断完善了一系列科研管理方面的规章制度，采取了人才培养的学位制度，编制了近期和中长期的科研规划，开展了多种多样的学术交流活动。这些都为我院各项学术研究和发展提供了多方面的保障。科研成果评奖工作就是为营造人才的成长环境、激励人才的发展、确立人才的典范的很重要的激励措施之一。

在颁奖大会上，院外评委代表，来自中国社会科学院历史所的赫治清研究员和清华大学美术学院的尚刚教授对获奖成果作了综述和评点。从明清宫廷史、书画、古器物研究的层面详细评述了我院研究成果中所体现出的“故宫特色”与整体水平，并结合学科的发展为我院研究人员提出宝贵的方法论建议。获奖代表、最佳学术著作奖获得者罗文华在获奖感言中现身说法，与大家分享了他的学术“三项基本原则”：“我的研究始终不脱离故宫”“我的研究不能局限于故宫”“故宫学不只是故宫人的学术，它是属于中国的，也是属于世界的”。他说：“只有每位研究人员的学术进步，才能有故宫学术的进步，故宫学术能走得多远，要看我们的思想能走多远，看我们的心胸有多宽广。”获奖代表、最佳学术著作奖获得者苗建民谈了他在学术研究中的切身感受：“在故宫学这面旗帜的指引下，促进科研工作不断发展的运行机制正在形成，我院的各项事业呈现出了蓬勃发展的大好局面。究其原因，我觉得故宫学的理论指导发挥了重要作用，产生了明显的影响。一项事业有了科学的理论作为基础，各项工作就有了合理的归属，就有了前进的动力和持续发展的保障。对此我有着切身的体会。借此机会，我感谢院领导班子为全院良好学术氛围的形成所作的创新性理论探索和理论与实践相结合的不断实践。我愿意和全院同仁一起，在故宫学的理论实践中，为故宫博物院各项事业的进步与发展做出新的贡献①。”

与2009年的这次科研成果评奖衔接，从2009年开始，按照故宫博物院2008年颁布的《科研成果奖励办法》的规定，三年一次的科研成果评奖于2012年如期进行。科研处制定并发布了《故宫博物院2009—2011年科研与出版成果评奖细则》。按照规定程序，从2009年至2011年的科研成果中评选出53个获奖项目。2009年和2012年连续两次的科研成果评奖活动，既是故宫博物院学术成就的阶段性总结，更是故宫博物院通过建立和完善学术科研激励机制，营造创新学术风气，催生创新学术研究成果大见成效的见证和公示，也是故宫博物院科研制度、激励机制从此进入常规常态，科研保障体制基本形成的鲜明标志。

如获奖代表的感言所表达的那样，亦如我在不同范围召开的不同主题的学术座谈会上听到的那样，许多专业研究人员有一个共同的感觉，觉得在故宫博物院逐渐形成的这样的学术氛围、学术环境里，从事学术研究的幸福指数比较高。从管理者的角度来说，这的确是我们尽力追求的目标。我觉得故宫博物院的研究人员如果没有这样的感受的话，肯定就是我们科研管理工作的失误。我曾经同研究人员讨论过这个问题。我们认为在故宫博物院确实具有做学术研究的优势：博物馆的公益性决定

① 《故宫博物院科研工作简报》2009年第4期。

从事学术研究有高尚感，因为我们的研究是在深入研究的层面继承和传播我们的民族文化，而且受关注度高，受众面广，研究的价值会被放大，同样的研究会产生更大的影响，故宫博物院无比丰富的学术资源优势决定我们的研究有优越感，比较容易出成果、发表成果决定我们的研究有成就感。

当然也有相应的紧迫感，因为故宫博物院不会亏待、抹杀任何一位研究者的成果，不怕科研成果发表不了、出版不了，就怕拿不出成果。在这样良好的学术环境里，故宫学人自当以继承传统、超越功利、激发兴趣、投入情感、贵在创新的学术品格，不断创造出出色的研究成果，做到不辜负、不浪费可贵的研究资源与难得的研究条件。

五、从5个研究中心到故宫学研究所到故宫研究院

2005年10月，故宫学提出满两年之际，适逢故宫博物院建院80周年。由于故宫学的提出及已经引起较大的反响，80年大庆的主题与故宫学呼应，定位于学术性、国际性、开放性。核心内容由中、英、德、日、美世界5大博物馆馆长对话紫禁城和4个国际学术研讨会组成。

5大博物馆馆长分别来自英国大英博物馆、德国德累斯顿国家艺术收藏馆、日本东京国立博物馆、美国史密森研究院和中国北京故宫博物院。4个国际学术研讨会：一是与国家清史编纂委员会联合召开“故宫博物院80华诞暨国际清史学术研讨会”；二是与中国紫禁城学会共同邀请中外学者召开“中国明清宫廷建筑国际学术研讨会”；三是故宫博物院古书画研究中心成立暨“《清明上河图》及宋代风俗画国际研讨会”；四是故宫博物院古陶瓷研究中心成立暨“古陶瓷国际学术研讨会”。

世界5大馆长在紫禁城对话，4个国际学术研讨会在故宫博物院召开的前后，前有以“文明对话”为主题的紫禁城国际摄影大展为80年大庆预热，后有与中央电视台合作拍摄的大型历史文献纪录片《故宫》12集精华版在中央电视台一台热播。

故宫博物院在庆祝建院80周年的时候，可以说在世界范围内，至少在文化艺术层面、在学术层面，突然爆发出前所未有的故宫热，故宫

学热，此种现象，实为筹划院庆活动之时始料未及。

对故宫学建设产生长久影响的是院庆期间成立的两个研究中心和一个实验室——故宫博物院古书画研究中心，故宫博物院古陶瓷研究中心及古陶瓷检测研究实验室。

以古陶瓷研究中心的成立为例。古陶瓷研究中心是故宫博物院老中青几代古陶瓷研究者同心协力、精心筹划、充分准备建立起来的。2005年10月10日上午，中心揭幕挂牌。当采集自百余处古陶瓷窑址的瓷片，等待粘对的陶瓷实物资料，成系列的清代御窑瓷器，产自美国、法国、德国、荷兰、日本及中国的仪器分析设备，琳琅满目地出现在标本陈列室、观摩室、实验室之时，让所有中外见证者眼前一亮，惊叹不已。

仍由我兼任主编的《紫禁城》特别编辑推出一期“古陶瓷研究中心成立特刊”（《紫禁城》2005年第5期）。我在“特刊”前一期的《紫禁城》封底预告中很是兴奋地写了如下的广告词：

144个窑址，3万余古陶瓷片，18件古陶瓷孤品，20位客座研究员；最大范围的中国古窑址实地调查，最丰富的中国古陶瓷瓷片标本，最能填补空白的古陶瓷实物资料，最成系列的清代御窑瓷器，最高端的科技钻研最古老的瓷器，最权威的陶瓷专家评估，最具价值的陶瓷文化资源。

虽为广告，实无半点夸饰。《紫禁城》“古陶瓷研究中心成立特刊”打头的是郑欣淼院长撰写的《古陶瓷研究中心记》：

故宫博物院，中国最大的古代艺术品宝库，百万珍藏，瓷器35万之重，多出自宋代“五大名窑”，明清两代景德镇御窑厂，是故宫博物院藏瓷的基础和精华。

自20世纪50年代始，故宫博物院陶瓷组工作人员就对分布全国的140多个窑口进行调查，采集了3万余瓷片标本。加上原宫廷生活中淘汰的各类瓷器碎片标本上万片，这无疑为陶瓷研究提供了更加丰富的材料。

故宫博物院收藏的古陶瓷，全面地反映了中国陶瓷生产8000年连绵不断的历史，为世界其他博物馆或美术馆的陶瓷器收藏所无法比肩。

故宫博物院凭借其得天独厚的条件，曾造就出一大批享誉海内外的文物研究专家。在古陶瓷研究领域，陈万里、孙瀛洲、冯先铭、耿宝昌先生等闻名遐迩，使故宫博物院在这一领域长期独领风骚。

丰厚的藏品基础和研究优势，使故宫博物院古陶瓷研究中心的成立成为必然。

古陶瓷研究中心，是故宫博物院国际性学术研究机构之一，它将利用故宫博物院在人才和收藏古陶瓷文物、资料、标本以及引进各种先进检测仪器设备等方面的优势，为国内外专家、学者搭建一个开展综合性合作研究的学术平台，旨在使故宫博物院陶瓷藏品的诸多内涵为世人所知，以弘扬博大精深的中国陶瓷文化。

接着是郑欣淼院长在《古陶瓷研究中心记》中提到的耿宝昌老先生为古陶瓷研究中心成立撰写的《心愿》：

中国的陶瓷历史源远流长，留传至今的文物浩如烟海。北京故宫博物院，35万件古陶瓷已进入科学化的管理范畴，研究硕果累累；近8万件陶瓷实物资料，却因长期无暇顾及，谈不上对它们的科学保管与研究。

半个世纪以来，这批资料一直散存于院内八九处库房，绝大多数器物从未发表。虽然对它们有所熟悉，但由于其长期被尘土遮盖，疏于管理，一旦想找记忆中之某件，若大海捞针一般。

为庆祝故宫博物院建院80周年，院领导决定建立“故宫博物院古陶瓷研究中心”，下设“故宫博物院古陶瓷资料观摩室”，将故宫博物院现有的丰富资料公诸于众，为国内外博物馆界及陶瓷学者开展学术研究，提供一良好平台。

久未翻动的这批陶瓷实物资料，由此被从各个库房全部集中存放一处，经点核、清洗、分类、修复等工作，从中挑选出543件典型器在观摩室展出，并结集出版。

这批资料的征集工作肇始于20世纪50年代，源于多方。故宫博物院已作古的陈万里先生、孙瀛洲先生、冯先铭先生生前对陶瓷资料的搜集工作曾倾注心血，且陈老捐出亲身考察的越窑青瓷标本，孙老也捐出陶瓷资料完整器500多件，可谓功不可没。

这批资料经过整理，并被充分利用，实现了故宫几代陶瓷工作者的共同心愿。

院长、专家之论，足见古陶瓷研究中心成立之价值与意义。除学术研究之意义，还有一层同样重要的意义——研究中心的体制机制对于故宫学研究的创新意义。

研究中心研究人员的组成分两部分，一部分聘自院内，聘为研究员；另一部分聘自院以外的世界各地，聘为客座研究员。这样，就尽可能地将院内外、国内外这个领域里顶级的专家学者集中到研究中心了。如古陶瓷研究中心聘请的20位客座研究员中，7位分别来自法国、德国、美国、日本、土耳其、新加坡、韩国，3位来自台湾，2位来自香港，其余来自北京大学、清华大学、首都师范大学、上海博物馆、上海硅酸盐研究所。丰富珍贵的古陶瓷，顶级的专家学者，先进的检测仪器设备，正是以此无与伦比的综合优势，顺利地争取到古陶瓷保护研究国家文物局重点科研基地落户故宫博物院。

继古书画研究中心、古陶瓷研究中心成立之后，以同样的模式，于2007年、2009年，相继成立了故宫博物院古建筑保护研究中心、藏传佛教文物研究中心、明清宫廷史研究中心。5个研究中心充分利用资源整合优势，不断探索开放的研究路径，扩大研究领域，开创合作方式，学术研究呈现一派生机勃勃的景象。

以藏传佛教文物研究中心为例。该中心成立之前，研究人员就向着成立研究中心的目标创造了充足的条件。在成立仪式上，就分别与法国高等研究实验学院、日本国立民族学博物馆、美国加州大学伯克利分校、陕西省考古研究院、四川省文物考古研究院、中国人民大学国学院6家国内外学术研究机构签署了学术合作框架协议。从这一年开始，由藏传佛教文物研究中心与首都师范大学美术学院汉藏佛教美术研究所联合承办，由故宫博物院、首都师范大学等单位联合主办的“西藏考古与艺术国际学术讨论会”，每三年举行一届，每届会议都得到国内外学者的大力响应、积极参与，已经成为藏学界和艺术史界的国际例会。故宫博物院专门为藏传佛教文物研究中心在明清两代藏传佛教活动场所设立了藏传佛教文物陈列厅。经典的展品、丰富的藏传文物藏品、众多的宫廷藏传佛教活动场所，与新成立的研究中心一起，整合形成无可替代的真正的藏传佛教文物研究中心，在国内外学术界产生着越来越大的影响力。

到目前为止，在故宫博物院的机构设置中，5 个研究中心还是非建制单位，除个别专职人员外，大部分研究人员虽然为院内兼职与院外兼职，但各自的专业与各个中心研究方向高度一致，在研究中心有明确规划和操作程序的协调下，近几年的运行证明，这样灵活的组合反倒更有利于在不脱离不影响专业工作的同时发挥各自的研究专长。强强联合的综合优势的发挥，尤其表现在各个研究中心研究项目的筹划和组织召开的学术研讨会学术质量的大幅度提升上。

2010 年，在故宫博物院建院 85 周年之际，故宫博物院专为故宫学研究而建立的一个实体性建制单位诞生了，这就是故宫学研究所。如果说 5 个研究中心做到了虚而不虚的话，那么，故宫学研究所的建立和短短两年多的运行，则是实而又实的了。

就如最先成立的两个研究中心是在故宫博物院 80 年大庆时揭牌的一样，故宫学研究所是在故宫博物院为纪念建院 85 周年暨紫禁城建成 590 周年而隆重召开的故宫学研讨大会上宣布成立的。故宫博物院建院 85 周年故宫学研讨会，由一个大会和三个分会组成。

三个分会，一是由古陶瓷研究中心和古陶瓷保护研究国家文物局重点科研基地组织召开的“宋代官窑及官窑制度国际学术研讨会”。此次学术研讨取得的重要而丰硕的收获，是对 5 年前古陶瓷研究中心成立时设定的目标的回应。也就是说，成立研究中心，充分发挥故宫博物院藏品和人才优势，开辟自然科学研究新领域，借助外界专家学者的力量，通过开展课题项目研究，把传统研究方法与利用科学技术手段相结合，有效解决和发现中国古陶瓷研究领域的重大学术问题，以这样的理念与方法取得的突破性成果，使古陶瓷研究界备受鼓舞。

二是由明清宫廷史研究中心组织召开的“《明代宫廷史研究丛书》新书发布会暨明宫史研讨会”。这是一次以研究成果的展示与评价，推动明代宫廷史研究，填补和改变故宫学研究领域薄弱环节的很有实效的学术研讨会。

三是古建筑研究中心和中国紫禁城学会组织召开的“故宫博物院85周年院庆暨中国紫禁城学会第七次学术研讨会”，研讨会的主题是“皇家建筑文物价值的完整保护”，比较集中突出地讨论了故宫学、皇家建筑、明清宫廷建筑三个概念及其关联。

在三个分会集中在一起召开的故宫学研讨大会上，郑欣淼院长作了《故宫学七年：构建、发展和展望》的主旨演讲，翔实地论证了故宫学的价值与意义、故宫学研究对象和范围、故宫学学科特点等。郑欣淼院长在主旨演讲中，特别指出海峡两岸两个故宫博物院同根同源，故宫学则是连接“一个故宫”和“两个博物院”的纽带。

就是在这样的大会上，故宫学研究所正式成立。文化部（现文化和旅游部）副部长王文章和国家文物局副局长宋新潮致辞并为故宫学研究所揭牌。王文章在致辞中说：“故宫学的倡导，故宫学研究所的建立，是当代中国保护优秀文化遗产的必然要求，标志着故宫博物院的发展走向了新阶段。故宫学研究的科学成果将促进人们对优秀文化遗产的尊重，激发创新精神，同时也将引领和提升故宫博物院自身价值的发挥。”宋新潮在致辞中说：“故宫学的提出是故宫博物院学术研究的新起点，也是对我国文化遗产保护及其相关工作的理论探索①。”

在故宫学提出7年之后，在5个研究中心建立并显示出生机勃勃的学术生命力的时候，在故宫博物院建院85周年纪念的大背景下，故宫学研究所的建立，在故宫学建设的历史上，尤其是在故宫学建设的组织体制保障上，具有历史性意义。

我受郑欣淼院长委托，代表故宫博物院向大会作了“我们为什么要

① 以上内容详见《故宫博物院科研工作简报》2009年第4期、2010年第3期。

建立故宫学研究所”的说明：

在故宫博物院建院85周年之际，我院决定正式成立故宫学研究所，并在今天的故宫学研讨会上举行揭牌仪式。我受院领导的委托，向各位简要报告我们为什么要成立故宫学研究所？

正如郑欣淼院长所阐述，故宫博大丰富的内涵需要故宫学，中国传统文化研究需要故宫学；也如郑欣淼院长所阐述，故宫学的构建、发展需要建立故宫学研究所。

一个具有深厚历史底蕴的、一个现实实践要求的、一个未来发展必需的故宫学学说学科的建设，既需要旗帜鲜明的理论理念的提出，也需要浓厚的认同认知的学术氛围的形成，还需要必要的体制机制的保障。故宫学的提出是理论的创新，从研究室到科研处的设置，再到5个研究中心的建立，再到故宫学研究所的成立，是故宫博物院科研体制机制的不断创新。

故宫学研究所以故宫学学科建设、故宫学学科体系构建为己任；故宫学研究所以吸引、培养、聚集故宫博物院的以及全社会的故宫学人才为己任；故宫学研究所以策划、实施、完成重大故宫学建设工程、故宫学研究项目为己任；故宫学研究所以整合故宫学术资源、开展国内外学术合作交流为己任；故宫学研究所以不断推出故宫学研究成果为己任；故宫学研究所以形成自己鲜明的不可替代的学科特色和做出独特的学术贡献为己任。

故宫博物院成立前后，北京大学国学门研究所、清华大学国学研究院、中国营造学社、中央研究院历史语言研究所等先后成立，当时的高等学府，这一类的高端学术机构的不少学者直接参与了故宫博物院的创建，由此奠定了故宫博物院扎实的学术基础，并形成了故宫博物院优良的学术传统。接续学术脉络、广大学术传统、创新学术精神，是故宫学研究所注定要承担的学术使命。

故宫学研究所在故宫人的努力下，在学界的大力支持下，在热心于故宫学的学者的积极参与下，一定会不断地成长壮大。

故宫学研究所在故宫博物院的建设发展中，在中国传统文化的研究和传播中，一定会发挥不可替代的重要作用。

我们有充足的理由对故宫学研究所充满信心，充满期待。

故宫学——《故宫学刊》——故宫学研究所：三位一体的、科学合理的优化组合，构建起故宫学建设发展的稳固格局。从理念开始，到研究成果发布平台，到专职机构，故宫学不紧不慢地、一步一步地、扎扎实实地落地生根了。

从故宫学研究所调配人员正式运作算起，到2013年，满打满算，也就两年的时间，但在这两年的时间里，故宫学研究所居然筹划组织召开了11个学术研讨会：

辛亥革命与故宫博物院建院学术研讨会（2011年9月）；
故宫学的范畴、体系与方法学术研讨会（2011年11月）；
第二届明代宫廷史国际学术研讨会（2011年12月）；
明代宫廷生活史学术研讨会（2012年8月）；
民国时期故宫博物院院史学术研讨会（2012年11月）；
宫廷与江南学术研讨会（2012年11月，与苏州大学合办）；
明清宫廷史对比学术研讨会（2013年4月）；
清代宫廷戏曲学术研讨会（2013年5月）；
宫廷典籍与东亚文化交流国际学术研讨会（2013年7月）；
故宫学与明清政治文化（2013年7月，与东北师范大学合办）；
故宫学十年纪念学术研讨会（2013年10月）。

这些研讨会，我大部分参加了。研讨会大多规模不大，但参会者需以提交论文为必要条件。据我所见，论文质量较高，目标是会后修改完善达到出版论文集水准。另一特点是参会学者一般院外多于院内，院外学者又以高等院校教师为多。除了组织多达11个的学术研讨会，2012年至2013年，故宫学研究所连续两年组织举办了两届故宫学高校教师暑期讲习班，另外还筹划组织了有关故宫学研究和故宫学研究资料的图书，进展亦很顺利。

两年的时间故宫学研究所已经有了一个良好的开局，而且，其鲜明的将故宫学向高校推进的学术路径，已经取得了明显的效果。此举无疑大大推进将故宫学建设成学科的进度，对于故宫学的建设具有十分重大的意义，就此，我会在后面的部分进一步展开论述。

2013 年，故宫博物院考古研究所、古文献研究所、明清档案研究所成立，故宫博物院博士后科研工作站建成，与已有的研究室、故宫学研究所、古书画研究中心、古陶瓷研究中心、古建筑研究中心、明清宫廷史研究中心、藏传佛教文物研究中心一起，这些分门别类地覆盖了故宫基本专业面的研究团队，共同组成了与故宫资源优势相匹配的故宫研究集团军——2013 年 10 月，在故宫学提出满 10 年之际，酝酿多年的故宫研究院正式揭牌。

故宫研究院的成立，是故宫学研究团队成长、壮大、成熟的历史性标志。

六、从清史编纂委员会到明史学会到马普研究所到台北故宫博物院

坚持故宫学的开放性、世界性，主要表现在以远大的学术眼光，以开阔的学术胸怀，以多种多样的方式，努力推进故宫学研究与院外、国外的专家学者、研究机构的密切合作。

故宫博物院拥有的故宫学优质学术资源，与明史、清史研究最为密切。20 世纪与 21 世纪之交，故宫博物院就开始与北京大学合办年刊《明清论丛》。国家清史编纂委员会成立于 2003 年，负责备受社会和学界关注的清史编纂工程的实施。众所周知的原因，故宫博物院与清史编纂密不可分。这些年来与国家清史编纂委员会的合作既是实质性的，又具象征意义。2005 年故宫博物院 80 年大庆，影响最大的庆祝活动就是与国家清史编纂委员会共同举办“故宫博物院 80 华诞暨国际清史学术研讨会”。大会开幕式在人民大会堂举行。文化部（现文化和旅游部）部长、国家清史纂修领导组组长孙家正致辞，郑欣淼院长、清史编纂委员会主任戴逸教授等发表学术讲演。来自中国内地及港澳台地区历史学

界、考古学界、文博学界的专家学者，与来自美国、日本、英国、德国、法国、俄罗斯、加拿大、哈萨克斯坦、澳大利亚等国的清史学者共计160余位，就清朝历史所包含的政治、经济、军事、文化、社会以及文献等方面进行了深入的探讨。故宫学与清史编纂、故宫在清史编纂中的地位，成为本次研讨会的一大热点。在此后的2007年、2009年、2011年，故宫博物院与清史编纂委员会连续共同举办了第12届、第13届、第14届国际清史学术研讨会。

在“第13届国际清史研讨会”的开幕式上，郑欣淼院长回顾了故宫博物院与清史学界合作深度和广度不断加强的历程，他说故宫博物院感触最深的是拥有了更加开放的学术研究视野。故宫人走出高墙，将研究视野拓展到与工作相关联的历史、文博、考古、艺术、古建等多个学术领域，积极与相关学会、各省市考古文博机构、科研院所、高等院校等开展多方面的学术合作。国家清史编纂工作启动以来，故宫人更积极参与其中，陆续整理公布相关学术资料，进一步发掘有故宫特色的清史内容，对清史编纂起到了重要的推动作用。故宫博物院将一如既往地支持清史编纂事业，与清史学界更加紧密地团结在一起，担负起传承民族文化的共同使命①。

2011年，纪念中国辛亥革命一百年，以辛亥革命史研究和清史专题研究为主题的第14届研讨会，在故宫博物院与清史编纂委员会合办的基础上，又增加了中国社会科学院历史研究所、北京大学历史系、中国人民大学清史研究所为协办单位。每次国际清史研讨会，都有近百篇论文提交，参与学者之广、涉及问题之多、讨论之深入、成果之丰富，均为前所未有。

与明史研究界的合作，则以明代宫廷史研究这一重大研究项目为纽带。明清两代皇宫紫禁城虽然是明代肇建，但与清史、清宫廷史研究相比，可能是时间远近与资源多少的原因，明史、明宫廷史研究一直是故宫博物院的薄弱环节，史学界亦如此。对于故宫学来说，明史、明代宫廷史的研究或许更为重要，至少不应比清史、清宫廷史薄弱。故在故宫学研究的规划部署中，在配备研究力量和安排研究课题、研究项目时，

① 《故宫博物院科研工作简报》2009年第3期。

格外重视弥补明史、明宫廷史的不足。为此，我虽非明史专业，还是策划并出面主持了明代宫廷史研究的重大项目。特别在项目的前期论证立项过程中，不知与中国明史学会的领导、学者讨论过多少次，最终确定了组织编纂出版一套大型《明代宫廷史研究丛书》的项目。明史学会倾力支持帮助，明史研究界的专家学者积极参与。这个项目的执行负责人赵中男博士，更是为这个项目的一步步落实，不知找了多少人，跑了多少路，开了多少会。2010 年，在故宫博物院建院 85 周年及紫禁城建成 590 年之际，召开了这个项目首批成果的 4 种新书发布会暨首届明宫史研讨会。在 2011 年中国明史学会召开的“第 14 届明史国际学术研讨会”上，中国明史学会高度评价了故宫博物院在明代宫廷史研究方面做出的积极贡献，充分肯定了在故宫学旗帜下率先发动和组织海内外的学者，撰写规模庞大的包含近 20 种专题专著的《明代宫廷史研究丛书》，是对明代宫廷史研究开拓性的工作，意义深远。台湾明史学会理事长邱澎生先生认为，明宫史研究项目的开展和明宫史研究丛书的出版，标志着故宫博物院的学术事业进入了一个崭新的阶段，已从较单纯的器物研究进入到宫廷史综合研究的新领域了，对台湾的明史研究也有一定的意义。美国明史学会前会长姜永琳先生指出，从国际宫廷史学的发展情况看，中国的宫廷史研究无疑是较为落后的，但故宫博物院能够在较短的时间内完成几种明宫史研究丛书，并且有几种还是专业性较强的《明代宫廷建筑史》《明代宫廷戏剧史》《明代宫廷陶瓷史》等，说明中国的明宫史研究起步虽晚，但起点很高，这一点不仅反映出故宫博物院领导人在学术事业上的远见卓识，同时也反映出丛书策划和组织者的非凡能力，尤其是确定体例和遴选作者的能力，以及与国际宫廷史学界接轨的可贵决心①。

与国外科研机构的学术合作，当以与马普研究学会所属的马普科学史研究所的合作为代表。

马普研究学会（The Max Planck Society）于 1948 年 2 月 26 日在德国哥廷根成立，以德国近代伟大的物理学家马克斯·普朗克（Max Planck1858 －1947）的名字命名。马克斯·普朗克发现的能量量子对物

① 《故宫博物院科研工作简报》2011 年第 3 期。

理学的发展做出了重要贡献，1918 年荣获诺贝尔物理学奖，被学界尊为“量子力学之父”。马普研究学会成立之初即拥有 25 个研究所，主要致力于国际先进水准的科学研究。1966 年，其下属研究所数量增至 52 个。目前，在全球拥有近 80 个研究所，覆盖了自然科学、生物与医学科学以及人文与社会科学等学科。早在 1974 年，马普研究学会就与中国科学院建立了合作关系，迄今已有 30 多年长期、稳定的合作，合作完成了大量科研项目，每年均有学者互访。马普研究学会在国际上享有盛誉，拥有雄厚的科研资金，聚集了全世界优秀的科学家参与其科研工作，而且也着力为培养有潜力的中青年科研人员搭建学术平台。

2007 年 11 月，故宫博物院与马普科学史研究所合作，开展“中国古代宫廷与地方技术交流史”研究项目。该项目采取跨学科合作的形式，从科技史的角度来研究中国文化遗产。该课题的关注点在于，科技知识是如何被感知、传播与评论，最终形成不容忽视的“知识文化”，并如何随着时代流转而发生变化。试图寻找到一种新的角度与方法，研究中国古代科技知识的进展，尤其是宫廷与民间知识技术的交流、不同阶层之间的交流、技术传播的路线以及技术创新的动力等问题。这一课题将中国历史上的创新文化置于大的历史背景下，用全新的目光来审视影响文化、技术创新的各种因素及其作用，对于我们如何认识和理解古代中国在体制、文化、社会、经济和技术等要素的相互影响下，技术知识文化的传播，具有重大的意义，对今日的科学技术、知识文化创新环境的研究亦有重大意义。双方议定，最终的研究成果，以中、英文两种版本分别在中国和德国出版。

2008 年 4 月，双方根据合作协议，共同举办了“中国古代宫廷与地方技术交流史”研究工作会议。参与该课题研究的故宫博物院的 6 位学者，向来自故宫博物院、上海博物馆、北京大学、北京科技大学、中国社会科学院、香港中文大学、台北“中央研究院”以及德国、美国和日本的专家学者分别做了主题报告：“皇宫与地方建筑内檐装修技术的交流——以宁寿宫花园建筑为例”（张淑娴）、“西藏与宫廷——乾隆时期藏传佛教铜法物加工技术之选择与引进”（罗文华）、“12—18 世纪官民瓷业技术的互动”（王光尧）、“宫廷与民间的交融——以清代乾隆时期清宫和苏州的玉石雕刻为考察对象”（郭福祥）、“北京、广州与景德镇——康熙、雍正时期的画珐琅”（许晓东）、“艺术、技术与制度——顺、康时期的上用服饰”（张琼）。各位专家在提前审阅并仔细听取了上述报告之后，从不同的角度、相关的研究方法以及细节性的问题等方面提出了许多实质性且卓有见地的建议，为课题下一步的深入与拓展打下了良好的基础。

2008 年 6 月至 8 月，故宫博物院的课题组成员赴德国马普科学史研究所与德方研究人员进行了为期 3 个月的合作研究。在德国期间，每周安排一到两次的讨论，除研究内容外，讨论主要集中在研究方法层面。2009 年 7 月至 9 月，课题组成员再次赴德进行第二轮为期 3 个月的学术交流。双方研究者每周安排两个半天的时间，就故宫博物院 6 位成员的 6 篇论文稿逐一讨论，充分交换意见后，由作者补充修改。到交流活动结束前基本定稿。此次中西合作开展课题研究，尝试以技术文化史视角进行清代宫廷技术的研究，扩展了故宫博物院的研究领域；合作研究的新方式、新程序、新方法，开阔了学术视野、学术路径；合作研究建立起与西方学者交流的平台，打开了与西方学术界联系的通道，同时也积累了合作研究的经验。为了让更多的故宫学人分享此次合作的多方面的收获，2009 年 10 月，故宫博物院举行了全院研究人员参加的该课题成果报告交流会，课题组成员分别介绍了合作研究的诸多感受与收获。自始至终组织协调课题研究的科研处负责人宋玲平博士总结出此次合作 4 个方面的意义：一是体现了故宫博物院学术的开放性与国际性，是故宫学走向世界的具体体现之一，为故宫博物院的学术研究走到世界前沿做出新的探索与贡献；二是此项目是关于技术文化史的研究，这对故宫来说是一个全新的领域，具有开创与填补空白的意义；三是此次合作使参与者得到了很好的锻炼，能够直接感知、实践新的研究理念、视角与方法，为故宫学人走向国际学术研究大舞台提供了诸多启示；四是合作过程的工作方式为故宫博物院的科研管理提供了很好的借鉴，特别是研究过程注重讨论与交流等，对我们都是很好的启发①。

① 《故宫博物院科研工作简报》2009 年第 4 期。

2010年10月，研究成果的中文版以《宫廷与地方——十七至十八世纪的技术交流》为书名由紫禁城出版社（现故宫出版社）结集出版。我写了如下文字作为序言：

与享有国际盛誉的德国马普研究学会所属的马普科学史研究所合作，无疑是一次令人兴奋和充满期待的学术合作与交流活动。

作为同样享有国际盛誉并足以全面见证中国历史文化的故宫博物院，虽然每年均有多个文物展览在世界各地流动展出，多项学术交流在世界各地进行，但与马普所合作，从科学技术史的角度研究中国古代宫廷文化遗产，还是别开生面的。

至少有如下理由努力促成并扶持这个项目取得预计的成果：

——国际性的深层的卓有成效的学术合作与交流急需加强。一座世界著名的博物馆，藏品的交流展示当然至关重要，配合文物展览的学术交流，富有创意的、能够充分显示文物资源特色的专题学术合作交流，在交流中形成与文物资源相称的学术对话、学术话语权，是更有渗透力、影响力的文化传播。

——跨学科的研究课题的合作交流极为重要。博物馆以藏品取胜，对藏品的深入研究更胜一筹，尤其是对于不但藏品丰富，且与历史遗址形成一个整体的综合博物馆来说，学术研究不只停留在对藏品的研究上，也不只停留在对物与史的打通上、纵与横的打通上，还需扩展到学科之间的打通上。

——学术视野要放大，学术理念要提升，研究方法要多样。人文学科有人文学科形成的研究视野、理念与方法，理工科技有理工科技形成的研究视野、理念与方法，中国有中国形成的西方有西方形成的学术研究视野、理念与方法，在合作交流中实现它们之间的，特别是落实到研究项目、研究方法上的互动互补，是开创与进入学术研究新境界的通达之路。

——已经实施的科研管理中的科研项目管理办法，已经积累了一定的经验、取得了明显的效果的科研项目管理办法，还需要不断吸纳新的因素，需要不断完善创新。马普研究学会拥有积累了60年之久且效果卓著的科研管理经验，值得认真借鉴。一个合作项目的实施，是一次项目管理的全程全新的实验。

——在高起点、高水平的合作中，勇于将自己置于面对挑战与检验的学术环境里，才会真正获得超越自我的机会与可能，才会真正获得向世界展示自我与我们的团队水平的机会与可能。

决定与马普所合作之时，在充满期待中也不无担心。毕竟是一次需要实力的高水准的国际学术对话。不过，心里还是有数有底的——自郑欣淼院长首倡故宫学以来，故宫博物院出现了全新的学术面貌，随着新的学术理念的确立、学术氛围的形成、研究机制的建立、研究方法的演进，研究的深入，研究梯队的结构性变化，一批中青年学者迅速成长起来，加以参与者诸位良好的学养背景、科研管理与学术研究自身经验的积累，和我所感知到的我们这个团队的学术敏感与研究能力、研究活力，相信可以克服合作中遇到的任何难题。

这本书——他们的研究成果的结集就是明证。据我所知，以这样的合作方式、这样的合作过程取得这样的研究成果，在故宫博物院，在我国博物馆界，都是很有创新意义的，值得给予特别的关注。

在本篇的第一部分，我提到郑欣淼院长 2003 年 10 月提出故宫学，与他于 2002 年与 2003 年之交访问台北故宫博物院有关。那次访问，是北京故宫博物院院长首次访问台北故宫博物院。故宫学提出 5 年之后，进一步实现了两岸两院院长的互访和两院的全面合作。2009 年 2 月，台北故宫博物院院长周功鑫率团访问北京故宫博物院，这是台北故宫博物院院长首次率团访问北京故宫博物院；3 月，北京故宫博物院院长郑欣淼率团回访台北故宫博物院。经会谈协商，达成两岸故宫博物院合作交流 8 方面的共识：建立合作机制；实行文物影像使用互惠；建立展览交流机制；两院专业人员研究互访；互赠出版品；信息与教育推广交流；学术研讨交流；文化创意产品交流①。

这一年的 10 月份，北京故宫博物院 37 件文物赴台北故宫博物院，

① 《故宫博物院年鉴》2009 年。

与台北故宫博物院的文物一起，共同举办“雍正——清世宗文物大展”。11月，第一届两岸故宫博物院学术研讨会“为君难——雍正其人、其事及其时代”在台北故宫博物院举行，北京故宫博物院派专家组赴台北故宫博物院参加学术研讨。从此，两岸故宫博物院轮流交替主办两岸故宫博物院学术研讨会成为定制。2010年，第二届两岸故宫博物院学术研讨会“永宣时代及其影响”在北京故宫博物院举办，台北故宫博物院派专家组参加研讨。这年的6月份，为纪念故宫博物院建院85周年，两院共同组团，举行了隆重的“温故知新——重走故宫文物南迁路”的考察活动。2011年，第三届两岸故宫博物院学术研讨会“十七、十八世纪（1662—1722）中西文化交流”在台北故宫博物院举行。2013年，第四届两岸故宫博物院学术研讨会“乾隆的文化品位”在北京故宫博物院举行。

以故宫学为的纽带，将两岸故宫博物院从藏品、展览、学术研讨、业务交流等方面全方位、深层次地凝结为一个不可分割的整体。

自故宫学提出以后，在开放性、国际性的学术视野指引下，故宫博物院与国内外的学术交流与合作，出现了前所未有的蓬勃发展的新局面。

据不完全统计，到2013年，故宫博物院与国外有关方面开展的学术交流与合作有：

故宫博物院与英国大英博物馆、日本东京国立博物馆、德国德累斯顿国家艺术收藏馆、美国史密森研究院五大博物馆馆长以“当代博物馆的机遇与挑战”举行“紫禁城对话”；

先后与法国卢浮宫博物馆、美国大都会博物馆、英国大英博物馆、俄罗斯艾尔米塔什博物馆、德国德累斯顿国家艺术收藏馆、日本东京国立博物馆签订了长期战略合作意向书；

与日本凸版印刷公司合作建立“故宫文化资产数字化应用研究所”，完成了多部关于紫禁城的虚拟数字作品；

与美国世界建筑文物保护基金会合作倦勤斋保护项目、宁寿宫花园的修缮和保护项目及合作建立“家具与内檐装修保护培训中心”；

与意大利文化遗产部合作太和殿科技保护项目；

与美国 IBM 公司合作“超越时空的紫禁城”项目；

与荷兰国家自动音乐博物馆合作钟表等文物修复保护项目；

与德国马普科学史研究所合作“中国古代宫廷与地方技术交流史”研究项目；

与希腊文化部雅典卫城遗迹保护委员会、清华大学建筑学院联合举办“雅典卫城和北京紫禁城修复与保护工程研讨会”；

与日本冲绳县教育委员会合作“故宫博物院藏琉球文物调查研究”项目；

与英国伦敦大学考古科学实验室进行学术交流；

与美国大都会艺术博物馆、华盛顿弗利尔美术博物馆、旧金山亚洲艺术博物馆进行学术交流；

与美国钟表收藏协会近 40 位钟表专家关于钟表修复的交流；

与美国特拉华大学历史建筑与设计中心的交流合作；

与日本民族学博物馆关于汉译《究竟瑜伽鬘》的合作；

与法国远东学院的学术交流；

与英国牛津大学考古实验室的学术交流；

与美国亚利桑那大学材料科学与工程系的学术交流。

以上共计 18 项。

与国内有关方面开展的学术交流合作有：

与北京大学合办《明清论丛》；

与香港中国文物保护基金会合作建福宫花园复建项目、中正殿复建项目；

与中央电视台合作，拍摄大型文化专题纪录片《故宫》《故宫 100》；

与中国博物馆协会长期合作；

与中国紫禁城学会长期合作；

与中国古陶瓷学会长期合作；

与中国文物保护技术学会长期合作；

与中国玉文化研究会长期合作；

与中国艺术研究院联合办学，培养硕博士研究生；

与国家清史编纂委员会合办国际清史学术研讨会；

与明史学界合作开展“明代宫廷史研究”项目；

与社会科学院研究生院、浙江大学、北京工业大学、南开大学签订合作协议；

与江西省文物考古研究所和景德镇陶瓷考古研究所联合发掘丽阳镇元明青花瓷窑遗址；

与浙江省文物考古研究所、德清县博物馆合作发掘浙江省德清县火烧山原始瓷窑址；

与四川省文物考古研究院联合考察甘孜、阿坝地区藏传佛教遗迹和康巴地区藏传佛教艺术及大小金川战役遗址；

与首都师范大学、中国西藏文化博物馆、中国西藏文化保护与发展协会、甘肃永登鲁土司衙门博物馆联合考察鲁土司属寺汉藏佛教艺术；

与首都师范大学合作研究汉藏佛教艺术；

与中国科学院上海硅酸盐研究所联合主办“古陶瓷科学技术国际讨论会”；

与浙江省文物考古研究所、中国古陶瓷学会合办“瓷之源——原始瓷与德清窑学术研讨会”；

与湖北省考古研究所联合发掘青塘山琉璃窑址；

与湖北省武当山特区管委会合办“故宫·武当山（明代）紫禁城文化研讨会”；

与湖南省文化厅合作召开“传承创新——醴陵釉下五彩瓷学术研讨会”；

与苏州大学、东北师范大学联合召开学术会议；

与台北故宫博物院的包括学者互访、学术成果交流、合作举办展览、定期合作举办学术研讨会等在内的全面的常规化的合作；

与澳门民政总署、澳门艺术博物馆的长期合作；

与澳门大学、澳门博物馆开展学术交流；

与香港大学饶宗颐学术馆交流合作；

与香港特别行政区康乐及文化事务署合作；

与北京海淀区政府合作创建故宫博物院北院区；

与北京东城区政府签署战略合作协议，合作举办故宫讲坛、创建故宫学院；

与天津大学合作建设中国文化遗产保护与传承协同创新中心；

与中国文化遗产院签署合作框架协议书；

与安徽省人民政府签署合作框架协议书。

以上与国内有关机构的合作交流，共计 33 项。

与国内国外博物馆同行、大学、研究院所的学术交流与合作，不到十年总计近 60 项，平均每年有 5 个国内外的学术合作交流项目在进行之中①。

从所有合作交流项目来看，无论是合作交流对象，还是合作内容，均有很广大的覆盖面。加上平均每月 3 个以上的学术讲座，故宫博物院的所有研究人员，所有的业务工作者，以至所有故宫人，虽然天天处于四面高墙围合的紫禁城中，但却可以随时感受到学术文化的八面来风。这样的学术氛围、学术环境、学术条件，会使每一个人自觉不自觉地突破和超越一隅一城、自说自话、自以为天下第一的局限，自由地徜徉于色彩纷呈的学术世界之中，从而在更加开阔的学术视域下，在更丰富的学术参照体系里，更加准确更加自信地选择、定位、确立自我的学术地位与方向，更加有力地发挥自我的学术资源与研究优势。由此可见，故宫学的开放性、国际性及其意义，就绝不是一句空话，而是实实在在地落到了实处，发挥着实实在在的作用，不管是激烈碰撞，还是潜移默化，交流和合作双赢，提供和获取共存，吸收和传播互生，其当下与长远效益无可限量。

七、从台湾清华大学故宫学课程到故宫学研究生到故宫学高校教师暑期讲习班

故宫学提出以后，在大学教学中产生影响的现象，首先出现在台湾清华大学。从 2009 年秋季开始，台湾清华大学历史研究所谢敏聪教授

① 以上统计主要依据《故宫博物院年鉴》《故宫博物院科研工作简报》。

正式开了一门“故宫学概论”的选修课，并授予修课学生正式学分。听到这一消息，我的直感是稍稍有些惊讶。但一细想，也在情理之中。这一年距郑欣淼先生提出故宫学已有 6 年。北京故宫博物院与台北故宫博物院的正式来往正是从这一年开始并走入常规，并成为两岸新闻和两岸公众关注的热点。有学术敏感的学者教授自然会产生一些想法。果然不出所料，“故宫学概论”选修课一经公布，竟有2000 名学生以电脑选课的方式来争取此课程的 80 个修课名额，而未能以电脑选上该课程的学生，又有数百人争取 15 个加签名额，这在台湾清华大学相关类别课程的学习上可谓盛况空前。2010 年春季，来自北京清华大学材料系和北京大学经济系的两位交换学生，也在台湾清华大学选修到了“故宫学概论”课程。谢敏聪教授的这门选修课，主要讲述故宫学内容的历史之真、文物之美、意涵之善，以此呈现中国历史的源远流长与中华文化的博大精深。课程内容涉及故宫学的定义、范畴与研究方法及理论体系的构建，中国历代故宫与宫廷建筑，故宫博物院院史，图书文献、档案，故宫各类文物，及故宫学的研究成果与对当今学术的卓越贡献等。开列的参考书目以郑欣淼先生的故宫学论著为主。

2010 年，中国社会科学院研究生院与故宫博物院签订战略合作意向书，议定双方发挥各自优势，在相关研究领域开展广泛、深入的合作。合作方式包括互邀参与有关故宫学研究领域的教学活动、学科建设、科研项目、人员培训等工作；互相提供包括故宫学研究领域在内的相关学术、技术支撑，为双方相关领域内学术、技术的发展服务。根据战略合作意向，中国社会科学院研究生院决定自 2010 年 11 月在其文物与博物馆专业硕士教学中心设“故宫学”方向课程，学制 2 年，授予文物与博物馆专业硕士学位和学历。研究生院作为“故宫学”方向课程的教学单位，以故宫博物院首创故宫学的郑欣淼先生为首席专家。从 2012 年开始，中国社会科学院研究生院每年招收博物馆学、文物鉴藏、故宫学专业硕士研究生 40 名，故宫博物院相关领域的专家学者参与教学工作，并担任部分学生的指导老师。

2010 年，浙江大学开始筹建“故宫学研究中心”。研究中心定位于围绕故宫博物院古器物、古书画、古建筑、典籍与档案、历史与学术史、文物修复与博物馆陈列等研究方向进行学科建设，并以此为切入点，全面推进故宫学学术研究和人才建设，同时以“故宫在中国，故宫学在世界”的治学理念创设世界一流的研究中心。研究中心聘请郑欣淼先生担任“中心”主任。浙江大学将“中心”作为一个科研教学实体，为此成立专项基金会，定期发布和实施全球性招标课题，每年择优资助故宫学研究领域3—5项前沿研究项目。“中心”的教学和科研计划涵盖本科和研究生教育，分别制定了本科生和硕士生故宫学课程方案，授课教师中拟聘故宫博物院专家学者10余名。通过2—3年的初步建设，启动故宫学博士学位课程计划，成立博士导师组，由两岸故宫博物院和浙江大学的专家组联合组成①。

在得知浙江大学积极筹建故宫学研究中心的消息时，与听到台湾清华大学开设故宫学选修课的消息一样，同样感到惊讶：故宫学研究中心理所当然在故宫博物院，浙江大学怎么也要成立故宫学研究中心呢？经对上述筹建情况的全面了解，经和浙江大学相关领导沟通，我明白了，浙江大学是把参与故宫学研究，作为其在中国文化建设领域中凝练重大突破方向的一个战略选择来认真筹划的。对成立故宫学研究中心，浙江大学既是积极的，又是十分慎重严谨的。校方对“中心”的成立高度重视，并要求各级学历教育严格按照学校规定程序进行。

2011年5月，浙江大学故宫学研究中心在浙江大学举行了成立仪式。郑欣淼先生在成立仪式上的讲话中讲了这么几层意思：

故宫学提出8年了，引起了海内外学者的关注。从2009年开始，台湾清华大学设立了“故宫学概论”的课程，去年12月，我到台湾清华大学，也应邀讲了一次，他们反映很好。台北故宫博物院周功鑫院长和冯明珠副院长对故宫学都给予肯定和支持，我们两家也表示要合作研究的。我院也做了很多努力，创办了《故宫学刊》，我们与中国艺术研究院联合办学，培养与故宫研究有关的人才，我们建立了5个研究中

① 《故宫博物院科研工作简报》2010年第4期。

心，我们也成立了故宫学研究所。我们开展了故宫知识进高校活动，到首都的高校，包括北大、清华，除了讲故宫学知识以外，也讲故宫文物知识，受到师生的普遍欢迎。我们一直在考虑，虽然故宫学引起了一定反响，但是要深入发展，不是故宫一家之事，学术是天下之公器，得到高校的参与、认可，我们一起努力，特别重要。昨天上午我在中国艺术研究院招收的第一个故宫学的博士生，顺利通过了论文答辩。今天又来浙江大学出席故宫学研究中心的成立仪式，我真的是很高兴，从心底里感谢浙大领导的远见卓识，感谢浙大对故宫学的厚爱。

虽然浙江大学与故宫博物院是两家不同性质的单位，一家是大学，一家是博物馆，一个在杭州，一个在北京，但我们的精神是相通的。故宫能够与有着光荣历史、深厚底蕴、求实精神的浙大合作，我很高兴。浙大邀请我担任故宫学研究中心名誉主任，我欣然接受。故宫博物院也有着与高校合作的优良传统，当年的故宫博物院的成立，就是在北京大学一批学者的积极参与下完成的，故宫博物院最初的一批学术骨干也主要来自北京大学。今天与浙江大学的合作，将为故宫与高校的合作开启一个新的篇章。

浙江大学有着优良整齐的学术素养、鲜明的教育理念、丰厚的教育资源和严谨科学的学科设置，浙大以敏锐的学术眼光，选择了故宫学作为其在中国文化建设领域中的重要研究方向，利用浙大的学术研究、专业教学等领域的巨大优势和经验，积极参与故宫学的建设与发展，这也将对故宫学的学科建设、学术规范、人才培养等多方面起到显著的推动作用。

今天浙大故宫学研究中心的成立，是个很好的开端。故宫与浙大的结合，是两种不同学术背景的交汇，将会开辟新的学术视野，走出新的学术路径，取得新的学术成果，培养出新一代故宫学研究的中坚力量。我们愿意以故宫学研究中心的成立为开端和契机，做踏实的工作，共同努力，实现双方多样化的学术交流与合作。今天我们给中心提供了第一批图书资料，今后将会不断地提供，帮助故宫学研究中心建立一个故宫学书库。我们还会为中心的学者、学生，提供到故宫参观学习、利用资料的一切可能的便利。我相信，在我们的共同努力下，挖掘故宫的内涵，揭示故宫的价值，故宫学研究一定会结出丰硕的成果。我期待经过我们几年的努力，“故宫学”能被列入教育部的学科目录。到时候，我们再来为故宫学研究中心喝彩、庆功。

普林斯顿大学名誉教授、浙江大学兼职教授方闻在成立仪式的致辞中提出了怎么写文化史和思想史的问题，提出了艺术基地史的概念，认为浙江大学成立故宫学研究中心是非常大的突破，故宫学研究前途无量①。

2011年11月，《北京工业大学—故宫博物院合作协议》签约仪式暨北京工业大学“故宫学文化节”开幕式在北京工业大学举行。签约之前，双方对合作内容与前景进行了广泛的调研、沟通和交流。北京工业大学是一所以工为主，理、工、经、管、文、法、艺术相结合的国家重点建设的百所大学之一。作为一所以工科为主的重点院校，北京工业大学与故宫博物院具有明显的也是特殊的互补优势。故宫博物院规模和数量巨大的文化遗产，需要借助北京工业大学这样的以工科为主的大学的力量，全面地快速地提升文物科技保护的水平；北京工业大学需要借助故宫博物院的专家学者和丰富的文化遗产资源，繁荣校园文化，提高师生的人文素养，提高学校的办学质量。合作协议就双方共同培养高层次专门技术人才、建立产学研研究生培养基地、开办故宫学名家讲座等方面做出具体安排②。

2012年1月，南开大学作出决定，成立南开大学故宫学与明清宫廷研究中心。南开大学历史学科在全国具有重要地位，其中明清史尤其是明清皇帝、宫廷研究人才济济，实力雄厚，与故宫学的宫廷史研究关系最为密切。中心成立后，进一步加强故宫学与明清宫廷史研究，招收故宫学与明清宫廷研究方向博士生，探索与故宫博物院在人才培养、合作研究、学科发展、开放展览等方面的多方位合作，力争用三五年时间，把中心建设成科研教学成果丰硕、在国内外有相当知名度的研究机

① 《故宫博物院科研工作简报》2011年第2期。

② 《故宫博物院科研工作简报》2011年第4期。

构。2012 年 12 月，南开大学故宫学与明清宫廷研究中心正式揭牌。南开大学整合明清史、博物馆学、世界史等领域的研究力量，吸纳故宫博物院相关学者，组成研究中心实力强大的研究团队。中心主任由双方学者共同担任①。

到 2013 年，中国艺术研究院、中国社会科学院研究生院、浙江大学、东北师范大学，总计已经招收故宫学专业研究生 30 名。

以更广阔的学术视野关照故宫学与高校之关系，高校教学研究中凡历史、政治史、思想史、社会文化史、艺术史、美学、宗教学、博物馆学、考古学、文化遗产学等等，故宫博物院均是绕不开的参照与研究对象。

无论是从博物馆为社会需求服务的博物馆文化理念出发，还是从扩大故宫学的影响力、渗透力和加快故宫学学科建设的思路出发，与更多的大学在更广泛的学术层面建立密切的有效的学术互动，都是非常必要的，是故宫学建设、故宫学学术发展路径的明智选择。为此，故宫博物院从 2012 年开始举办故宫学高校教师讲习班。2012 年暑假期间，由故宫博物院故宫学研究所负责承办了首届故宫学高校讲习班。首批讲习班成员来自北京大学、清华大学、中国人民大学、浙江大学等 16 所高校，基本覆盖了国内大部分知名大学，一半以上具有教授职称，并担任博士生导师、院长、系主任、研究所所长等职务，研究领域涉及考古学、历史学、文学、艺术学、美术学、建筑学、传播学、历史地理学、宗教学、工学等。

故宫博物院单霁翔院长在开班致辞中说，故宫学发展近年来取得了令人振奋的成果，不仅架构了学术框架，而且成立了实体性研究机构，更可喜的是故宫学已被纳入了大学的相关课程设置和专业学位设置之中，这也必将反哺故宫博物院人才库的建设、提升和快速发展。

历时两周的讲习班以专题授课讨论、参观考察的形式进行，讨论气氛热烈，学者们表示，讲习班使他们以全新的学术视角看到了很多之前没有关注到的“故宫”，从而产生了强烈而新鲜的关于故宫学研究和教

① 故宫博物院《文博科研要情》2012 年第 2 期。

学的动力[①]。2013 年暑假期间，第 2 届故宫学高校教师讲习班如期举办。

大学是学科建设的基地。任何一门学问，只要列入大学教育的课程之中，就成为被学界和公众认可的学科。故宫学提出之后进入大学研究和教学课程的速度，故宫学在高等教育领域的落地生根，对于一门新兴的学问来说，的确是比较快的，甚至是超乎想象的快。特别是一些标志性的大学与国家最高研究机构纷纷与故宫博物院联合开展故宫学教学与研究，培养故宫学方向的学生，培养故宫学研究的后备力量，是故宫学足以成为学科，甚至是已经成为学科的确证。

八、故宫学：从学术自发到学术自觉

2005 年 2 月 25 日，《人民日报》发表了该报记者卫庶对郑欣淼院长的采访记，题为《故宫学：从自发到自觉》。记者的第一个问题是：今年是故宫博物院建院 80 周年，我们注意到，近年来您一直在力倡故宫学，请问提出并确立故宫学的主要想法是什么？

郑欣淼院长回答说：

> 故宫学，是客观存在并已有很好基础的一门学科。80 年来，故宫学的研究领域不断扩大，成果不断涌现，但从故宫本身的地位、作用及研究状况看，故宫研究还需要提升、创新、突破。因此，有必要提出并加强故宫学的建设，即明确故宫学是一门学科。80 年来的故宫学术研究无疑多属故宫学研究，但尚处于学科发展的自发阶段。一门学科的建立，不仅要有深广的研究领域，还必须以一定的研究成果为基础，这是学科形成、发展的必要过程。故宫博物院成立 80 年之际明确提出故宫学学科建设问题，符合学科发展的规律。故宫研究的材料十分丰富，但以前的研究是在不同领域中进行的，故宫学则要求把这些基础研究整合起来，统一起来。这是故宫研究不断深入的必然要求。显然，没有长达

① 故宫博物院《文博科研要情》2012 年第 2 期。

80年的故宫研究的实践和成果，就不可能明确提出故宫学概念，而提出并确立故宫学，将使故宫学研究进入自觉阶段，从整体上提高研究水平①。

三个月后，2005年5月27日，郑欣淼院长在故宫博物院第1期学术讲座的讲演中进一步阐述了故宫学从自发到自觉的思考：

以前有没有故宫学？我认为是有的，但属于自发阶段。我们现在明确提出故宫学，说明故宫学的研究进入新的阶段，即自觉的阶段。鲁迅先生1927年提出，曹丕的时代即魏晋时代是中国文学从自发到自觉的时代。魏晋时期出现了中国文学理论史上几部有名的典籍，有了基础、有了实践才有理论的概括，有了新的理论就能对以前文学的成败得失进行评判，为以后的发展指出路向。同样，故宫博物院没有80年的历史，没有80年的学术研究，没有这些成果和基础，突然提出一个故宫学是不可能的。正因为有了80年的研究，故宫学研究已到一个关键时期，故宫的研究能不能迈开大步有新的发展，需要明确它的学科地位，重视它的建设。有了80年，水到渠成，你才可能提出故宫学；你如果不提出，坐失良机，对以后的发展就可能带来影响。这是一个必然性和偶然性的关系问题。故宫学提出是必然的，至于谁提出，则具有偶然性。这里有一个很好的机遇，就是80年的建院纪念，80年确实值得我们回顾、总结。当然对中国古代文学史上"文学的自觉时代"始于何时，现在也有不同的观点，这是学术问题，但我却受鲁迅先生这一提法的启发，认为故宫学正处于从自发到自觉的重要时期。②

故宫学是一棵大树，其根底、其力量在80年的累积，在数千年民族文化的累积。这是郑欣淼先生反复强调的，也是他倡导故宫学的原动

① 郑欣淼：《守望经典——郑欣淼谈故宫》，紫禁城出版社（现故宫出版社），2008年12月，第58页。

② 郑欣淼：《故宫与故宫学》，紫禁城出版社（现故宫出版社），2009年2月，第332页。

力所在，建设故宫学的信心所在。

正是基于这样的根底，他才能以舍我其谁的胆识、敏锐与担当，底气十足地、充满理性地、不失时机地提出和致力于创建故宫学。理性地致力于理论体系的构建是学术研究进入“自觉时代”的标志。以身为院长的郑欣淼先生提出和倡导故宫学为标志，以故宫博物院建院 80 周年为契机，故宫学术便进入“故宫研究的自觉时代”，故宫研究便进入一个从个人自发到集体自觉的学术研究的新时期。而故宫学学理被社会、被学界的迅速而广泛的认可，即被外部世界的认可，则是故宫学术研究进入自觉时代的更为重要的标志。

《人民日报》发表《故宫学：从自发到自觉》后，随即被《新华文摘》（2005 年第 17 期）、《中国社会科学院院报》（2005 年 6 月 14 日）转载。在此前后，《新华文摘》陆续转载了郑欣淼先生有关故宫学的论文 4 篇：《厥功其伟　其德永馨——纪念马衡先生逝世 50 周年》，发表于《故宫博物院院刊》2005 年第 2 期，《新华文摘》2005 年第 14 期转载；《故宫博物院 80 年》，发表于《故宫博物院院刊》2005 年第 6 期，《新华文摘》2006 年第 5 期转载；《关于故宫“盗宝案”》，发表于《鲁迅研究月刊》2007 年第 9 期，《新华文摘》2007 年第 24 期转载；《故宫藏传佛教研究的回顾与展望》，发表于《故宫博物院院刊》2007 年第 5 期，《新华文摘》2008 年第 1 期转载。另有《沈从文与故宫博物院》一篇，发表于《故宫学刊》2005 年总第 2 期，《新文学史料》2006 年第 1 期转载。以如此重要的刊物，在如此集中的时段里，如此集中地转载同一位作者关于同一个学术问题的学术论著，这在学术界是极为罕见的现象，堪称“郑欣淼现象”，当然也是“故宫学现象”“故宫学效应”。

2009 年，北京故宫博物院与台北故宫博物院两岸院长实现首次互访期间，台北故宫博物院周功鑫院长对故宫学理论予以积极认同。2010 年，在故宫学研究现状与未来发展座谈会上，南京博物院龚良院长表达了希望在南京推广故宫学理念、加强故宫学研究作为故宫学延展的愿望。龚良院长认为南京有研究故宫学的基础和资源，他从在南京进行故宫学研究的意义、范畴、内容、队伍、方法、成果展望六个方面畅谈了南京故宫学研究的构想。沈阳故宫博物院武斌院长畅谈了沈阳故宫研究实践故宫学的成果，认为故宫学对博物馆的学术和理论建设的启发价值在于从技术性研究转向理论性研究，从实证性研究转向文化性研究，从文物本题研究转向博物馆社会角色研究①。

自称对历史、文物、考古、古建筑是完全的门外汉的孙皓先生，读了郑欣淼的《故宫与故宫学》一书后，撰文论述故宫学学科、学科体系，并提出故宫学学科建设的具体意见：组织编写一批故宫学的基本著作，建立和发展故宫学研究的社会机构，在全社会范围内建立和扩大故宫学的研究队伍，在海内外广泛开展与故宫学有关的学术交流活动。文章还特别提出历史上沈从文先生与故宫博物院的合作模式值得借鉴，可由此开创一种故宫学研究的独特方式②。

《云梦学刊》主编余三定先生在题为《故宫学：故宫研究的新阶段》的对郑欣淼的访谈中表达了这样的意思：近十年来，他的主要精力用于对中国当代学术史的研究，他担任主编的《云梦学刊》开辟有当代学术史研究专栏，他们建有湖南省“中国当代学术史研究基地”，关注和研究当代重要的学术现象、学术思潮、学术流变、学术成果和重要学人。他说他从 2004 年以来，从《人民日报》（主要是学术动态版）《光明日报》《中国社会科学院院报》《文汇报》《新民晚报》《故宫博物院院刊》《故宫学刊》等重要学术媒体读到郑欣淼先生有关故宫学的论文和报道，并且知道郑欣淼先生先后应邀到北京大学、清华大学、中国人民大学等高等院校就故宫学做演讲，他认为故宫学的提出是当代学术界的重要现象和收获，而且故宫学的研究已经取得了重要成果，郑欣淼是当代重要学人，所以他把郑欣淼和郑欣淼提出的故宫学作为他的研究对象，作为当代学术史研究的对象。③

由对对象的研究到成为被研究的对象，虽然只是初步的，但仍然可以看作是故宫学发展进入一个新阶段的标志。

回顾故宫学走过的第一个十年的路程，我相信故宫学的首创及十年

① 《故宫博物院科研工作简报》2010 年第 2 期。

② 《故宫学门外谈——〈故宫与故宫学〉读后》，《故宫学刊》总第 6 期，2010 年。

③ 《学术界》2009 年第 1 期。

发展所显示出来的意义，会继续被故宫学今后的发展所彰显、所证明，并相信在以故宫为参照标志的帝制政体、帝制文化、帝制学术的现代转型的大历史趋势下，故宫学研究一定会由学术自发经学术自觉而达学术自信、自强之境。

以故宫学为核心的学术振兴

一、故宫研究与故宫学

紫禁城的营建落成，本身就是中国古代宫殿建筑模仿与研究、继承与发展的一个无比巨大的成果，是中国古代建筑文化、建筑科学、建筑艺术和建筑工艺的集大成的结果。在其后500年间作为最高权力中心的功能发挥中，历朝历代不断填补着各种各样的内涵，从而使皇宫建筑，以及与建筑密切联系在一起的漫长历史时期的政治、经济、文化艺术，融合为一个宏大严谨的整体。此种举世无双、自成体系的整体性延绵不断的过程，本身就是一个符合自身，即契合皇权帝制内在逻辑的“研究”过程。但绝对不是真正的学术研究。只有当帝制终结，末代皇帝出宫，昔日的皇宫、故宫成为故宫博物院之后，漫长的皇权帝制历史成为历史，成为人们以外部视角观看、评判、反思的对象之后，从那个时候开始，对故宫的研究才算真正进入学术研究的领域，对故宫的研究才算扎扎实实地开展起来。

故宫博物院建院以来对故宫的研究，概括起来，有以下几个明显的特点。

一是学人汇集。故宫博物院的成立，正值五四运动、新文化运动高潮之后，新旧思想道德、新旧文化剧烈碰撞之际。故宫博物院的出现本身就是中国文化由传统步入近现代的一个成果、一种标志。昔日的皇宫变成今日的博物馆，不只包容了重大的历史内容，更具有由传统文化转向现代文化的意义。更由于故宫的无可比拟、无可替代的历史地位、历史价值，理所当然地受到中国社会急剧转型时期各界有识之士，特别是学贯中西的饱学之士的高度关注与参与。故宫博物院正式挂牌之前，就有朱启钤主导，张謇等人呼吁，在故宫成立了古物陈列所。1930 年，朱启钤又创办了专门研究中国古建筑的中国营造学社，对故宫前三殿、后三宫、文渊阁、角楼等代表性建筑进行勘测研究，并成就了梁思成等一代古建筑研究大师。故宫博物院创始人之一李煜瀛明确提出："多延揽学者专家，为学术公开张本"；"学术之发展，当与北平各文化机关协力进行"。已经成为当时全社会文化思想与新学科研究重镇的北京大学的学者，在故宫博物院业务建设上出力最大。被聘为清室善后委员会委员的有蒋梦麟、陈垣、沈兼士、俞同奎，被聘为顾问及后来聘为特约专门委员的有马衡、袁同礼、徐鸿宝、李宗侗、徐炳昶、黄文弼、顾颉刚、吴瀛、朱文均、福开森、陈汉第、唐兰、余嘉锡、赵万里、马裕藻等人。参与故宫博物院初创工作，后来成为重要职员的，不少是北京大学教授或刚毕业的北京大学学生。如马衡担任故宫博物院院长之职近 20 年之久，沈兼士曾任故宫博物院文献馆馆长，陈垣曾任故宫博物院图书馆馆长。在故宫博物院任职并成为知名学者的有徐邦达、罗福颐、沈士远、孙瀛洲、陈万里、冯先铭、单士元、刘九庵、朱家溍、于倬云等。近几十年来，随着故宫博物院业务工作的全面深入展开，学术研究更趋活跃。中国博物馆学会、中国紫禁城学会、中国古陶瓷学会、中国文物保护技术学会、清代宫廷史学会、中国玉文化学会等，或依托故宫博物院，或以故宫博物院专家学者为主，广泛开展学术活动。故宫博物院新一代学术群体正在迅速生成。

与故宫文化内涵博大、故宫研究学人汇集相应，故宫研究的第二个特点是学问深广、成果丰富。数量最多、价值最丰富的历史遗存和学人汇集，决定了故宫研究的广度与深度。研究领域与研究成果涉及政体、典制、礼仪、典籍、档案、建筑、珍藏等。可移动和不可移动文物，有形与无形文化遗产均包括在内。故宫学人的学术研究成果，集中体现在三个方面：一是学术大家的个人多卷文集，如《唐兰集》《罗福颐集》《单士元集》《徐邦达集》等；二是故宫学术文库，为老一代学人的个人代表性学术论文集；三是中青年学人的专题专论专著。唐兰的文字学，马衡、罗福颐的金石学，徐邦达的中国古书画研究，单士元、于倬云的宫殿建筑研究，陈万里、孙瀛洲、耿宝昌的瓷器研究，朱家溍、王世襄的宫廷文物研究，郑珉中的古琴研究，杨伯达的玉文化研究，张忠培的考古研究等，在各自的领域均处于代表性地位。

故宫研究的第三个特点是学术开放。故宫博物院成立之初的组织及活动就充分体现出开放性、社会性的特点，集中和吸引了不少社会上多方面的专家和学者参与。初创阶段的工作较多用力于清点、整理藏品，并努力克服条件简陋的困难，及时向社会公布。“绝对公开”供学界研究，“以学术为公器”成为故宫研究的指导思想和优良传统。在当时社会动荡的困难年代里，就陆续编辑出版了《文献丛编》《史料旬刊》，汇编了《筹办夷务始末》《清代文字狱档》《故宫所藏殿版书目》《故宫方志目》《天禄琳琅丛书》《故宫书画集》等。影响最大的是1929年10月10日创办的《故宫周刊》，连续出版了510期。该刊图文并重，介绍院藏各类文物及古建筑，文字部分有专著、考据、史料、笔记、校勘、目录等。清点文物及时向社会公布，多种档案文献尽量向社会公布，研究成果及时交流的传统学风，在故宫研究中不断发扬光大。进入改革开放的新的历史时期以来，《故宫博物院院刊》复刊，接着又创办以展示中国宫廷历史文化艺术为核心内容的文化艺术杂志《紫禁城》，建立紫禁城出版社（现故宫出版社），与北京大学合办《明清论丛》，迎接故宫博物院80周年之际又创办了《故宫学刊》。故宫博物院的刊物和紫禁城出版社（现故宫出版社）出版的书籍，在研究故宫文化艺术的学术成果的发布、积累、传播、交流方面，发挥着重要的作用。

故宫博物院建院以来在故宫研究的基础上，以故宫博物院院长郑欣淼提出和倡导故宫学为标志，以故宫博物院纪念建院80周年为契机，故宫研究进入一个从个人自发到集体自觉的学术研究新时期。

我在故宫博物院建院80周年之际，从大历史的视角总结和展望故宫学术研究时说过，从故宫博物院作为一个具有多方面文化因素的、综合性非常突出的博物馆来讲，从大学术研究概念来讲，对明清两代的宫廷文化、宫廷艺术的研究，以至对几千年历史的帝制、王朝、宫廷文化、宫廷艺术的研究，需要具有学术上的整体性、体系性、系列性，即要从个人的自发自觉向整体的自发自觉发展。这是个需努力的目标。要向这个目标进发，要提出一个响亮的学术口号，要举起一面鲜明的在学术界高高飘扬的学术旗帜，要有一个明确的学术概念，要有一个切实的学术发展规划，要有一个行之有效的科研项目课题制度，一个及时发布和传播研究成果的学术平台，一个开放而富有创见的人才培养方向，当然还要有一个严谨活跃的学术氛围，如此，才可能真正实现从个人发展到整体齐头并进的转变过程，而郑欣淼院长故宫学的及时提出，正是对历史发展的一个明确、响亮、集中的回应。故宫学作为整合故宫学术研究的指导性理论和一个鲜明的学术概念，从整体宏大的视野上明确了21世纪故宫博物院的学术担当或者叫学术使命、学术责任是什么，学术成果是什么，学术人才是什么，这样一些关乎全局与未来的重大问题，给了故宫研究一个非常明确的历史坐标。因这坐标，故宫学术研究的指导理论就建立在中国大文化、大历史背景之下，乃至人类文化、世界文化之大背景下了①。

二、学术传统、学术资源、学术使命

故宫博物院与生俱来的优良学术传统，要求故宫博物院高度重视和努力推进科研工作、学术研究。故宫博物院创办以来学术研究的历史说明，故宫研究只要立足故宫，树立开放的理念与心态，吸引和组织社会力量参与，加强与海内外高等院校、研究机构、学术团体、专家学者的合作交流，就能推进故宫研究的不断深入、创新与发展。

故宫博物院百科全书式的文物资源及对丰厚资源的充分利用，要求故宫博物院高度重视和努力推进科研工作、学术研究。故宫作为文化遗产，几乎囊括了文化遗产的所有类别，从不可移动文物到可移动文物，从物质文化遗产到非物质文化遗产。故宫是明清两代的皇宫，有近500年的宫廷历史。中国古代宫廷历史、宫廷文化艺术上溯到2000多年前的秦始皇称帝，明清两代占了中国皇朝历史长河的四分之一时段。如果再上溯到3000多年前有纪年的商王时代，明清两代占了六分之一时段。

① 《故宫学术研究——站在中国重大历史文化转型期的回望》，《紫禁城》2005年第5期。

而作为最后的皇朝帝制，与以往朝代的方方面面有着千丝万缕的联系。仅从时间概念上提出问题，就会直接感受到明清两朝在中国历史上的位置。保存完好的紫禁城，是世界上现存规模最大的古代皇宫建筑群，更是一座最完整最典型的中国古代建筑“博物馆”。院藏可移动文物不仅数量之巨无可比拟，更以其高、精、尖，以其几乎包罗万象的系统系列而无可比拟。故宫及其藏品，是物态的、活态的历史现场与物证，在许多方面是唯一的、无可替代的。研究故宫，无异于解剖中国历史，研究中国历史，研究传统文化艺术，绕不开对故宫的研究。还有，作为全世界规模最大的博物馆之一，作为以文化遗产地为场所空间的博物馆，作为接待观众最多、出馆出境展览最多、影响最大的博物馆，故宫博物院在中国博物馆的建设历史、博物馆的类型、博物馆文化价值及其实现等博物馆学学科研究领域，同样具有无可比拟的典型性、代表性。

故宫博物院应当承担的与故宫文化遗产相应的历史文化使命，要求故宫博物院高度重视和努力推进科研工作、学术研究。历史赋予故宫文化遗产多么重大、多么重要的历史地位，同样赋予故宫博物院多么重要、多么重大的历史使命。当代故宫人担当着为国家为民族为全人类保护、管理、利用这份沉甸甸的文化遗产的职责。随着岁月的流逝与时代的发展，保护好、利用好、发挥好故宫文化遗产的历史作用，科研工作、学术研究越来越上升为必需的保障要素。故宫博物院已经积累了丰富的科研工作经验，故宫人已经取得了一批又一批出色的科研成果，但远远不够。科研工作、学术研究的广度、深度、高度及国内外的影响力，与故宫文化遗产的地位与影响力还不相适应，与社会、公众、文化界、学界、同行的需求和期望还不相适应，与国家文化建设、文化“走出去”的要求还不相适应。由故宫的历史地位决定的故宫博物院的历史地位，决定和要求故宫博物院的科研工作、学术研究格局应当自觉地建立在中国大历史、大文化、大学术的坐标体系之中，建立在全人类、全世界文化和学术的大背景下。故宫博物院的科研工作、学术研究，应当通过管理者的努力，通过科研工作者的努力，尽快完成从个人自发到个人自觉，从集体自发到集体自觉的历史跨越。

故宫学术行进到21世纪初，郑欣淼院长首倡故宫学，这是故宫人自觉地、努力地承担起意识到的历史责任、学术使命的鲜明的历史性标志，也是故宫人郑重的学术宣言与负责任的学术承诺。实现从个人的自发到自觉、集体的自发到自觉的历史跨越，是努力的方向，更是实际的行动。向这个目标进发，很有必要树立一个远大的学术理想，确立一个明确的学术概念，提出一个响亮的学术口号，高举一面鲜明的学术旗帜，建立一个科学的学术体系——应运而生的故宫学是对故宫学术要求的一个高度概括和集中回应，是从管理层面上升到集体自觉的重要行动。

三、以故宫学为核心的学术思想与学科建设

故宫文化遗产资源的特殊性决定故宫博物院学术研究的特殊性。故宫学作为统领性和凝结性的学术理想、学术思想和学术概念，具有方向导引、战略定位的意义，具有适时地也是及时地整合故宫学术资源，规划故宫学术前景，推进故宫学术研究，开创故宫博物院科研工作、学术研究新时期的重大意义。

故宫学是整体性的、整合性的学术。故宫研究资源包罗万象，研究内容丰富庞杂，千头万绪，但总与故宫有关。只有以宏大、开阔的故宫学学术视野、学术理念为指导，才能有效地整合研究对象、研究者——物的资源与人的资源及二者之间的配置关系，整体地、全方位地、有目标、有规划、有组织、有把握地推进故宫博物院的科研工作、学术研究。

故宫学是开放性的学术。研究范围、研究内容博大精深，绝不是一个人、几十个人，也不是一个部门、一个单位、一两代人可以完成、可以穷尽的；博物馆的资源是公共性质的，是全社会全人类共有共享的，不是某个人、某部门、某单位的专属；关注故宫学术研究，在此领域及相关领域各具专长的研究者大有人在——故宫学立足故宫，以博大的胸怀、开放的姿态，吸引、争取、接纳来自各个方面的研究者。

故宫学是需要多元化、多样性研究方法的学术。故宫博物院研究内

容兼跨中西、古今、文理。百科全书式的博物馆需要多种多样的研究方法。人文学科有人文学科形成的研究视野、理念与方法，理工科技有理工科技形成的研究视野、理念与方法，中国有中国形成的、西方有西方形成的学术研究视野、理念与方法，相互地交叉交流还会交互出新的研究方法。材料、工具、方法的革命往往起着关键性的作用，甚至起着决定性作用。研究方法既要多样，更要创新。尤其要注重将高新科学技术及方法运用于文物的科学保护研究，文物的本体研究，文化遗产的传播研究，在跨学科研究和学科综合研究中实现大的突破和提升。

庞大、丰富、厚重的故宫学，需要、应当也能够建立起具有内在严密逻辑关系而又呈现清晰的学科体系。要从学科建设层面研究学科的整体性、全面性与平衡性问题。突出整体性中的重点，处理好重点与一般的结合，解决平衡性中的不平衡性，发挥优势弥补不足与缺项。学科涵盖的范围和内容，大的方面可分为文化遗产学和博物馆学两大类。文化遗产是博物馆最重要的内容。文化遗产分为物质与非物质文化遗产，物质文化遗产又包括遗址类（不可移动类）和藏品类（可移动类）。但与一般的博物馆不同的是，本来区别明显的类别间的密切联系，却形成了复杂的综合的状态。一座皇宫，涉及政体、典制、礼仪、典籍、档案、建筑、珍藏等；一个故宫学学科，涉及历史学、政治学、建筑学、考古学、艺术学、文学、文字学、美学、科技学等等。以藏品研究为主是博物馆研究的一个共同特色，更是故宫学的一个鲜明特色。但以物为主也有一个发展层面的问题，比如某种器物的从个别到类别，从纵向发展到横向比较的研究，将器物学与考古学、历史学结合起来的研究。紫禁城建筑研究不仅是建筑科学技术、建筑工艺、建筑艺术的研究，更应该是对宫廷建筑历史、建筑思想的研究。博物馆研究方面，故宫博物院如何“完整”地保护、管理、利用故宫文化艺术？如何实现博物馆文化价值？博物馆与社会公众关系如何协调？如何创新服务方式？展览的研究更是包罗万象。好的展览建立在各个环节的研究基础上，策划、展品研究、设计、宣传推广、讲解，实物展览与虚拟展览，数字技术运用等。还有博物馆营销研究，博物馆文化与文化产业关系研究等等。许多领域不是没有研究的价值与意义，而是还没有组织、引导、上升到研究的程度，或是因为人力资源短缺而无法展开研究。

故宫学应当在中国学术史上占有相当重要的位置。故宫博物院学术研究应当产生中国宫廷研究、古代建筑研究、各类藏品研究、博物馆研究等多方面的研究成果。每一门类包含诸多分支，如中国宫廷研究（以明、清宫廷为核心）中可分出宫廷典制、皇宫建筑、宫殿装饰、宫廷家具、宫廷陶瓷、宫廷服饰、宫廷绘画书法、宫廷工艺、宫廷戏剧、宫廷宗教、中外宫廷比较等分支。

四、以故宫学为核心的科研体制机制的建立与创新

全面推进、提升故宫博物院的科研工作、学术研究，在理论指导的同时，必须要有一系列切实可行的措施配套跟进。故宫学的提出并很快得到学界的认同是极为重要的理论创新；故宫学提出之后科研处的建立，古书画研究中心、古陶瓷研究中心、古建筑研究中心、明清宫廷史研究中心、藏传佛教文物研究中心，5 个研究中心的相继成立，古陶瓷保护研究国家重点科研基地的成立，《故宫博物院科研规划》的制定，《故宫博物院科研课题管理办法》《科研成果奖励办法》《学术档案管理办法》《学术著作出版项目管理办法》等 8 个关于科研管理的规章制度的制定颁布，科研项目管理的逐年完善等，则是科研体制机制的创新。

事实证明，故宫博物院有科研管理的职能部门和没有科研管理的职能部门大不一样。有了这样的职能部门，科研工作、学术研究落到实处就有了保障。例如几年来，科研处坚持定期举办每月一次的学术沙龙和每季度一次的学术讲座，已经形成有影响受欢迎的学术品牌，不少业务部门也在根据自己的需求和实际情况，择时举办部门专业学术讲座和学术沙龙，与院里其他学术活动一起，在全院范围内营造了较为浓厚活跃的学术氛围；又如科研处牵头，组织相关部门调研考察，结合故宫实际，制定了一系列科研规章制度，使院、部门、个人各类科研活动与项目有章可循；再如组织开展中断了 18 年之久的科研评奖，组织实施院重大科研项目等，没有专责的职能部门运作，类似的工作是很难开展

的。一个新的学术理念树立了，一套较为完备的规章制度制定了，一个切实的学术发展规划产生了，一个行之有效的科研项目课题制度完善了，一个及时发布和传播研究成果的学术平台搭建了，一个重视、支持、积极投入科研活动的氛围出现了，一个鼓励各方面人才脱颖而出的激励机制形成了，如此，才有可能、才有保障使故宫博物院的科研工作与学术研究科学发展、持续发展，真正实现从自发到自觉，从个人发展到集体齐头并进的历史性跨越。

科研体制机制的创新同样是一个与时俱进的过程，需要在实践中不断调整多方面的关系，不断地自我完善。比如要处理好虚与实的关系。虚指的是从思想观念、整体环境上营造浓厚的科研、学术氛围，即营造方方面面对科研工作和学术研究理解、重视、支持的氛围。实是指科研管理、学术研究要落到实处，要出成果、出人才、见效益，要确实起到增强核心竞争力，起到助推和提升全院工作的实际作用。科研规划制定以后更重要的是抓落实的环节，要研究把规划怎么落到实处的办法和措施。科研管理不只是科研处一个部门的职责，各个部门，尤其是主要的专业部门要将学术管理纳入部门管理工作之中，部门领导中有专人负责抓科研工作，责任明确，落实到人，那么情况肯定就大不一样。比如完善科研项目课题管理绝不是一句空话，有大量的工作要做。要不断发现、研究和解决课题项目管理中出现的问题，处理好集体项目与个人项目、院级项目与部门项目的关系，把握好重点，提倡并组织好跨部门跨学科能对全局产生重要影响的重大项目，要向创新项目、突破性项目、补缺性项目倾斜。执行出色的项目应召开推广会、介绍会。对集体项目的参加人员的结构也应有所要求，发挥老中青结合的长处，起到传帮带的作用。在课题项目的经费管理方面，要完善制度、操作性明确的条例，保证经费的科学合理使用。课题项目从申报、评审、立项、执行、中期评估和结项一系列的环节，形成制度化和规范化的管理流程，保证项目课题的质量和进度，并有效地防止学术不正之风。比如激励机制问题，奖励应采用多种办法，包括学术评奖、资助出版、学术考察、出国交流访问、学术假期等等。激励不应只有奖励，还要有压力，要杜绝评上职称就万事大吉的现象，对各类各级职称要有科研数量质量的指标指数要求，打破职称终身制的保障。科研信息交流也是一种激励，创办《科研工作简报》，就是要让院内各部门和业务人员及时地相互了解各自的科研动态，不仅要了解做什么，更要了解怎么做。在简报中加大信息的传播量，及时报道各个项目的进度与阶段性成果，特别从方法论的角度作深度沟通交流，这样就能生发出相互激励推动的力量。

五、以故宫学为核心的科研课题、科研项目

自故宫学提出之后，在较短的时间里，产生的效应明显表现在三个方面：一是在学术理念方面，故宫学越来越深入人心，不仅成为故宫人的共识，而且已经和正在产生广泛的社会影响。二是在学术研究的体制机制方面，故宫博物院不断探索、创新和完善组织机构和管理办法，制定了一系列促进、激励学术研究的科研工作管理办法。三是在学术出版方面，《故宫博物院院刊》《紫禁城》改版扩版，增加了容量，扩大了范围，创办了《故宫学刊》；编辑出版“学者文集”“学术文库”“紫禁书系”等几个系列的学术丛书；资助科研课题项目成果出版。这几个方面综合起来，基本形成了一个从学术研究理念，到科研管理体制机制，再到学术出版保障方面的比较完备的整体格局。在这一格局中，科研课题项目管理是学术理念、学术研究体制机制、学术成果及学术出版之间的核心环节。

逐步成熟的课题项目管理有效地拉动着全院的学术研究。从科研管理的角度看，研究课题的选定、申报、评审和立项本身就是一个推动研究的过程。已经立项的课题，到期拿不出研究成果，课题主持人是要承担责任的。在某种意义上说，课题就是研究，课题就是成果。在2009年的科研成果评奖中，故宫学提出后立项结项的科研成果50%以上获奖。重要的研究成果大都是研究课题项目的成果。如“明代宫廷史研究”项目已经出版《明代宫廷典制史》（上、下）、《明代宫廷陶瓷史》《明代宫廷建筑史》《明代宫廷戏剧史》，与德国马普学会科学史所合作的研究项目，出版了《宫廷与地方——十七至十八世纪的技术交流》，梵华楼专题研究出版了4卷本《梵华楼》，再有《倦勤斋研究与保护》

《清宫金砖档案》《故宫博物院学术成果总目》《故宫治学之道》等。还有一些是在一个项目完成之后，深化发展成一部专题著作或者学术论著的一部分，如《紫禁城风水》《故宫问学》等。故宫学提出以来，以故宫学为核心的课题项目管理对推进故宫博物院的学术研究，确实起到了重要的作用。以故宫学为核心、以课题研究为“网络”的整体学术格局的形成，正在使故宫博物院的学术研究形成旗帜鲜明的故宫学学术特色，并呈现出蓬勃兴旺的故宫学学术前景。

故宫学提出的学术环境或曰学术背景，扼要梳理，从外到内，至少有三个方面：一是对传统文化的研究成为当今社会的文化学术热点。这与国家层面将经济、政治、文化、社会建设四位一体齐抓共管的国家大政直接相关。与故宫学直接的关系是：故宫学在传统文化学术热点中处于什么位置？应当发挥什么作用？二是故宫学提出以后引发了意想不到的社会反响，特别是出现了研究机构、高等院校开展故宫学教学和研究的新气象，如与中国艺术研究院共同培养硕、博士研究生；中国社会科学院研究生院在其文物与博物馆专业硕士培养中特设故宫学方向课程，授予专业硕士学位和学历；浙江大学成立“故宫学研究中心”，将陆续建立起自学士到博士的完整学位课程体系；台湾清华大学已经开设了“故宫学概论”课程。故宫学提出以来的社会反响，一方面可以看出社会、学界对故宫学的认知度，可以看出故宫学的影响力，这对故宫学人无疑是一个鼓舞；另一方面是对故宫博物院的学术研究提出的新的挑战，并形成很大的压力，因为不管社会和学界参与程度如何，说到底，故宫博物院既是故宫学的发源地，又是故宫学的研究基地，故宫博物院没有任何理由不使自己的研究力量成为故宫学研究的主要力量，不使自己的研究成果成为故宫学研究的主要成果。三是在故宫博物院内部，大体上与故宫学提出同时，启动了长达 20 年的、数百年来规模最大的故宫大修和长达 7 年、建院以来规模最大的一次文物清理工作。大修仍在继续，文物清理已于 2010 年告一段落。故宫学与这两件大事是什么关系？我提出一个不一定准确的概念，称之为“后文物清理时代”的学术研究。百年不遇的故宫大修和文物清理与学术研究的关系要总结，这两件大事对故宫学的研究会有怎样的促进作用要思考。如何抓住故宫大修、文物清理的时机，利用大修和清理的成果，为学术研究注入更加丰富的内涵，使学术研究焕发新的活力，需要广大业务人员共同谋划和行动。

在故宫学统领下，“后文物清理时代”的学术研究应当是全面提升研究质量的时代。在上述的学术背景下，将故宫博物院的学术研究现状置于全面提升质量的位置上检视，至少存在三方面的不相适应：一是与故宫博物院的学术传统不相适应。故宫博物院成立后，出现了许多在社会上在学术界都堪称声名显赫的学者大家，给故宫学人留下了丰富的学术财富和优良的学术传统。而目前故宫博物院的研究人员在今天中国学界的位置与当年故宫博物院的学者在当时中国学界的位置相比，在总体上尚有不小的差距，需要奋起直追，需要以不懈的努力来继承故宫博物院的治学传统，光大故宫学人的精神风貌。二是与社会的需求和学界的期望不相适应。社会、民众和学界都把故宫作为一个传统文化的象征和代表，传统文化的集大成之地，他们期盼故宫博物院的学术研究、文化整理应有更大的动作，应拿出更好、更大、更有影响力的学术成果。故宫学的学术研究与成果如果能够进入学术高端层面，肯定是对中国传统文化研究的重大贡献。三是与故宫博物院所具有的丰富的学术研究资源不相适应。百科全书式的故宫学术研究资源是取之不尽、用之不竭的，其丰厚性世所公认。但学术研究的资源优势不等于学术研究的优势。坐拥优质学术资源意味着已经具备了学术研究的优良条件和坚实基础。拥有这样好的条件和基础，不论他人还是自己，理所当然要求形成学术研究的优势。而学术研究的优势一定是以学术成果和学术人才为标志的。出成果、出人才、出大家才能说明研究的优势，而且，在故宫这样的文化学术土壤里，成长起来的研究人才不应是一两个，而应当是一批又一批。每一位故宫学人都应该正视故宫学的学术背景和现实压力，清醒地意识到应当承担的学术使命。

故宫学提出以后得到出乎意料的学术回应，提示故宫学人反省自己：我们自己是不是还没有认识到，甚至低估了倡导故宫学的意义和故宫学研究的价值？是的，任何一种学说的形成，一门学问的建立，都需要时间的检验和积累。故宫学究竟是一门怎样的学问，究竟能做成一种什么样的学问，尚在起步、探讨的阶段，但有两点是可以肯定的：一是故宫学由故宫博物院的院长提出，标志着故宫学人承担起学术使命的历史性的集体自觉；二是故宫学虽然以故宫为中心，为依托，但不只是关于故宫的学问，更不是故宫博物院自己的学问，故宫学是一个既具有时空性又具有超越性的学问，是故宫的、中国的学问，也是世界的学问。

故宫学提出以来，仅就对于故宫博物院的学术研究产生的影响而言，故宫学作为一个学术理念，以学术的理性精神启示故宫学人从学术研究的自发状态迅速走向学术研究的自觉状态；故宫学作为一个学术概念，要求故宫学人思考和探讨学术研究的定位与学科体系的建设；故宫学作为一个学术口号，起到了重视学术研究的宣传、动员、号召的作用；故宫学作为一面学术旗帜，发挥着组织、引领、凝聚学术团队的作用；故宫学作为一个学术理想，引导故宫学术研究向更为高远的目标迈进。故宫学既是宏大开阔的学术命题，同时又是实实在在的学术研究。故宫学学科体系的构建，一定是落实在一个个的研究课题上的。但是，做任何课题的研究，首先要将具体的研究课题置于故宫学宏大的学术视野之中，即选题的时候和做具体课题研究的时候，要思考整体的故宫学及具体的选题与中国传统文化的关系，与中国当代文化建设的关系，与中国文化走向世界，即与文化“走出去”的关系。

做研究首先要选题，选题的前提条件、基础、对象就是故宫丰富的学术研究资源。外面的人羡慕故宫人有取之不尽用之不竭的研究对象与资源，在故宫做学问，学术幸福指数确实是很高的，故宫学人应该有一种特殊的学术幸福感。故宫博物院的资源既是不可多得的，更是不容浪费的。如果没有充分利用、发挥学术资源的优势，没有取得应有的学术研究成果，没有体现出建立在研究资源优势基础上的学术研究优势，那就是在浪费故宫，浪费国家的民族的文化传统，浪费得天独厚的条件和机遇，也是浪费自己。

由学术资源优势到学术研究优势，主要体现于学术选题、研究及其成果。在研究资源的大海里，每个专业的研究者其实也只是取一瓢饮而已。到底取什么，怎么个取法，很重要。每个人都有自己的专业想法，有自己的大的范围和具体的目标，但在选题的时候，也一定有一些共性的东西在。一是胸怀要博大。无论是作为一名故宫人，还是一名知识分子，抑或是一名文化人，都要有学术的使命感，要有担当的自觉与勇气。故宫博物院的学术研究要承担中国学术研究的道义。既然处于这样一个位置，既然拥有这样一种资源，如果不去寻找课题，不去确定学术方向，不去锁定研究目标，不去追求研究成果，就是一种失职，就是责任感的缺失。二是视野要开阔。家国天下是中国传统制度与文化的最大特征，故宫的资源不仅仅是局限于紫禁城之内的资源，还是关系到中国整体历史文化的资源，也是世界历史文化的重要组成部分，所以要有大文化和大学术的视野与角度，把故宫的文化与中国文化、与东方文化、与西方文化、与现代文化联系起来，在“大处着眼”的关照下，从“小处着手”。三是范围要扩大。对于大而全的百科全书式的故宫资源来说，在较长的时间里比较集中在某几方面的研究是较为狭窄的，还有许许多多尚未开垦的甚至从未被关注过的原生态领地，还有许许多多一直藏在“深宫冷宫”里的东西需要关注和发现。因为有这么多被冷落被遗忘的角落，所以故宫学人更有用武之地。在故宫博物院古建筑大修和文物清理的过程中，我们已经发现很多以往未被关注的空白领域，比如古书画部藏有 4 万多件明清尺牍尚未全面整理，这里面藏有鲜为人知的史实是肯定的，甚至发现改写中国明清历史的内容也不是没有可能。用最新的科学技术和方法研究古老的文化遗产，更需要扩大研究范围。

在做具体的课题项目研究的时候，一要注意整体性。故宫的保护是整体的保护，郑欣淼院长提出的故宫学是研究故宫的整体性的学说。任何一件哪怕很不起眼的故宫文物，都不是孤立的存在，而是故宫文化的一分子。任何研究课题，都需要有整体性的观念。二要注意综合性。这也是由研究对象、研究内容决定的。可移动与不可移动文化遗产，物质与非物质文化遗产，原状、实物与文献典籍，纵向的历史脉络，横向的断代切片，中央和地方，国内与国外等等。既有属于社会科学的研究，也有属于自然科学的研究，故宫博物院的学术研究是跨领域、跨学科的研究。三要注意多样化。与研究对象相适应的研究方法的多样化。各式各样的研究方法都可以引入我们的学术研究，并在应用中创新研究方法。整体性、综合性、多样化，集中、整合于故宫学研究，就可以形成系统的科学的故宫学学术研究网络体系。

故宫的文物资源整体上可以分为两大类——不可移动文物与可移动文物。不可移动的紫禁城建筑是东方建筑的集大成者，紫禁城建筑的历史、科学、工艺与美学四个层面还有极大的研究空间。可移动文物，同样有着建立文物价值体系的问题，要超越器物个体，要超越真与假，要超越值钱不值钱的世俗困扰，而从文化价值层面去拓展研究范围，要深入讨论文物的历史价值，讨论制作工艺等科学技术价值，讨论色彩造型审美等艺术价值。文物展览方面，以往所做的工作大多是“展精品”，而不是“精品展”，后者是一个学术研究积累的过程、策划的过程，是一个把学术研究成果转化为大众文化传播的过程，需要投入大量的时间和力量，真正发挥“策展人”的作用，而不只是提供文物和工作的配合。概而言之，博物馆的收藏、展览与学术眼界和研究有着深刻的联系，无论收藏还是展览，只要换一个研究的观念，用一束研究的眼光，持一种研究的态度，就会收到与一般工作不一样的成效，就会大大提升工作的质量与效益。

故宫学的课题研究一定要突出学术个性、价值观和原创性。故宫学之所以提出和能够提出，源于鲜明的学术资源特色决定的鲜明的学术特色、学术个性。学术个性是选题、思维、方法和表达的综合，它建立在研究资源特色和研究特色的基础上。故宫博物院的研究资源无疑是极具特色的，相应的研究当然应该有特色。如果每个研究者又都能形成各自的研究个性，这样，研究的成果便有了鲜明的特色与个性。比如，故宫的建筑与藏品是主要的研究资源，这样的资源具有不可替代的现场、实物、实证的意义，有不可替代的图像的、视觉的意义。文献引证、图像呈现、视觉感知，是我们研究的一大特色。研究的过程和研究成果的表达，必须解决文字、图像、视觉的关系。故宫博物院的一些学术出版物为什么要做成全彩版？就是为了更有效的更准确的从图像和视觉的角度来诠释故宫的资源特色和研究成果特色。

鲜明的学术个性是创造出来的，而不是模仿出来的。特色不等于模式与类型化。假如现在做一个检索实验，会发现一个有趣的现象，所有对紫禁城建筑和故宫博物院藏品的描绘和评价语言，特别是其中的一些词汇，重复使用率实在是太高了，也就是说，不论作为研究个体，还是研究群体，一直在不停地、反复地使用着没有什么变化的语言和词汇。这现象是很有趣，但更让人尴尬。因为语言的表达和思维、思路、感觉、角度、方法直接相关，与研究的深度和创新度直接相关。这种让人尴尬的现象值得深思。故宫自有故宫的特色，故宫的学术也自有故宫学术的特色，只有每个研究者创造出自己的研究特色与学术个性，组合起来，才会形成故宫学的研究特色和故宫学的学术品格。

价值观的问题曾有过讨论。故宫博物院今日的学术研究要回到研究资源、研究对象的源头，回到前人的学术起点，追寻学术史的脉络，继承优良的学术传统，但更重要的历史任务是超越过去，导向未来。简单地回到过去、回到传统没有意义。学术研究在传统、当下与未来之间要建立一个关系，学术研究才有生命力，才有价值。我们研究历史，研究古器物或是古建筑，都要有当下的人文情怀与终极的人文关怀。要建立与当下社会的关系，要在新生活的创造中起作用，就是所谓的“回到起点，服务当下，走向未来”。比如紫禁城的建筑思想、理念，建筑形态、布局、造型、线条、色彩等与现代建筑有没有关系？能不能建立关系？现代建筑设计能不能从中吸收丰富的营养，能不能将其作为一个创造的灵感源泉？搞当代建筑设计的人，如果通过我们的研究，对紫禁城的历史、科学、工艺、审美也能有研究，能有深刻的理解，相信他的现代建筑设计一定会做得更好，会创造出超越性的作品。我们将紫禁城的过去研究透彻就是给当代建筑设计师提供创造的灵感，这便是传统与当代和未来的一种关系。

原创性是学术研究的灵魂。故宫学的提出与以故宫学为核心的学术研究的开展，就是学术创新的典型范例。发现新的资料与研究对象，进入新的研究领域，是原创。故宫学人在规模最大的文物清理中就深有感触：我们有太多太大的学术原创的空间。课题的选择与研究的转换、转化同样是原创。前人的研究为我们提供了丰厚的基础，这方面的空间更大，当然难度亦大。更多的更有价值的原创是重估、重评，创造新的价值体系。学术研究没有创新就没有生命力。原创，创新，这是我们始终追求的学术目标。

要重视外语和网络在学术研究中的作用。交流传播是学术研究的目的，也是提高学术研究质量的必要途径，在全球化网络化时代尤为突出。故宫学不是故宫的学问，不是只有故宫博物院才做的学问。故宫学的研究对象范围及其资源决定故宫学是中国的学问，是世界的学问。故宫学要求吸引、动员、组织院内外及国内外的学术力量共同参与。故宫学要求提升“走出去”的质量、影响力。故宫学要求在国内外的广泛交流中发展壮大。仅从研究的角度看，外语与网络不只是工具问题、通道问题，更与学术研究的思维思路、分析问题的角度、研究的方法、文本语言的表达等，不可分割地联系在一起，与学术创新不可分割地联系在一起。由于历史的原因，老一辈的研究者，现在年龄大一些的研究者，大多存在直接语言交流方面的缺憾。新一代的故宫学研究者，未来的故宫学学术交流，不可能，也不允许这样继续下去了。如果年轻一代的研究人员带一个语言翻译到国外进行学术考察交流，在国际学术会议上不能够自由随意地与国外的同行进行直接的学术交流，简直是不可想象的事情。这些年来充实到研究队伍的专业研究人员，已经具备了较高的学历教育条件，具有较好的外语水准，千万不可轻易丢掉，一定要不断地巩固强化，在自觉主动地使用中强化。故宫博物院在尽力创造更多的让故宫学人参加国际学术会议，出国进行学术考察交流的机会，但前提是故宫学人的外语水平要过得去。互联网也一样，现在的网络是国际化的网络，语言与科技手段并重。现代的故宫学研究，一定要重视和发挥外语与网络在研究和交流中的重要作用。用这样的办法开阔我们的国际视野，提高我们的研究质量，扩大我们的话语权，让故宫学在国际学术文化交流中，在中华文化“走出去”的过程中发挥重要作用。

六、故宫学与故宫博物院学术期刊

故宫博物院的刊物是很有历史感的。建院初期，特别是20世纪20年代末30年代前期，《故宫周刊》《故宫旬刊》《史料旬刊》《故宫》（月刊）、《宝蕴月刊》《故宫书画集》（月刊）、《掌故丛编》（后改名为

《文献丛编》，月刊）、《国立北平故宫博物院年刊》等刊物接二连三地面世，成为民国以来古都北京一道鲜亮的文化景观。当时的中国社会，正是书报杂志大繁荣的时代，在报刊满目的大格局中，故宫博物院的刊物不仅特色鲜明，种类多，覆盖面大，且印制精良，颇受读者青睐，产生了较大的社会影响。当时这些刊物对于故宫的宣传，对于故宫学术的推动和发展都具有非常积极的意义。故宫现在的刊物有《故宫博物院院刊》《紫禁城》《故宫学刊》《明清论丛》，另外还有《故宫人》半月刊和《故宫博物院科研简报》，以及新媒体故宫博物院网站，这些媒体与故宫出版社一起，共同构建起故宫博物院学术出版和文化传播网络。

学术刊物对于故宫博物院这样的学术文化机构的学术研究、人才培养、科研队伍建设和学术流派形成非常重要。欧洲 18 世纪报刊的蓬勃发展，与启蒙思想在社会各个层面的广泛传播和启蒙运动的普及密不可分。我国的新文化运动和当时雨后春笋般的报刊的关系更是如此。《故宫博物院院刊》《紫禁城》《故宫学刊》和《明清论丛》等刊物的创办和发展成熟，是对故宫博物院优良学术传统的继承与发扬，从刊物的角度看，现在已经形成了和当年故宫博物院刊物兴盛时期遥相呼应的局面，并且，这些刊物的编辑和故宫学术著作的出版也形成了有效的互动。这样一个比较完善的学术成果发布平台的建构，在全球范围的博物馆界都是少见的，甚至是独一无二的。这样完善的学术平台和阵地对于故宫学术发展的推动，其作用更是不可替代的。据《故宫博物院学术成果总目》统计，从 1925 到 2010 年，共有 757 个集体和个人发表了学术成果 9793 项，其中有 3934 篇文章或者是书籍是通过故宫刊物或者紫禁城出版社（现故宫出版社）发表的，约占出版总量的 40.17%。通过这个数据可以看出故宫博物院的刊物和出版社在故宫学术发展方面发挥的巨大作用。

作为故宫博物院学术刊物的编辑，不能淡忘故宫刊物的发展历史，要在继承光荣传统的基础上努力创新。要进一步加强历史意识，加强历史责任感，通过编辑刊物来接续故宫博物院学术史，推动故宫学术研究、人才培养和队伍建设。这些年来，我们在编辑工作中，在配合全院的重大学术规划、重要学术项目和重大学术活动方面做了很多工作，产生了不小的影响力。比如为庆祝故宫博物院建院 80 周年、紫禁城建成 585 周年、紫禁城学会成立 10 周年，故宫博物院、紫禁城学会于 2005 年召开了“中国明清宫廷建筑国际学术研讨会”，《故宫博物院院刊》组织了扩大版的古建筑研究专刊（2005 年第 5 期），所发表的文章包括了古建筑考古与技术，皇家建筑历史与规制、建筑工艺手法以及古建筑科技保护等方面的内容，开拓了古建筑研究领域，促进和提升了故宫博物院古建筑研究的水平。为庆祝故宫博物院建院 85 周年、紫禁城建成 590 周年，故宫博物院于 2010 年召开了“宋代官窑及官窑制度国际学术研讨会”，为了配合该次研讨会，《故宫博物院院刊》组织了宋代官窑陶瓷研究专刊（2010 年第 5 期），将传统的古陶瓷研究和最新的科技手段研究相结合、相参照，而且针对陶瓷学界争议较大的有关宋代官窑的一些问题展开了讨论，促进了古陶瓷研究的进步。为配合故宫学的倡导和推进故宫学学科建设，先后两次组织召开了故宫学现状及发展座谈会，并整理了学术座谈纪要，发表于《故宫博物院院刊》2005 年第 4 期和 2010 年第 3 期。故宫博物院的刊物对故宫学术发展功不可没，刊物的发展与郑欣淼院长倡导的故宫学的要求是完全一致的。故宫学的提出推动了故宫博物院刊物的发展，刊物的发展也促进着故宫学的发展。

故宫学、故宫大修、故宫文物清理与期刊的编辑工作。这些年来必定会载入史册的几件大事，我们的刊物一定要给予足够的关注和持续的追踪。一是故宫学的倡导，一是故宫大修，一是 7 年文物清理。我们可以将这类重大事件视为故宫博物院路线清晰、前景广阔的学术大背景。故宫学提出来以后，故宫学学术概念和学科建设正在不断地走向成熟，其影响力也越来越大；长达 20 年的故宫大修仍在紧张有序地进行，已经结束的局部大修工程正在编纂详尽的大修报告；长达 7 年的故宫文物清理工作已经结束，最新公布的藏品总数达到 1807558 件。这类重大事件不是一般的日常工作，这是故宫博物院跨入一个新的历史发展阶段的鲜明标志。

故宫大修并不是简单意义上的修修补补，以紫禁城为核心的明清宫廷皇家建筑是中国古代建筑的集大成者，最具东方木结构建筑经典意义，此番紫禁城的全面修缮，从研究角度看，是具有“实验室”意义的难得的机遇，故宫大修为从学术的角度研究中国古代建筑提供了最好的条件。故宫的古建筑值得研究的领域和需要开拓的领域很多，学界期待以紫禁城为代表、为个案的建筑历史、建筑科学、建筑工艺和建筑美学的重要研究成果的出现。仅以建筑科学而论，如建筑结构的防震、建筑基址、排水系统等等，均有待深入研究。作为编辑，要有研究问题的思路，只有有了这些想法，才可以对作者进行引导，组织相关的文章。

历时7年的故宫文物清理已经结束了，故宫的文物清理的过程实际上就是一个学术积累的过程，任何一位专业工作者都会珍惜这次同大修故宫一样难得地、系统地、亲密地接触这么多文物的机会。顺理成章的文物清理工作结束后应该出现一个学术的爆发期，至少也应该有一个小的学术井喷期。作为编辑，要抓住并利用文物清点后的机会，从这个角度来组织和引导作者产生新的研究课题和研究成果。

作为故宫博物院学术刊物的编辑，要扩大学术研究的视野，扩大学术研究的范围。由于历史的原因，由于中国家国天下的体制制度的原因，作为最大文化遗产的故宫，本身就是一部百科全书式的研究对象。同样由于历史的原因，较长时间以来形成的我们的学术研究视野比较专，也比较窄，虽然专有专的好处，但窄也有窄的害处。学术研究的开放、交流和引入不够广泛，对一些问题的研究就会缺乏新的方法、新的视野和新的思路，这就需要刊物的编辑去引导，甚至是整合，比如如何引导研究者能够把建筑、原状陈列、文献、器物和历史等方面进行贯通性的研究。同时编辑还要善于发掘这方面的研究力量，如果发现了这样的选题、这样的学者，可以组织座谈会，发表座谈会的成果，这样对大家所产生的启发可能会远远超过一篇具体的学术论文。在一定的程度上，学术座谈会对于学术研究是十分必要的。学术史和方法论，一方面要通过学术文章本身来体现，另一方面也可以通过座谈会的方式来体现。以古建筑研究为例，如果以紫禁城为参照，围绕历史、科学、工艺和美学及其关系组织座谈会，那么其讨论的结果肯定会对现在的学术研究产生冲击。这方面的工作既是编辑自觉意识的体现，也是组织高质量文稿的行之有效的好方式。

开放性的故宫学需要开阔的编辑视野。《故宫博物院院刊》执行主编张露在编辑工作总结中谈到注重学术史和方法论的问题，在编辑工作中有意识地尝试更加开阔的宫廷史研究，为艺术史与历史的逐步融会做学术的积累；从研究对象的特色出发，追求故宫学所倡导的整合研究的方法，相互交叉的多门类融合的方法。这的确是很有见地的编辑的学术自觉。从方法论的角度看，学术的发展从某种程度上说就是方法论的革命。这对于故宫博物院的学术刊物来说有两个层面的问题。一个是不同的领域、不同的学科之间的融合；另一个是院内和院外、国内和国外的学术力量之间的融合。比如，在具体的研究中，如何用历史的经纬把故宫的丰富藏品和宏大建筑网络起来，如何把纵向的历史线索与横向的人、事组织起来，如何把政治学、经济学、艺术学，把文献学、考古学、遗产学、文物学，把人文历史、自然科技历史结合起来等等。故宫博物院与德国马普研究学会科学史所合作的《宫廷与地方——十七至十八世纪的技术交流》研究项目及其成果，就是一个很有说服力的个案。该项目研究的重点是从技术文化史的角度来探讨中国古代宫廷对技术认知的方式、态度及影响，民间如何通过技术的层面吸收宫廷的影响同时又影响到宫廷的整个过程。这个研究的角度并不是故宫提出来的，而是德方提出来的。角度的切入给人以耳目一新的感觉，研究的开展必然涉及社会史、经济史、文化史、宗教史、民族史的研究方法，项目的选择与执行具有了跨学科、跨机构、跨国界的开拓性，最后产生的成果便具有了非常重要的、多方面的学术示范意义。紫禁城出版社（现故宫出版社）已经出版了中文版，德国方面则出版英文版。其实还可以围绕这个项目组织一次关于方法论的座谈会，就国内与国外在学术研究领域的方法论问题进行对比性讨论。再如不同学科之间的融合，《故宫博物院院刊》2010 年第 5 期是古陶瓷方面宋代官窑研究的专刊，在这个专刊中有不少的文章就是跨学科的，既有传统的人文方法的研究，也有运用新科技手段的研究。对于百科全书式的研究对象，几乎所有领域都需要跨学科、多角度、多方法的研究。这样的研究方式和研究成果还远远不够，要加强这方面引导和组织的自觉性、积极性。

此外，故宫博物院的学术刊物还应该注意涵养自己的学术个性和学术特色。一个刊物要想有好的发展，必须发挥和保持自己鲜明的学术个性和学术特色。对于故宫博物院的刊物来说，围绕故宫学的研究具有独特的优势，好的研究成果肯定也具有独特性，甚至是唯一的。另外还要注重彰显图像的特色，这也是由我们的研究对象决定的，即研究对象的视觉要素与要求。为此，院里不惜加大印制方面的投入，选用较能完美地呈现图像的纸张，全彩色印刷，这在学术刊物中是不多见的。我们的学术刊物一定要强化图像的优势，彩色图像的优势是其他方面所取代不了的，不仅文字代替不了，黑白图像也代替不了。图像应该是学术成果的重要组成部分，是学术表达中不可缺少、不可代替的组成部分，切忌把图像变成可有可无的点缀。

要自觉承担学术职责，努力提高编辑水平，首先要提高我们对倡导故宫学的理解与认识，提高对故宫学意义的理解和认识。故宫学既是一个学术理念，同时也是一面学术旗帜。故宫学的价值和影响到底有多大，大多数人可能随着时间的推移才能看得更清楚，但作为故宫博物院学术刊物的编辑，则一定要树立以故宫学为核心的编辑理念，随时了解、把握和熟悉故宫学的现状和发展的前景，要随时提醒自己关注并研究院内和院外的、国内和国外的与故宫学相关的事件和信息。故宫学要求我们不能只把眼光局限在红墙之内，故宫学只有在开放的视野和活跃的学术空间才有可能迅速成长和强大起来。要广泛了解学术界的进展情况，要了解学术会议的情况，积极地参加相关的学术会议，获取世界各地的学术信息，随时掌握学术动态和学术信息，作为编辑我们刊物的参照。还要具有总体把握和分块组合协调的能力，要能够对研究者进行引导和组织，这就要求我们要了解、熟悉和把握故宫学的研究队伍和学术骨干，要熟悉自己所负责的栏目和版块方面作者的情况，要了解他们的研究动态，清楚其学术走向。编辑本身还应该是故宫学的积极参与者和研究者，要努力变成学者型的编辑。比如说，负责古书画版块的编辑要研究古书画，负责古器物版块的编辑要研究古器物。追溯古今，大多知名的学者都是和做编辑工作分不开的。紫禁城里的武英殿曾是康、雍、乾三朝的修书处，也就是皇家的、国家的出版社，编辑刻印了大量精品图书，称为“殿本”。修书处的编修官，大都是皇帝钦点的大学者，如陈梦雷、张廷玉、纪晓岚等。再如现代的鲁迅、林语堂等。鲁迅主编过《莽原》《奔流》《萌芽》《文艺研究》等十几种刊物，林语堂创办了《论语》《人间世》《宇宙风》等期刊。这些人都是知名的学者，也都是出色的编辑。只有好的学者才能够编出好的学术刊物。要善于发现人才，鼓励和引导专业研究工作者不断提高自己的学术水平，也是编辑的职责。学术刊物的编辑一定要千方百计保证刊物的学术质量。学术质量是一个学术刊物的立足之本。要格外注意不能出现学术硬伤，对于一些把握不住的方面，一定要请有关专家把关。提高学术质量还有一个方面就是前面说过的要办出学术个性，要在众多的学术刊物之中凸现自己的特色。另外还要重视刊物的发行、宣传和推广，想方设法让更多的人参与和利用我们的刊物，让我们的刊物发挥出尽可能大的学术文化价值。

七、故宫学与故宫博物院收藏当代艺术

一座博物馆的影响力大小，主要取决于它所拥有的资源。在所有的博物馆资源里，藏品是最重要的。博物馆藏品的来源大体有这么几个方面：帝制时代拥有最大权力与实力的皇家收藏；有实力、有历史的家族、个人的收藏；国家机构的调拨、移交；收藏家、艺术家的捐赠；博物馆的选购等。

故宫博物院除紫禁城建筑外，现有的180多万件藏品，以接收自清宫遗留下来的物品为主，由此奠定了故宫博物院以收藏和展示中国古代文献典籍、艺术品、工艺品以及清代宫廷生活用品为主的博物馆特色和优势，亦由此形成了博物馆内部与外部业界的不成文的理念和看法，即从所收藏的藏品角度着眼，认为故宫博物院应该只收藏古代艺术品类的文物，而不必也不应该收藏现当代艺术品，尤其不必收藏在世艺术家的作品。

到底应该不应该收藏现当代艺术？应该不应该收藏在世艺术家的作品？这是事关博物馆收藏观念的重大问题。事实上，在故宫博物院的历史上，也不是没有收藏过现当代艺术品。180多万件藏品中，1949年中华人民共和国成立之后，由多种渠道，包括国家调拨、收购、个人捐赠

等方式汇集到故宫博物院的藏品达24万多件。以书画为例，这段时间内入藏故宫博物院的书画作品成为故宫博物院书画收藏的重要组成部分，其中就有这个时期著名的现当代书画艺术家的作品，如齐白石、黄宾虹、陈师曾、陈半丁、于非闇、徐悲鸿、吴湖帆、陈之佛、张大千、李苦禅、董寿平、赵望云、王雪涛、傅抱石、李可染、关山月、谢稚柳等艺术家的作品。可以毫不夸张地说，故宫博物院的书画收藏，因此而形成中国书画艺术的古今连续系列。如果没有那时候这一批艺术家的作品入藏，现在再来征集他们的作品，几乎是不可想象的。

尽管如此，故宫博物院于2006年隆重地收藏吴冠中先生的作品，还是具有标志性意义。因为在此之前，还没有郑重地正式地以像收藏吴冠中先生的作品一样的方式收藏过在世艺术家的作品，并由此开启了故宫博物院在明确指导思想下，有规划高标准收藏在世艺术家作品的历史。需要特别说明的是，故宫博物院的这次收藏行动，与以往收藏的不同之处在于，这次收藏是在正式提出故宫学之后的收藏行动，事实上也正是在历史性、连续性、整体性、完整性的故宫学核心理念指导下，开启了由收藏吴冠中作品而开始的一系列的收藏活动。由于工作关系，我受院长委派，具体筹办此项工作，感受颇深。我觉得可以从一个个案，看出故宫学与故宫博物院收藏当代艺术的关系，故将收藏吴冠中作品的全过程记录于下。

2005年，故宫博物院建院80周年。在紧张筹备80年院庆之时，得知吴冠中先生三十年前巨作《长江万里图》忽然现世的消息，并看见吴先生为此写的短文《旧梦复苏说从头》。吴先生在短文中说："儿子吴可雨在一个闲置的抽屉里找钥匙，意外发现一卷油画，画的是七十年代长江万里图，甚精致，问我知否。我知道，虽闲抛闲掷三十年，乃永远不会被忘却的忘却。"关于此画的创作与面世，吴先生说："三十年前北京饭店大装修，新设计中要安装大壁画长江万里图，用无光油画创作。我和几位友人受命创作，并从上海溯江而上至重庆，一路写生素材打草稿，是美差。数月抵重庆，闻京中批黑画，电招速回。返京挨批，壁画流产。我沿途作了不少写生，后绘就了长六米余的油画草图，别人也都各自设计绘制，惜未及会师研讨，事折人散，惟余烟尘。我自己六米余的油画长卷稿系画在纸上，因系稿，并未考虑纸质不宜久留，既成挨批事故，便闲置杂物抽屉中，昏然睡去，梦醒何年。今被可雨翻出，展卷睹物，纸背已发黄易脆，但画面油色尤鲜，仿佛新作，爱之怜之，欲救弃儿。裱画师张世东老友久来关注我的作品，他见画大喜，竭力设法托裱，保护了躺在摇篮里三十年的婴儿。李大钧先生慧眼，见到托裱后的《一九七四年·长江》真容，兴奋之情溢于言表，立志将此史卷推荐世人。”时李大钧先生正帮我主编的《紫禁城》做设计制版，谈及此画的创作、发现，感喟不已，都觉得这作品不只是画面恢宏，气象万千，连画外都有深刻的历史内涵，吴先生对自己这幅画也是珍爱有加，从先生的短文里可以看出，简直如失散多年的孩子回到身边。李大钧说吴老一定会想着为这幅画找一个合适的去处。我们都觉得捐给故宫博物院最为合适。果然，故宫博物院 80 年院庆之后不久，李大钧就向我们转达了吴先生捐画的意向。

这时候，接受不接受吴先生的捐赠，用什么方式接受吴先生的捐赠，反倒成为故宫博物院需要慎重对待的问题。众所周知，除紫禁城建筑外，故宫博物院是以清宫旧藏为主的，收藏中国古代艺术品、工艺品的博物院，在此之前，还没有郑重地大张旗鼓地收藏过在世艺术家的作品。故宫博物院虽然接受过不少现当代艺术品，但在收不收在世艺术家作品的问题上，一直有争议。接受不接受吴冠中先生的捐赠，自有不同意见。文化部（现文化和旅游部）副部长、故宫博物院院长郑欣淼先生其时正在大力倡导故宫学，正在组织领导故宫博物院藏品大清点，正在撰写全面盘点故宫藏品的大文章。郑院长代表院方表态：现在，故宫博物院是站在历史的高度、怀着对未来负责任的态度收藏当代杰出艺术家的精品，这项工作将会持久不懈地进行下去。为此，郑欣淼先生特撰专文指出：对故宫博物院来说，收藏吴冠中先生的绘画代表作具有标志性的意义，“后之视今，亦犹今之视昔”，今天的艺术精品就是明天的“艺术史”，我们应当从传承民族文化的视角审视当今的艺术品，要从保护民族文化财富的认识高度来承担征集、收藏当代艺术精品的时代重任。记得在开会讨论的时候，郑院长表达过这样的意思：一是应当建立从古到今的连续不断的藏品系列，收藏从古到今的传承创新的历史进程；二是继承和弘扬捐赠精神——奉献精神。有这两条，我们就足以统一各方面的意见了。这正是故宫学历史性、延续性、整体性的理念影响和指导具体工作的体现。这也说明了收藏吴冠中先生的代表作，是故宫博物院在明确指导思想下的自觉行动。

为表达故宫博物院的诚意和重视，郑欣淼先生特意登门拜访了吴先生。原约定不超过一小时，见面后却一聊就是一上午。从绘画聊到文学，聊到鲁迅，特别是聊到鲁迅的《野草》时，两位都兴奋起来。原来吴先生最敬重的是鲁迅先生，而郑欣淼院长又是中国鲁迅学会的会长，出版过几种鲁迅研究专著。当晚得到吴先生传来的新消息，原决定捐《一九七四年·长江》和《江村》两幅，现再加一幅《石榴》。我私下想，可能鲁迅先生《野草》的写法与吴先生《石榴》的画法有些联系吧。

以故宫博物院在博物馆界的地位，以吴冠中先生在艺术界的地位，吴冠中先生的捐赠和故宫博物院的收藏自然引起文化艺术界的高度关注和强烈反响。牛津大学荣誉院士、著名美术史家、艺术评论家、九十高龄的苏立文教授，从遥远的英国发来了对故宫博物院热情洋溢的祝贺："得悉你们正投身去闯这个现代中国艺术的领域实在令我雀跃。又因你们以吴冠中为起点而欣喜。因吴的人生与作品堪为楷模。收藏当代艺术品是非常好的，但也存在一定的危险。这是一个很有趣的挑战。让故宫在收藏历史文物的同时入藏现代艺术品，是一个大胆的计划，而我相信这是一个正确的计划。这是故宫博物院将现代恒久而坚决地融合于传统之中，迎抱现代艺术的重大决策。"曾任香港艺术馆总馆长的朱锦鸾女士说："有一段很长的时间，故宫博物院和很多传统的博物馆的收藏政策不涵盖当代的作品。缺乏了现代艺术创作的有规划的收藏，使国家博物馆的宏大历史叙述缺乏完整性。"中国艺术研究院研究生院院长张晓凌先生引用了"没有艺术，只有艺术家"的观点强调艺术中人的重要性，强调树立自己的文化形象代言人的重要性。他说："从这个角度来说，故宫博物院接受吴冠中先生的画作，其意义是能够通过此事带动整个文化界对艺术家个人的重视。这对我们整个文化的发展有着不同寻常的意义。这种意义恐怕不止于当代，可以说是个很大的文化战略。"

如郑欣淼院长宣告的那样，也如文化界关注和高度评价的那样，故宫博物院“在明确指导思想下的自觉行动”，突出地表现在不把这件事作为博物馆一般的收藏行为，不是简单地“捐了，收了，了了”，而是作为一项重要的文化盛事认真郑重地对待。围绕捐赠，故宫博物院周密地策划组织了一系列尽可能彰显这一文化盛事意义和影响的活动：一是召开了新闻发布会，二是隆重地举办了吴冠中艺术展，三是出版了精美画册，四是组织了三次高规格的国际性学术研讨会。

新闻发布会特意选择在景仁宫举行。这是一处有特殊意义的地方。故宫博物院 180 万件丰富珍贵的藏品中，有数万件来自个人捐赠。将个人珍藏文物捐赠给国家博物馆的义举，就像博物馆的宝贵藏品一样，是应当珍藏、展示和承传的文明传统与文化精神。2005 年，庆祝建院 80 周年的时候，故宫博物院为了纪念捐赠者，为了让故宫人，让所有参观故宫的人们记住这些捐赠者，特在景仁宫设立景仁榜，将六百余位捐赠者的姓名镌刻其上，永久展示。与此同时，编辑出版了记载捐赠者及其捐赠文物的《捐献铭记》和《捐赠大家》系列，其时我兼任紫禁城出版社（现故宫出版社）社长，具体负责出版方面的工作，我在书前的“出版者言”中写了这么一段话：

> 故宫博物院数百万件藏品中，有数万件来自个人捐赠。捐赠品种一级文物达三百余件，其价值无可计量。六百余位捐献者将自己所藏所爱献给国家，献给公众，此等高风足以昭示中华民族之奉献精神，天下为公之人类境界。捐献中量大物重者，多为各界名流、学问大家，可谓有斯人、有斯文、有斯学、有斯德，方有斯行。故宫博物院自当恪尽妥为保护、不断展示之职责。值此建院 80 周年之际，尤应庄重纪念这些捐献者。故陆续编辑出版《捐献铭记》及《捐献大家》系列，以记其功、以念其人、以彰其德、以慰其心其愿、以告世人。故宫博物院以此铭记捐献者，亦愿知者铭记、观者铭记、闻者铭记。

2006 年 8 月 17 日，吴冠中先生捐赠代表作的新闻发布会就在景仁榜前举行。在众位来宾和各家新闻媒体的共同见证下，故宫博物院常务副院长李季从吴冠中先生长子吴可雨手中郑重接过了油画长卷《一九七四年·长江》和水墨作品《江村》《石榴》三件原作，紧接着，由我将镌有吴冠中先生姓名的捐献牌悬挂在景仁榜上。至此，标志着吴冠中先生绘画创作最佳时期、最高水平的三幅力作正式入藏故宫博物院。当场有记者问道：吴冠中捐给故宫博物院的三幅代表作值多少钱？我知道那时候吴先生单幅作品最高已拍卖到 3025 万人民币。我回答道："故宫博物院收藏的艺术品是无价的，艺术无价，艺术创新更无价。"

举办吴先生的画展，出版吴先生的画集，也是颇费心思的。吴先生的画展已经不知举办过多少次了，画册也不知出版过多少种了，这一次如何办？在当今中国健在的、活跃的艺术家中，吴冠中无疑是最著名最有影响力的一位，同时，他也是向国家和世界各大博物馆捐赠作品最突出的一位。据不完全统计，截止到此次捐赠，吴先生已向国家和社会公益性机构捐赠了 100 多件绘画精品。艺术家把自己呕心沥血创作的精品力作捐献给国家、社会、人民的奉献精神，是令人敬佩和应当大力弘扬的。于是，紧扣捐赠，我们把这次展览的主题定位于"奉献"。2006 年 8 月 27 日，由中华人民共和国文化部（现文化和旅游部）主办、故宫博物院承办的"奉献——吴冠中历年捐赠作品汇展"在故宫午门城楼开展，《吴冠中捐赠作品汇集》大型画册同时出版发行。此次捐赠故宫的三幅与从香港艺术馆、上海美术馆、中国美术馆、鲁迅博物馆等处借调来的 40 多件艺术精品，与古老恢宏的午门城楼交相辉映。时任文化部（现文化和旅游部）部长的孙家正先生在开幕式上对吴冠中先生的艺术成就和捐赠义举再次给予高度评价。孙部长说："吴冠中先生是学贯中西的艺术家。他的艺术，植根生活，植根人民。在他六十余年的艺术生涯中，始终追求创新，努力探索中西绘画艺术融合之路。在他的作品中我们可以看到，艺术家的心灵与人民群众感情之线绵延不断，艺术家的精神，合着时代的节拍不懈探索和求新，这是他的艺术生命之树常青的活力所在。现在，吴先生又将其代表作《一九七四年·长江》等三幅作品无偿捐赠国家，由故宫博物院永久收藏，其无私奉献的崇高品格，令人敬佩。"

三次高规格的吴冠中艺术学术研讨会，分别于展览前、开展时、展览中举行。清华大学美术学院、中央美术学院、中国艺术研究院、故宫博物院的学者、教授、画家、艺术评论家及在读的博士、硕士，还有来自英国美国的学者、科学家参加了研讨，大家围绕“传统与创新，收藏与弘扬”的主题，展开了紫禁城里的东西方艺术对话。牛津大学的苏立文教授得悉故宫博物院收藏吴冠中作品的消息时，就发来热情洋溢的贺信，又不远万里，参加了9月16日在紫禁城举行的东西方艺术对话。在他提交的长篇论文和发言中，重点分析了吴冠中先生如何成功地将东西方艺术融会贯通及吴冠中抽象画法的巨大影响力。著名科学家，诺贝尔物理学奖获得者李政道教授是吴冠中先生数十年的至交，作为一位杰出的物理学家，他深感艺术家和科学家一样，一生都在追求真理，所不同的是，科学家面对的是大自然，艺术家面对的是全人类。成功的艺术作品是越看越好，越看越感兴趣，感情就越冲动。吴冠中的艺术是超越时间、空间和跨越文化的，是无国界的。李政道先生即兴题词，以“艺冠中外”评价吴冠中艺术。中国艺术研究院院长王文章教授积极评价了吴冠中先生“笔墨等于零”“风筝不断线”等富有哲理的艺术思想，他指出要完整全面地理解其真正的思想含义，关键在于要弄清楚究竟是什么样的笔墨等于零。清华大学美术学院包林教授认为吴先生在当代艺术史上是个很独特的人，吴先生的艺术很难归类，虽然他师承林风眠，又有法国留学的经历，但我们注意到他的艺术往往不是从美术界内部开始被人认知的，恰恰是美术界以外的人群首先关注吴冠中。很多人是通过吴老的文字认识了吴冠中。他还特别指出，现在不少保持着旺盛的创作状态的画家，并没有进入文化反思和文艺批判的阶段，而吴先生在20世纪80年代就开始自觉地进入了文化反思的层次，这是很难的，也是很重要的。清华大学美术学院刘巨德教授列举几个方面的特点论证吴先生的确是个不一般的艺术家。他说，第一，在绘画表达方式上，吴先生是中西结合的代表。吴先生的艺术实践告诉我们，中国绘画的继承与创新，中西结合是一条很好的道路，是一条光明大道。吴先生在艺术上的成功，说明了中国文化有无限的空间可以吸纳外来文化，在不失中国绘画本色的前提下，能够创造出被西方人和中国人都接受的现代绘画，这很了不起。第二，吴先生在文学和绘画两方面的艺术造诣都非常精深，这种“双管齐下”的艺术才能，在当代中国美术界艺术家中是少有的。第三，在绘画领域中，吴老又是一个油画和国画都很擅长的艺术家。他对中国画进行的如此之大的创新，是通过借鉴大量油画的技法和理论完成的，这是个非常值得注意的问题，也堪称世界艺术史上重要的一页。另外，吴先生一生崇尚科学，主张艺术与科学相结合，这也是很容易被许多艺术家所忽视的。

由于受院长委托，我具体负责接收吴先生捐赠、举办展览、组织学术研讨等活动，在此期间，虽然与吴先生见面的次数并不多，交谈的时间也不算长，但学术研讨中大家集中讨论到的吴先生的艺术创造、艺术创新精神，我是直接感受到并被深深震撼了的。

吴先生说他对紫禁城有特殊的感觉。他多次到过故宫。他带着学生到故宫看画展、临故宫的藏画、写生。他以前也创作过故宫题材的作品。我看见过他 1975 年创作的一幅油画《故宫白皮松》，那依天傲然又纯洁苍劲的伟岸状，常在眼前浮现。吴老在学术研讨会上的题词集中概括地表达了他对故宫的特殊感觉：“紫禁城，曾是帝皇城，今属人民之城，辉煌照耀，不限古今远近。”在商谈捐赠、展览、学术研讨的短短的时日间，吴老竟然创作出三幅故宫题材的新作，足见其创造力、创新力的旺盛。

说到吴冠中先生向故宫博物院捐赠三幅代表作的同时创作的三幅故宫题材新作，我又想起为办好“吴冠中历年捐赠作品汇展”，我专程到香港艺术馆选借吴先生捐给那边的作品时的所见所闻。香港艺术馆展厅的窗下，碧波荡漾的香江边，一群少年儿童正集中在有明显标志的地方聚精会神地画画。馆长告诉我，这个地方就是当年吴冠中先生画画的地方，也是吴先生指导香港的小朋友画画的地方。那一次，吴冠中先生随他的画展，在香港停留的时间比较长，吴先生几乎天天在这里作画，吸引了许多艺术青年和小朋友来这里向吴先生学习。艺术馆就把这个地方命名为“吴冠中艺术角”，从此，这里就成为香港青少年常来作画习画的地方。我想，吴先生墨彩中那一系列现代城市题材的作品，肯定和这个地方有关，说不定大多就是在这个地方创作的。正是由于既能用现代绘画语言表达古老文化，又能用现代绘画语言表达现代城市、现代生活，正是这种常创常新的艺术创造，吸引和影响着包括小孩子在内的现代人。

对吴冠中先生绘画艺术的评价已经是没有多少争议的了，特别是到了传媒越来越发达的时代，到了艺术越来越民主的时代，艺术越来越社会化、市场化的时代，而吴冠中先生的言论则是经常引发议论和争论的，过去是这样，现在还是这样。如他的绘画一样，他常常以他那绝不肯趋同的思想、言论，不断地搅起艺术界的阵阵波澜。中国的艺术界因此而不再是死水一潭。这大概是天才的创造者和平庸的追随者的根本区别吧。

为了历史的承继与延续，为了中国书画艺术的承继与延续，故宫博物院没有理由不接受吴冠中及类似吴冠中这样的艺术家的艺术捐赠。

八、故宫学与故宫文物大清理

故宫博物院 2004 年到 2010 年进行的历时 7 年的藏品清理工作，是故宫自 1924 年清室善后委员会点查清宫物品起，到 1925 年故宫博物院建院之后，直至新中国成立以来的各个历史阶段中进行的第 5 次大规模藏品清理。

与以往历次清理不同的是，这次藏品清理是在故宫学理念的指导下开展的。2003 年，故宫学提出；2004 年，藏品清理开始。郑欣淼院长在阐释故宫学内涵的论述中，特别强调故宫文化的整体性，强调首先要全面、深入、系统地整理和发掘丰富的故宫历史文化内涵。以故宫学的这一理念研究故宫的藏品，对故宫博物院的文物就有了新的认识。例如，在此前的历次藏品清理中，有不少留存在故宫的宫廷遗物长期被忽略，如有关宫殿建筑的材料资料、古籍图书、清代钱币、不完整的古器物、宫廷日常生活用品，甚至帝后书画、宫廷文字档案、故宫博物院院史档案等，并没有被纳入文物管理序列。事实上，从宫廷历史、故宫文化来看，从故宫学研究来看，这类藏品的价值要比所谓的历代瓷器、书画、珍宝等重要得多。

正是在完整、全面整理故宫藏品的故宫学理念指导下，在对文化遗产概念理解不断深化的背景下，在文物保护观念发生着新的变化的情况下，开始了对故宫藏品的前所未有的全面、彻底的大清理。在长达7年的藏品清理中，把所有以往已经列入文物系列的和没有列入文物系列的物品，全部纳入清理范围。不放过任何一处库房的任何死角，逐一清点，重新鉴定，登记造册。大清理的结果，取得了举世瞩目的大成就，单在公布的数字上，就一举改写了多年以来故宫博物院的藏品数量——由不足百万件上升为1807558件。这是故宫博物院自建院以来，在文物藏品数量上向社会、向公众公布的第一个全面、科学、准确的数字。

动员全院力量、组织所有专业人员全力以赴大清理藏品的过程和结果，在故宫博物院的历史上，在故宫文物保护和学术研究的历史上，具有历史坐标和历史指向的意义。清理的过程，既是文物保护的过程，更是重新认识院藏品及与故宫有关的文物的价值的过程，同时也是故宫学学理深入人心的过程，是开创故宫学研究新局面的过程。

从学术研究层面看，对故宫文物的新认识，无疑把对故宫文物的学术研究，导入更为开阔的大历史、大故宫、大文物的研究领域；不仅是研究视野的扩展，同时对研究方法和研究价值的革新，产生了重大影响。

如清理结果所示，所有的参与者都会进一步看清楚故宫的确是拥有悠久丰富文化积淀的人类文化遗产，拥有厚重独特的民族历史文化资源，因而蕴藏着无与伦比的巨大的学术研究价值。这样的文化内涵和学术价值，只有通过持续深入、不断发展的学术研究，才有可能得到有价值的开发、挖掘和推广，才有可能使故宫博物院成为与故宫文化学术资源相匹配的文化学术重镇。

藏品大清理的意义，绝不仅仅是摸清家底，而体现在诸多方面。比如，全面核对账物，代表着管理水平的提高；向社会公布藏品目录，代表着文化责任的担当；编纂藏品大系，代表着敞开资源的开放胸怀。藏品清理工作结束后，文物管理工作会在数字化管理方面继续深化。暂且不论数字化后的文物管理工作成果给科研带来的巨大空间，单就文物清理的成果而言，科研工作将面临一个很好的发展机遇。

与藏品大清理密切相关，或者说与藏品大清理同步，故宫博物院的科研工作，在故宫学的导引下，确实呈现出全新的面貌。文物清理、古建大修、陈列展览、文物研究、文物科技保护研究、数字网络资讯研究、院史档案整理等各个方面，都涌现出了非常好的学术成果。

组织实施重大学术项目，推出重要学术成果，培植高水平的学术队伍，是学术研究永远的宗旨和目标。围绕着这一宗旨和目标，故宫博物院科研工作在文物大清理后作出更为宏大开阔的学术布局。

（一）努力创造条件，着力推动已经显露头角的研究人员，特别是年轻的研究人员继续领先，走向成熟，加快培养出一支有影响力的学术骨干队伍。学术的发展，归根结底依靠的是学术人才。处于领先位置的学术重镇，无不人才济济，无不拥有一支具有影响力的学术团队。藏品清理的七年间，故宫博物院的所有业务人员，幸运地得到了一次全面系统地直接接触所涉门类藏品的绝好机会。学术研究意识强烈，学术神经敏感，学术眼光敏锐的专业人员，一定会充分利用全面清理藏品的难得时机，发现和积累一批新材料新信息，提炼和形成若干新的研究视点和角度，思考和规划出短期、中期、长期的研究项目。故宫学术研究因此也一定会迎来一个“井喷期”。顺势而为，有计划地加快学术人才培养，加快学术团队组建，恰逢其时。科研工作的工作重心，则应顺势从建章立制转变到培养人才方面来。编制一个学术人才、科研队伍的培养建设规划，有领域、有目标、有人选、有途径、有阶段的组织落实。经过若干年努力，争取培养出一批有学术个性、学术潜力的学术骨干，初步组建起一支有实力、有影响力的科研队伍。如此，则将极大地提高故宫的学术地位，有力地保障故宫学持续发展。

（二）推出一批有冲击力的故宫学学术成果。在已有的良好学术基础上，在故宫学学科体系的建构上下功夫，形成在故宫学指导下的故宫文物分门别类的研究与学术成果框架体系：建立在藏品清理基础上的、在藏品清理后期已经开始编纂的、规划出版500卷的《故宫博物院藏品大系》渐成规模；《故宫博物院藏品总目》编纂出版；宫廷建筑史料、故宫大修系列、故宫学研究资料系列、故宫学研究丛书、明清宫廷史研究系列不断推出；在故宫博物院建院90周年时，完成了《故宫学概论》《故宫学术史》《故宫博物院院史》等作品。与此同时，古建筑、古书画、古器物、明清宫廷史等分支学科也朝着推出重要成果的方向努力，藏品与收藏研究、藏品与展览研究、古建筑与展览研究、博物馆文化推广与传播研究等多方面扩展，院科研项目、部门项目、个人项目齐头并进，则可望成蔚为大观之势。只要积累起一批分量足够的学术成果，故宫学独一无二的学科体系的形成和故宫学术流派的出现便水到渠成。

（三）构建一个稳定开放的学术交流合作网络。作为文化遗产，故宫绝不是故宫人的故宫，也不只是中国人的故宫，列入世界文化遗产名录的故宫是全人类的文化遗产。以故宫为依托的故宫博物院更是面向全社会，面向全世界公众的公益性文化机构。故宫的文化学术资源是全社会共享的公共资源，故宫博物院有责任向全社会全面开放故宫的文化学术资源，尤其要吸引有关故宫研究的文化学术机构，吸引有志于故宫研究的学人进入故宫研究的领域，加入到故宫研究的行列里来。加入越多，越说明故宫资源的重要；研究的人越多，越能推动故宫学研究的深入；研究越深入，越有利于有效地推广传播故宫文化。藏品大清理为我们向社会全面公布和开放故宫的文化学术资源创造了最好的基础条件。与故宫文化学术资源的全面开放同步，配合以积极主动地创造条件，制定规章制度，疏通渠道，将凡是有志于故宫学研究的机构和人员，与故宫学术研究建立起紧密的联系，以适当的方式，把这些院外的研究力量，尽量吸纳到故宫学的研究行列中来。故宫博物院院外研究机构、高等院校及学者个人对故宫学的关注和举措，既是对故宫博物院故宫学研究的压力，更是动力。这样难得的学术态势，促使故宫博物院迅速应对，加快创新吸纳故宫学人才机制，加快创新对外学术交流机制，加快创新对外学术研究合作机制，真正使故宫博物院成为故宫学研究的大本营，故宫学研究合作交流的集结地，故宫学研究发展的组织者、引导者。尤其要加大、深化对海外的学术合作力度，扩大故宫学研究在欧美核心区域的影响，持续壮大故宫学的国际影响力。

九、故宫学与出成果出人才

科研工作、学术研究最权威、最终的解释权属于成果与人才。故宫博物院的影响力，在相当大的程度上来自灿若群星的行内外、国内外声名显赫的专家学者。而他们的地位，他们的影响力，统统来自他们的学术成果。这些年来，故宫博物院自觉地尊重、继承、弘扬光荣学术传统的信念与表达之一，就是陆续地尽可能完整地整理出版老一辈学者们的学术成果。已经出版和正在整理出版的有马衡、唐兰、罗福颐、单士元、孙瀛洲、陈万里、冯先铭、徐邦达等先生的文集。集中体现故宫博物院专家学者各自代表性论著的“故宫学术文库”持续出版。另有以推出中青年学术成果为主的“紫禁书系”。三个系列，基本上可以反映故宫博物院几代学人承前启后、继往开来的学术风貌。即将完成的《明代宫廷史研究丛书》20余种，正在陆续推出的“故宫学视野丛书”系列，则集中体现着故宫学的重要成果、最新成果。

从21世纪初开始持续进行20年的故宫大修和已经完成的长达7年的故宫博物院文物清理的浩大工程，对于研究工作、研究人员来说，既是非常重要不可或缺的基础性工作，更是难得的将研究深入进行下去的机遇。因了大修，有了《明清宫廷建筑史料长编》和《故宫大修报告系列》研究项目的开展；因了文物清点，有了数百卷的《故宫博物院藏品大系》和《故宫博物院藏品总目》的进行。除了此类院重大研究项目外，关于部门及个人的研究，有大的学术眼光与大的学术襟怀者已经在大修和清点工作中完成了研究方向、研究课题的调整与定位。从某种程度上也可以这样说，随着清点工作的基本结束，大多专业人员也从清点整理工作中“解放”出来了，有了更好的条件从事研究工作了。蓄势待发，假以时日，故宫学研究成果的周期性涌现应该是可以预期的。

故宫人是幸运的，故宫博物院的专业研究人员更是幸运的。故宫博物院的文化遗产资源可谓取之不尽、用之不竭，这样的明显优势，是其他博物馆及文化遗产地无法比拟的。但是，如何将文化遗产资源优势转化为学术资源优势，转化为学术研究优势，转化为研究成果优势，转化为专业研究人才优势，转化为核心竞争力优势，转化为持续发展、科学发展优势，这就是我们已经在努力和需要更加努力地追求的目标，这就是我们已经承担着的和需要更加自觉地承担起的历史使命。随着故宫学学术思想的确立，学术氛围的形成，研究机制的建立，研究方法的演进，研究的深入，科研管理与学术研究自身经验的积累，以及与大学、研究机构联合培养在职专业人员，再加上这些年来高学历、高学术素质的专业人员的不断充实，故宫博物院学术研究梯队正在发生结构性变化，一批中青年学者迅速成长起来，完全有理由期待在不太长的时间里，涌现出三五十位国内外知名的中青年故宫学一流学者，完全有理由相信在各方面的共同努力下，迎来百家争鸣、百花盛开的故宫博物院科研工作、学术研究的春天。

十、故宫学研究的当代性

现在的故宫博物院是由曾经的皇宫、故宫转变过来的。从文化形态转型的角度看，由皇权君主文化形态转型为公共民主文化形态。故宫学是故宫博物院的故宫学，不是故宫的故宫学，更不是皇宫的故宫学。随着由博物馆公益性核心价值决定的社会性、公众性文化价值的彰显，由此决定在学术研究的路线和方向上，需要有一个重大的调整——实现由内向外的转型，即研究的目的、内容、方法等，从侧重博物馆内部研究、藏品研究，向侧重博物馆整体研究、博物馆与外部关系研究转型。即便是较为纯粹的内部研究，也要有一个鲜明的外部目标，这个目标就是博物馆服务的对象——社会、公众。研究目标一旦准确锁定，必定发生一系列连锁反应，作为博物馆的学术研究的所有的指向、重心都应也都会因此而转移。

由内向外，由相对封闭到全面开放，由相对单一到综合丰富，由相对狭小到开阔博大，所有的聚焦点都集中在博物馆的当代性问题上。以博物馆管理学为例，由内向外的转型，重点由内部管理研究转向对外关系的研究，研究与政府、与社会、与公众的关系，研究国际交流、馆际交流，尤其要开拓研究公众、研究观众的新领域。内部管理研究重点相应变化，由传统的以“物”为主的藏品管理转向以“人”为主的服务管理，人力资源配置由与“物”关系密切的专业人员优先，转向与策划、公关、宣教人员并重甚至后者优先，并从机制机构上加强、保证与社会、公众关系密切的部门的职能和专业人员的配置。

再如对藏品、对展览的研究，是为自己、为同行、为专业人员，还是为公众？目标对象不一样，研究内容、重点、方法、表述、展示、传播、推广、服务的手段和方法都不一样。博物馆收藏文物，但博物馆不是文物；博物馆收藏历史，但博物馆更要参与历史的创造。一般来说，博物馆的藏品越古老越丰富，博物馆的地位就越重要。之所以重要，是因为古老丰富的藏品中包含着同样古老丰富的种种信息。但是，如果古老丰富的信息不被发掘和认知，它们的重要价值就无法实现。所以，更重要、更有意义的是以今天的眼光阐发藏品的历史意义与当代意义。也就是说要通过深入地研究，在历史文物与今天人们的需求之间自觉地、努力地建立种种可以建立、可能建立起来的联系。让历史文物在传统文化向人们的现代生活的转化创造过程中发挥独特的不可替代的作用。不管收藏什么，不管收藏品多么久远或多么切近，作为博物馆常态、动态的开放展示，总是面对当下当时的社会与公众，总是永远服务于当下当时，亦即永远服务于当代的，这更是博物馆的当代性之本。不论何时何地举办的任何展览，都是为了给当时当地走进博物馆的人看的。展览的内容固然需要研究，展览的内容给谁看，为谁服务，怎样服务得更好，怎样让参观者满意，让每一位参观者都获得应该获得的知识，更需要研究。过去我们比较注重内容的研究，集中于展品的研究，且较多地从专业的角度去研究，其实这只是展览研究的一部分，是博物馆专业人员习惯了的容易做到的一部分。展览研究是一个相对独立的整体研究、系统研究。不只是研究展品，更重要的是要研究参观者，研究潜在的参观者，也就是研究服务对象，研究展品与参观者之间的关系，研究展品内容让当下的人们感兴趣看得懂的组织、表达、传播、推广方式。

学术研究的院内外、国内外交流与合作，在当下的信息社会网络时代，是一个无可回避同时也是极具挑战的当代性命题。学术有专，但隔行不隔山，学术研究在理念、视野、思维、精神状态、方法等许多层面是相同相通的。只有融入世界学术发展的潮流之中，而不是疏远、游离世界学术潮流之外，才能在比较参照中开阔视野，冷静头脑，吐故纳新，与潮流俱进，保持不断创新的活力和蓬勃旺盛的生命力，攀登并达到世界一流的学术水准。近几年与世界著名的德国马普研究学会所属的马普科学史研究所的合作是一个值得认真总结的成功范例。当所有参与者进入一个全新的学术环境与学术语境中，与合作方零距离碰撞后产生的震撼，用参与者的话表述：专业外的刺激与收获远远超过专业研究的收获。还有同清史、明史、考古、建筑、科技等专业人员、研究机构、高等院校等领域的合作，与台北故宫博物院的合作，都取得了超过预期的收获。

应当特别强调的是，我们必须承认任何历史研究都具有鲜明的当代性。故宫自身由昔日的皇宫变成今日的博物院，就不只包容了重大的历史内容，更具有由传统文化向现代文化转型的意义。当代人对传统的历史文化的研究，应有当代人的鲜明的自主意识，应具有清醒自觉的反省意识与批判精神，应有科学的审美观，应有当代人研究的“当下”自觉性、自主性。一个明摆着的事实是，从整体上说，皇权制度是被后来的社会制度否定的，那么对待漫长的皇权帝制时代的政治、经济、文化及其遗存的物质与非物质文化遗产，不能没有当代人应有的文化理性、文化精神。何况我们的研究对象是帝制社会的政治、经济、文化中枢。

我们所做的研究是处在中国重大历史转型期的学术回望。树立科学的传承观是最值得我们注意和深思的问题。这种思考应渗透在故宫博物院学术研究的所有领域里。我们完全可以做这样的学术路线描述：15世纪到19世纪的紫禁城——20世纪的故宫博物院——21世纪的故宫学。

这是一个历史发展的线性过程。阶段性的时间与空间表述包含了所有的内容——用时代的眼光回顾和反思以往的时代。

故宫学提出和确立的资源规定性及其内在的学理逻辑

故宫学的范畴到底有多大？到底有多小？大到什么范围？小到什么界限？

故宫学的范畴与故宫这两个字的概念界定有关。故宫是一个空间的概念，也是一个时间的概念。就空间而言，现在所指的故宫，是基本保存完整的明清两代皇宫紫禁城。四个城门一关，城墙之内 72 万平方米；把宫城外的护城河算上，合起来 102 万平方米，也就是占地 1 平方公里这么大一个空间。这么一个地方其实是很小的，虽然它是现在世界上保存最完整、建筑规模最大的皇宫建筑群，但毕竟只有 1 平方公里。但从时间概念看，从落成到现在，近 600 年了。明清两代作为皇宫，使用了近 500 年。再从皇宫、皇帝、皇权、帝制的性质看，不往远说，就从始皇帝秦始皇开始，2000 多年了。再往前推，中国人喜欢称王称帝，三皇五帝到如今，有 4000—5000 年了。有皇帝就有皇宫，就有宫殿，废弃的不再使用的宫殿都可以称作故宫。从时间上来说，故宫是一个非常大的概念，几乎贯穿了整个中国文化的历史。一说到故宫，无论如何无法绕开历史悠久的皇帝、皇权、帝制。至于意识形态中皇帝、皇权、帝制，不仅一直延续到现在，对今后也还会产生久远的影响，只不过是显性的或是隐性的而已。

事实的确如此。现在一提起北京城中的故宫，相信所有的人都会产生各自的想法，不管是去过的或是没去过的。中国传统文化中所谓正统的皇帝、皇权意识，对国人的影响不可低估。一想到明清两朝 24 位皇帝，在这个地方居住生活、发号施令，想到清朝最后一个皇帝在这个地方宣布退位，想到在明清之间和清朝之后还有李自成、袁世凯在这个地方最短暂的称帝，想到中国从此再也没有皇帝了，连最偏远之地的老百姓，都会心存这样的念想：只要有机会有可能，一定得到这个地方，亲眼看看皇帝居住的宫殿到底是什么样子，看看治理天下的皇帝的朝廷到底是个什么样子。还有在社会公众层面，盛行天下珍宝集于皇宫的传言，大家也都想亲眼看看那些难得一见的奇珍异宝到底是什么样子。

从专业的层面看，从学术的层面看，故宫是近500年帝制统治的权力中心，研究中国历史的、研究宫廷史的、研究政治制度的、研究社会形态结构的、研究社会经济发展的、研究科学技术进步的、研究外交关系的、研究宗教的、研究文化艺术的等等，只要研究这一历史时段的中国，任何领域的研究，都无法绕开这个地方。

至于研究中国古代建筑、研究中国古代文化艺术，诸如中国书画文化艺术、陶瓷文化艺术、木作文化艺术、青铜文化艺术、玉石文化艺术、服饰文化艺术、餐饮文化艺术等，从事此类中国特色的文化艺术研究和艺术创作，至今保留完整的故宫及其收藏更是主要的参考、研究和借鉴的对象。

皇朝帝制结束，皇宫成为故宫，故宫成为被保护的文化遗产，成为向社会公众开放的、人人可以自由出入的博物馆，故宫又承担起文化转型中及文化转型后新的文化职责和新的文化使命。

故宫成为博物馆之后，由于历史的原因，除了北京故宫博物院，又出现了一个台北故宫博物院。在大陆和台湾两岸关系的历史上，一个故宫两个故宫博物院的形成及现状，一直备受关注。历史形成的两岸两个故宫博物院的特殊格局，又在为创新两岸关系的新的历史阶段发挥着独特的作用。

……

所以，一提起故宫，一想到故宫，在社会公众层面，是大多数人，而不是少数人；在学术界，是多个领域，而不是个别门类；在文化艺术界，更是几乎所有的参与者，均对故宫保持着高度的关注和浓厚的兴趣，并由此产生着无数的问题——恐怕再没有哪一个地方能受到这么多人的关注，能生出这么多的问题了。

百科全书式的故宫知识，确定的和不确定的故宫知识，可穷尽和不可穷尽的故宫知识，所有故宫的、与有关故宫的知识，的确形成包罗万象的故宫学问。

如果承认这样一个事实的话，那么，故宫学的范畴就太大了。但是，任何一种被称作专门学问的又不可能大到无边无际。故宫学范畴的平衡与把握，需要特别注意到学术专业与社会公众两个层面，还要特别注意协调和解决二者之间的关系。

从学术的层面看，不少学问、学术，原本就是一个指向清楚、范围集中的小的圈子，即便范围较大，界限也很清晰，而有些学问、学术，则具有较明显的“模糊性”，边界并不十分清晰，可小可大，故宫学就具有这样的特点。有些学问，本来就是属于少数人的，而有些学问则不只是少数人的，它涉及更多的领域，辐射到更大范围的公众群体，故宫学更具有这样的特点。

公众的层面尤其需要格外的关注。故宫成为博物馆后，即成为一个公共的文化艺术空间。故宫就不仅仅是学术层面关注、参与的文化艺术空间，更是一个公众关注、参与的文化艺术空间。就故宫文化服务、文化传播而言，面向公众更需要鲜明的文化导向性。如何处理专业的学术研究和公共文化服务这二者之间的关系，在这个意义上说，尤其需要学术层面的介入。从博物馆的角度看，博物馆是公共文化机构，是为社会、为公众提供公共文化服务的。故宫博物院作为一个博物馆，是为社会、为公众提供公共文化的文化服务机构。提供什么样的故宫文化？怎样提供故宫文化？没有学术层面的介入，没有相应的学术研究作为中介和桥梁，故宫这样的特殊的文化传播和文化服务是“相当危险”的。“相当危险”是什么意思？比如说，这些年故宫博物院年观众量连续突破 1600 万，不光在博物馆界是全世界第一，包括所有旅游景点，大概也是世界第一。1600 万人，对于有着 600 年历史的皇帝的宫殿和数百万件皇家珍藏的故宫，每一个人都是“闻所闻而来，见所见而去”的。他们抱着什么样的目的而来？参观完故宫之后又带着什么样的想法、什么样的收获离开？这里面有没有我所指的“危险性”存在？作为一个博物馆，在传播什么样的文化和怎样传播的问题上，学术研究应当担负起什么样的责任？

我在《故宫学研究中的价值观问题》① 一文中强调指出："把故宫学研究、故宫文化传播与博物馆文化价值，与公众认知联系在一起的时候，尤其需要保持清醒的理性。在帝制时代，社会思想是统治者的思想，'真命天子'与'皇帝万岁万万岁'既是皇帝的统治思想理念，统治者的核心价值观，也是社会百姓的被统治的核心价值观和比较普遍认同的思想理念。诸如帝制文化中的天命、等级、特权等，与现代文化中的人权、平等、公平、正义等水火不容，需要我们在故宫学研究中作出鲜明的切割和创造性的文化转换。"

因此，故宫学的提出和确立，有其特殊的资源规定性及其特殊的内在的学理逻辑。

故宫学学术资源的规定性。

学科由学问构成，学问可以生成为学科。不管学问还是学科，有一条是共同的，那就是一定要有自己的独特的也是丰富的研究对象、研究指向，独特的也是丰富的研究资源，独特的也是丰富的研究范畴、体系、方法。

故宫的资源，具备了关于做学问的和成为学科的所有要求和所有条件。

故宫学可以独立存在及其学术定位有种种理由，最根本的或曰本源性的，是由它的学术资源规定的。

故宫学的学术资源规定来自两个方面并形成各自的优势：一是故宫内部学术资源的积淀及其形成的优势；另一是故宫外部，即社会与公众对故宫学术资源的需求及其形成的需求优势。

市场经济就是讲供给和需求的关系。只有资源，没有需求，形不成市场；只有需求，没有资源，也形不成市场。两者皆具才能开拓无限的市场。学术研究也一样。故宫既有先天的学术资源的优势，更有不断生发着的、非常专业的学术研究的学术需求和社会、公众的普遍的文化需

① 《故宫博物院院刊》2013 年第 2 期。

求的需求优势。已有的学术资源需要不断发掘、梳理，后发现的学术需求更需要不断地适应和培育。

故宫学内部学术资源及其优势大体有以下几个方面：

——宫廷档案，宫廷典籍。宫廷档案是以皇帝为核心的宫廷执政、行政、生活活动的记录，是向来格外受青睐的关于国家权力中心、权力运作、社会治理的第一手研究材料。宫廷典籍为宫廷文化建设的集中反映。现保存于国家第一历史档案馆的上千万件明清档案，原属故宫博物院藏品的一部分。由于各种原因离开故宫的宫廷档案和宫廷典籍，均为故宫学学术资源的重要内容。

——宫廷典制，宫廷历史。包括以文字记载的宫廷典制、宫廷历史与典制实施、历史事件生发的宫廷空间及其对应关系。作为文字记载的宫廷典制与宫廷历史固然是重要的，而文字记载的宫廷典制、宫廷历史与实地操作行施空间的对应演绎，不仅更加生动真实，且能包含并能衍生出许许多多文字不可能包括的内容与更接近本真的意义。

——以紫禁城为核心的中国明清皇家建筑。包括皇家皇城、宫城、宫殿、苑囿、陵寝、坛庙、府衙。这是中国古代建筑、中国古代最高等级建筑的集大成体系，一个封闭的、自成一体的、具有绝对建筑语言霸权、建筑文化霸权的建筑体系，也是几乎包括了全部中国建筑文化信息的建筑体系。

——以清代宫廷收藏为主的皇家收藏，包括宫廷生活用品遗留及流散在外的各类物品。由于政治体制、经济制度的高度专制、集权，由于皇家生活的极端奢华，还由于故宫转型为故宫博物院后，新的政权对保护文化遗产的高度重视，中国历代留存下来的珍贵文物，大部分集中于故宫博物院。

——故宫博物院院史。由皇宫到故宫到博物院的历史变迁，虽然只有短短十几年的时间，但这一时段却是中国数千年历史发生根本性大变局的时刻。皇帝的宫殿变为公众的博物馆的紫禁城，正是这一历史大变局的聚焦与见证之地。由皇宫到博物馆的历史变迁，包含着皇权专制国家体制向民主共和国家体制、君主文化形态向民主文化形态转型的巨大历史内容。故宫博物院成立以来不到百年的历史，以文化的形态折射出社会转型与文化转型的必然与艰难。故宫博物院作为公共文化机构的存在，在世界范围内的文化认同与文化交流中又发挥着不可替代的特殊的作用。

主要由以上内容构成的故宫学学术资源，具有唯一性、丰富性、整体性、经典性的特点。从皇权文化的角度看，一统天下，天下一统，家国天下，皇帝唯一，皇宫唯一，号令唯一，一个“寡”字，一个“朕”字，一个“御”字，唯一尽在其中。丰富性体现在家国一体、一统天下的包罗万象。整体性体现在不同类别资源的自成体系，体现在不同类别资源的相互关联，更体现在所有资源被皇帝意志与宫廷空间整合为一个整体。同样的历史文物，与皇帝、与宫廷有无关系，其价值、意义大不一样。同样的物件，离开了皇帝的语境与宫廷的环境，就可能变得毫无意义。

故宫资源的唯一性与不可分割的整体性，又形成故宫资源的不可替代、不可再生性。故宫资源的所有特性，为故宫学积累、储藏了丰厚的学术资源，奠定了坚实的学术基础，全方位地提升了强化了故宫学的学术内涵，形成故宫学的独特与不可取代的学术地位。

资源决定需求。故宫资源自身的内部的积淀优势，必然产生对故宫资源的外部需求优势。资源的唯一性、丰富性、整体性决定了需求领域的宽广性。宽广的需求领域又分为两个层面：一是既十分专业又涵盖很广的文化研究、学术研究领域；一是面向公众开放的故宫博物院的博物馆性质决定的对故宫资源的普遍的社会需求领域、大众需求领域，由此赋予故宫资源必须承担的社会供给性、公众共享性。

对故宫资源的十分专业的文化研究、学术研究的需求，自然是很纯粹的学术需求，而一般意义上的社会需求、大众需求，则是普通的文化需求，从表面形态看，似乎与学术无关，对故宫资源的两个层面的需求，似乎也并不搭界。但是，由于故宫资源以皇权文化、君主文化为核心的特性，与博物馆文化、大众文化的民主文化要求形成尖锐的对立，在故宫文化资源提供给社会公众共享的过程中，必须进行并实现有效的文化转化。这个转化工作由谁来做？毫无疑问，在故宫资源与学术需求、大众需求之间，必须面对如何处理资源优势与需求优势关系的新问题。

唯一的途径：在资源与需求之间必须搭建学术的桥梁。也就是说，对于故宫资源来说，学术研究本身就是学术的介入，而社会公共文化需求，同样需要学术研究的直接的介入和普遍的介入，需要搭建一个故宫文化资源和社会公共文化需求之间学术沟通、学术服务的桥梁。社会公众需要全面、深入、理性地了解故宫文化，故宫博物院更需要科学有效地传播故宫文化。作为公共文化机构对学术的特定要求，正是有别于专门的研究机构和学院式研究对学术一般要求的地方。

这就是故宫学之所以能够成立的资源与需求关系的内在规定性。由此又形成特殊的故宫学内在的学理逻辑。

故宫的资源优势和对故宫资源的需求优势决定故宫被研究、被学问化的必然性。

故宫作为皇宫的时候是皇帝治理天下的权力中心，是行为主体；故宫作为皇宫的功能结束之后，也就是中国的帝制结束之后，特别是故宫博物院成立之后，这个行为主体就成为一个被观看的客体，进一步又成为一个被研究的客体。

这是一个转变的过程。作为皇宫的时候它是一个有生命的活体，它和社会，和公众是统治与被统治、支配与被支配的关系。帝制结束后它就被闲置封闭起来，变成一个和现实社会隔绝的不发生任何实际关联的只供研究、只供解读的文化标本了。而在故宫博物院建院并向社会开放以后，这个标本又复活了，它和社会、和公众又形成一种新的互动关系。

这个变化过程是很复杂的。从学术的角度看，变化的过程就是形成内在的学理逻辑的过程。作为皇宫被使用的时候，可以称为学术资源的累积期。几百年的皇宫历史，几千年的体制、制度延续的历史，累积了无比厚重的历史资源。如研究紫禁城建筑的时候，学界就说紫禁城是中国宫廷建筑、中国古代建筑的集大成者。这里面就有宫殿建筑和民间建筑、地方性建筑的关系研究，有紫禁城建筑与以往历代宫殿建筑的比较研究，有清代的紫禁城与明代的紫禁城的比较研究等等。其他方面也一样。我们从制度形态、文化形态看，紫禁城是帝制的终结地。一种社会制度，一种文化形态，延续时间越长，积累越丰富，随着这个体制的越来越成熟，越来越完善，越到晚期末期，也越来越腐朽，越来越濒临灭亡。从这个意义上来讲，也是一个累积的过程，也就是说，这个制度把所有的弊端都集中在这个时段、这个地点了。那么，当帝制结束之后，这个地方作为研究的对象，在学术的角度，就变成一个对资源的挖掘、研究和利用的过程了。

在历史的转换之间，故宫及其所积淀的所有资源就这样进入了一个学术史的层面、学术史的阶段。事实上，提出或不提出故宫学，这样的学术研究一直在进行着。即使我们现在不提故宫学，这样的一个学术的职能，学术的空间，学术资源的挖掘和提供，学术资源的利用依然会进行。

那么又有一个问题出来了：既然提出故宫学，既然诸多领域的研究都绕不开它，它到底是个什么样的学问？到底有多大？到底属于哪一个学科？历史学？政治学？经济学？社会学？艺术学？美学？文化遗产学？考古学？博物馆学？又是又不是！与许多学科都有关联，但又不能简单归入哪一类，只能归入故宫学了。于是，故宫学应运而生。故宫学也因此只能是一门具有综合、交叉、跨学科特性鲜明的独立的学问，一个独立的学科。

有必要反复强调故宫学和其他学问最明显的区别，在于它与社会、公众的密切性、唯一性、丰富性、整体性的资源优势，甚至是垄断性的资源优势决定了它的需求优势；多样化的、广泛的需求优势强化了它的资源优势。两方面的优势决定了故宫学的角色识别和价值认定。这样，资源性、需求性的价值链产生故宫学的价值链。故宫学根据这样的价值链来设定故宫学的学理模式。

故宫学的内在的学理逻辑就是这样形成的。

因此，故宫学的资源规定性及其内在学理逻辑可以设定出如下四层面的学理模式：

第一层面，故宫学学术资源。以皇宫为主体的资源积累。以故宫博物院为主体的对学术资源的保护、整理、发掘和利用。

第二层面，学术资源的专业研究需求；学术资源的公众需求。

第三层面，学术资源专业研究需求的双重任务——自身专业研究与为公众需求服务的研究，以及两个方面结合起来的研究。

第四层面，为公众需求服务的研究又包括两个方面——对学术资源的还原研究与价值评判研究。还原研究为公众解决“是什么”的问题，价值研究为公众解决“应当如何看”的问题。

故宫学内部的资源空间与外部的需求空间可以说具有超越时空的无限性。同种资源与多方需求、多用途需求之间至关重要的是学术研究的作用与由此产生的学术研究的价值。故宫学在资源与需求之间搭建学术桥梁，故宫学为多种需求作出学术回应、学术解读，是故宫学具有伦理要求、价值要求的学术职责与学术使命。

这正是故宫学的全部价值所在。

大历史视野下的皇权帝制研究

故宫即历史，故宫学与历史学的关联最直接。从历史学视角看，故宫学在史学研究中的重要性，不仅仅是无可替代。

中国几千年历史最大的特征是帝制，是皇权至上，是高度的集权、专权，是家国同构，是宗法社会。对历史、对国家、对社会、对百姓，起决定作用的，是皇帝，是皇帝家族。天下之大，足以安邦定国、治理国家的能人名臣有的是，但历来的国家兴亡，起决定作用的，既不在臣僚，更不在平民。出来一个比较好的皇帝，就被称作明君，就说这个皇帝可以使国兴民幸。出来一个不大好的皇帝，就被称作昏君，就说这个皇帝弄得国败民灾。不管事实上是不是如此，论者、观者大多持这样的基本观点，就因为一个明摆的事实是，几千年的帝制历史，一定程度上看，其实就是皇帝的历史，皇帝一个人的历史。所以，皇帝、皇帝主要活动的空间——皇宫，是国家社会的中枢、核心，如一个人的头脑和心脏一样。对帝制皇权历史的研究，最重要的就是顶层研究，就是对皇帝，对以皇帝为核心的宫廷权力运作的研究，也就是所谓的提纲挈领，纲举目张，牵一发而动全身。而故宫学的资源优势，正在于所有资源高度集中于皇帝这个人及宫廷这个时空之中。对皇帝与宫廷的研究，自然成为故宫学研究中主要的无可替代的研究对象和研究内容。以大历史的视野看皇权与帝制，至少在以下几个方面，有很大的研究空间与研究优势。

一、对皇帝的研究

由于帝制体制下国家权力高度集中于皇帝一人之手，皇帝对他主宰下的一个民族、一个国家、一段历史所起的作用太大了，几乎是决定性的。国家的前途，百姓的命运往往系于一人一念。对历史的兴趣，对历史的研究，首先聚焦于皇帝。对皇帝的兴趣，对皇帝的研究，历来是文化现象与学术研究的热点。对皇帝的研究已经很多了，但称得上经典性的研究并不多见。究其原因，既有研究资源的局限，也有观念的局限。研究一个皇帝，如果不把这一个皇帝的作为人的“人性”和作为皇帝的“帝性”充分地铺展和交融，不深入探究人与帝、人性与帝性之间的纠结与平衡，研究是很难到位的。在大众文化层面，不少作品从艺术角度“戏说”皇帝，有想进入皇帝的人性世界的一面，但一“戏说”就没有边际了，虽有历史的影子，但不是学术研究，只可供娱乐。不仅不能作历史的借鉴，连娱乐也往往走入歧途。

皇帝的重要性，皇帝的地位、作用，皇帝的优劣，从根本上说，是由数千年的帝制体制决定的。在高度集权、专制、一人说了算、一人定乾坤的体制下，在个人权力无限放大，基本上不受外力制约的体制下，从总体上看，是不可能产生人们想象中的真正意义上的好皇帝的。因为这不是个人的修养素质问题，而是体制问题，是观念问题，是思想基础问题。普遍的现象是，比较起来，打天下的皇帝发挥正面的作用多一些。打天下的皇帝也是没当上皇帝时比当上皇帝时好，当上皇帝也是前期好，后期晚期就不好了，越来越失明、失聪、失英。在帝制不可能成就英明领袖的大前提下，当然还有作为个人的皇帝的优劣之分。优秀的皇帝可以反作用于体制，对于不好的体制可以起到弥补和纠正的作用，但仅局限于一时一地，不可能解决本质性问题。顽劣的皇帝则被体制放大了顽劣的一面，使原本不好的体制变本加厉、雪上添霜。所以，对皇帝的深入的到位的研究，一定要兼顾到体制与个人两个方面，即人性与帝性两个方面。

不论是从人性的角度，还是从帝性的角度，还是从两者结合的角度研究皇帝，皇帝的执政理念和如何选人用人当然是首要的问题。但这类问题，体制的因素多一些，共性多于个性，研究亦多。从故宫学的视角，在皇帝日常生活、活动、处理国家及宫廷事务的特定的时空里，沿着皇帝的人性和帝性这两个方向及相互关系的方向发掘，对皇帝的研究，在许多层面有属于故宫学优势的较大的扩展空间，可以形成比较鲜明的研究特色。

比如在以下几个层面：

一是皇帝的个人素质教育研究，个人修养研究，个人成长史研究。

作为体制中的皇帝，其位置、作用、权力等，即所有皇帝共性的一面，一般是不变的，差异性不甚明显。形成皇帝之间明显差别的，主要是由“这一个”皇帝的“个性”决定的。所以，研究“这一个”皇帝的“个性”尤为重要。一个皇帝个性的形成，品行的高下，个人能力的大小，为政风格的勤与懒、廉与奢，大体取决于素质教育，个人修为，经历磨炼。素质教育中比较重要的是家庭影响、老师栽培。个人修为方面与个人价值观、个人喜好、个人兴趣密切相关，如是否看重自律，是否注重修身养性，是否坚持读书学习等。至于经历磨炼，经历大风大浪，虽不由己，但能否将经历经验当作宝贵资源利用，亦事关重大。诸如此类，在对皇帝的研究中细心搜寻梳理，必定会有新的发现。比如从这样的视角，从这么几个方面对康熙、雍正、乾隆作父子祖孙之间的比对关照，就能清晰地发现皇帝的“个性”与国情民事的内在逻辑关系。

二是皇帝身边的女人们对皇帝产生的影响的研究。

在可以称作只有一个男人的皇宫里，在某种程度上，与皇帝关系最为密切的，对皇帝影响较大较多的，是皇帝身边的女人们。一个个个别的女人组成了一个对皇帝产生重要影响的特殊群体。这也是中国多产宫闱戏的原因，虽被演绎，也有实情。与皇帝关系密切的女性群体中，除直系的生母及其姐妹外，更多的如有直接介入其生活的养母、乳母、保姆，有婚姻关系及日常起居餐饮生活关系的妃嫔及部分宫女。皇帝成长成熟的重要时期，如身体发育的快速期，脾气习性的可塑期，躁动迷惘的青春期，基本上是在与这些女人们朝夕相处中度过的。由于早已规范了的男女、上下、尊卑的地位和角色认定，由于生活性的体肤性的亲近，由于在心理上认为远离政治漩涡，精神上处于高度放松状态，不管是即位前还是即位后，皇帝与这些女人们之间的关系多以日常生活之必须及情感情绪为主导，所以更容易在经意不经意间表现出作为人的本真的一面，也容易在自觉不自觉间受到她们的影响。如马皇后对于朱元璋，孝庄太后对于康熙，属于正能量方面的影响；而慈禧的垂帘听政，对光绪皇帝的控制，则是一个作为母亲的女人时时刻刻让皇帝儿子、侄子感到压迫、感到紧张的干政毁政的极端例证。

三是对皇帝子女、皇族与皇帝关系的研究，或者说从皇帝如何处理家族关系与子女关系的角度研究皇帝。

对于家天下的皇权制度来说，继位人的问题，即接班人的问题，向来是皇帝、皇室、宫廷政治的头等大事。也正是这个既是国事也是家事的接班人问题，经常闹得举家不安、举国不宁，始终是家天下体制无法摆脱的魔咒。其他如为历代皇帝不可不看重的皇族子弟的教育问题，皇室的教育制度、教育体系的构建，对皇室后代文才武略全面发展的要求，其中包括帝师，皇室师傅的选择，教材的选择，特别是帝师对皇帝的影响，帝师个人和团队在宫廷政治及整个政治格局中所起的作用；皇帝的婚姻，皇子、公主的婚姻，由婚姻连接的权力与利益关系，所谓的皇亲国戚，历来是政治风浪的源头；皇帝如何为自己的家族划定势力范围，如何保护以皇帝家族为核心的利益集团，在皇帝眼里自然都是关系到国体国运的大事。在栽培皇族势力，保护皇族利益集团方面，明与清虽做法有不同，但不管是明朝的皇子们封王外放，还是清朝的皇子们封王留京、建殿造府、占地置田，坐享特权的本质都是一样的，与自家，与地方，与百姓争权夺利，走向败落和衰亡的结果都是一样的。朱元璋的 24 个儿子各封要害之地为王，封地俸禄，皆享“下天子一等”的特权，山西平遥一小小训导叶伯巨以西汉七王之乱、西晋八王之乱之前车之鉴上书进谏，朱元璋即视为离间帝王父子骨肉，将进谏者囚死狱中，而朱皇帝尸骨未寒，家里天下就乱起来了。到晚明之时，大明版图上竟然累积到数千个朱家王爷星罗棋布，但只能是比着法儿地坐享奢华，不但于事无补，反倒加速了朱家王朝的国破家亡。清朝的皇帝把儿子们留在京城封王，到清末京城仅王府就多达 80 余座，城内王府，八旗切割，京郊王爷坟遍地，把一座京城整个儿弄成皇家特权阶层坐吃山空的奢靡之城，直到占完、贪完、吃完、玩完为止。康熙儿子太多，一世精明，其晚年几乎是在为选择接班人的心理折磨和精神煎熬中度过的。清王朝越到后期越集权，权力越来越皇族化，可是皇帝却越来越弱，皇儿却越来越少，由少到没有，最后的几位皇帝都没有儿子，登基个个不满十岁，家天下很快就完了。晚明也好不到哪里，就连晚汉、晚唐亦如此。这样的传承，这样的制度，不如此才怪。从某种意义上说，或者说从个人生活质量上说，家国一体体制与生存空间最大的谋利者与受害者都是皇帝自己，表象上看起来尽享富贵荣华，实则为自虐的囚牢，根本是不适合“人”生存的畸形空间。明朝 16 帝中，活到 40 岁以上者仅 6 位；不算末代小皇帝溥仪，清朝后三个皇帝也都没活到 40 岁。这样的传承，这样的体制，连作为人的生育、人的体质都变异退化了。

四是对皇帝与身边服务人员关系的研究，主要是研究皇帝和太监的关系。

太监现象是中国皇权变异的一个死结。明清两代尤为突出。太监在宫廷政治中的弊端，皇帝们不是看不到，也不是没有采取过遏制措施，但为什么视而不见？为什么出尔反尔？对于太监制度，对于由太监制度形成的太监现象，对于由太监制度、太监现象形成的太监文化，极有必要透过现象作深层的心理分析。例如将帝师、太监这两类人与皇帝的关系做比较。帝师和太监与登基前的太子与登基后的皇帝的关系均很密切，但为什么往往太监的副作用大于帝师的正作用？从人性的角度看很简单：帝师教学习功课、教做人做事，太监教吃喝玩乐、教休闲放纵，两相比较，孰重孰轻？孰难孰易？孰疏孰近？从心理层面看，与太监的自戕心理相关联的太监的人格残缺心理、报复心理、贪欲与攫取的奴才变态心理；皇帝在太监面前的不设防心理，可以说私话、办私事、不必端着皇帝架子的放松心理（往往是这么一放松，所有不该发生的事情就发生了）；皇帝与太监之间的主奴变异与互置心理；还有太监心理在非太监群体中的渗透流变，如仕宦的家奴化、太监化等等。皇帝、后妃与太监联手残害嫔妃、宫女、幼女的非人性行径，也是研究皇帝与身边服务人员关系的重要内容。从妇女儿童的角度，尤其是从被摧残的妇女的角度，或许更能发现人性、帝性在皇权至上怂恿下的恶性膨胀。

五是对皇帝与开国功臣、精英团队、身边重臣、宫臣及士大夫、士人关系的研究。

是否能够真正做到选贤任能，有效组织精英行政团队，充分调动激励能臣干将的积极性，广开言路，虚怀若谷地倾听各种批评监督意见，历来是评定是否明君的主要指标，而集权的体制既可以让明君发挥最大的正能量，也可以使明君变为昏君，更可以让庸君、昏君更庸更昏。以朱家王朝为例。朱元璋做皇帝后，不仅迅速地高度集权专权，更创造了以特务手段、特务机构、特务政治维权的法子，创造了十多年杀戮45000人的历史记录，几乎杀尽了功臣宿将。他的儿子朱棣也创造了灭十族的历史纪录。而且，他们创造的杀戮手段，残不忍记，千古未见。动辄在宫廷里当众剥开廷臣、群臣的衣裤，杖打屁股，打得皮开肉绽，既辱心志，也痛皮肉，甚至有人立毙杖下。被称为农民起义、穷人造反夺得天下的朱家父子，为什么如此凶残？理由很简单，无非是为了朱家永坐江山。朱元璋征战12年称帝，最穷困的人好不容易弄到一个大宅子，最底层的人好不容易坐上了最高层的位子，底气不足，自信欠缺，生怕坐不稳当；由于白手起家，更怕坐不稳当。朱元璋给他的接班人讲的道理既生动又贴切：他是为了让接他的班坐天下的儿子能够稳坐天下，才要在他活着的时候，亲手为儿子把荆棘上扎手的刺剔除干净。皇帝的滥杀，主要源于帝位的传承是否顺利的担心与恐惧，当然也有某些重臣、功臣居功自傲的因素，还有这些功臣为自己拼命打出来的江山不忍被弄坏而违背帝意的因素，但对于这些权力即便在一人之下的人们来说，在至高无上的、掌握所有人生死之权的皇帝面前，先用后杀的命运则是一样的。不过，令人奇怪的是，明朝皇帝的随意杀戮、随意廷杖、随意下诏狱，无以复加的对士大夫的随意施虐，反而激起士大夫的前赴后继的群体性自虐式抗争。杀人打人的用杀和打捍卫帝制的纲常名教，被杀被打的用找杀找打博取捍卫纲常名教的名声。只有在极端的皇权至上，帝王专制专权的政治环境下，才生出此类悖论式的种种怪状。

当然，研究皇帝的角度很多，且因具体的每一位皇帝而异。需要特别指出的是，对于任何一位研究者来说，以理性的态度、以平等的态度研究皇帝是至关重要的。由于长达几千年的帝制，由于长达几千年的皇权思想、皇权观念的无孔不入，即便是自认为具备现代理性的研究者，也难免一不留神掉入皇权编织的认知陷阱中，而有意无意地给作为研究对象的皇帝留下被研究中的某些“皇帝特权”。这是所有研究者需要特别提高警惕的地方。面对学术视野中的任何一位皇帝，绝对不可以像昔日的臣民那样俯首听命或仰天遥望，而应以平等理性的态度，俯视的眼光，去研究他们。必要的前提是研究者有意识地消除帝王思想对自我的无意识的影响。

二、对重大历史节点的研究

如前所述，不往远说，就以秦始皇开始的帝制计，北京故宫作为皇宫的历史占了帝制时期的近四分之一，并且，与以往的历史相比，明清均有各自的鲜明特色。明朝以中原内地农耕民族汉民族为主的力量，结束了来自北方的以游牧民族蒙古族为主的元朝的统治，而后又被来自东北方的以游牧为主，兼渔猎、农耕的满族为主的清朝取代。明朝的开国皇帝朱元璋，以来自社会最底层的、最贫困的被定位为农民起义领袖的身份，夺得了天下，登上了帝位，而明朝的最后一位皇帝，又被同样来自底层的同样被定位为农民起义领袖身份的李自成直接推翻。清朝以少数民族为主的力量，统治了人口占绝大多数的汉民族及蒙藏等其他少数民族近300年，最终为延续了数千年的帝制画上了永远的句号。明清两个朝代，尤其是到了清代，是世界上发生最大变局的时代，而清朝的消亡，帝制的终结，与世界大变局密切相关。此类变迁，是以往的历史所未曾有过的。

以大历史的眼光，选择故宫作为皇宫这段极具特色历史的若干重要节点，如元明之间、明清之间、清与民国之间的节点，并以世界历史为参照，做纵向横向的联系比较研究，完全有可能在多方面取得突破性进展。

元朝在前，清朝在后，处于同样来自北方少数民族、游牧民族掌握国家政权的历史夹缝之中，明朝的历史境遇显得分外尴尬。从文化、文明的发展进步着眼，汉、唐、宋以来积累的以中原汉民族为主体的农耕文化与北方游牧文化相比，在总体上无疑更有利于社会的进步与民生的改善。有论者认为元朝的统治，在文化、文明进步的层面出现了中断甚至倒退，是有一定的道理的。元朝从武力征服、强化集权开始，明朝继之，清朝又继之，以各自取得皇权的特殊性，不约而同地连贯为连续强化皇帝集权的长达600多年的历史。明朝结束元朝的统治，本有可能回流和接续唐宋文化、文明的进程，但是，由于农民起义的性质，由于夺得皇位和皇权的朱元璋的文化素养、文化构成，更容易接受元朝对皇权和专制的强化的一面。接下来的清朝统治，与元朝的文化心理与社会治理趋势相类，只能把皇权、帝制、高度的集权专制推向更不可救药的境地。在中国历史上，终于造成不断强化集权统治如此之久的恶劣局势。从大历史节点转换之处的实际状况固然可以追寻其深层的文化因素，不过，说到底，还是由更久远的历史形成的不可动摇的皇权观念和难以改动的帝制体制所决定的。

明朝移都北京，除了因北京是朱棣的兴起之地外，深层的原因应该与元朝有关。元朝的势力范围从版图上看是最大的，远远超过明。明虽灭元，有形无形中依然受到元朝的庞大压力。这种压力直接影响其如何处理与北部民族地区的关系。但明朝始终没有解决好如此重大的国家大事，致使这一问题成为明朝灭亡的基因之一。自秦始皇大修长城之后，明修筑长城最盛，实在是劳民伤财的愚蠢行为。单纯的防御其实是绝对靠不住的。康熙就英明地认定长城没多大用处，既挡不住李自成，更挡不住清朝。清朝的成功，主要在于继承了元朝控制北部民族地区的经验与优势。从元朝到后金到清朝，一路走来，清朝有效地解决了控制东北的问题，解决了与北部蒙古族的关系问题，为清取代明一统天下奠定了根据地式的牢固基础。李自成的出现固然促明速亡，但从明、蒙、满的关系看，即便没有李自成，清取代明的趋势亦是非常明显的。

还是元、明、清的大节点，换一个角度，从皇权的角度作比较。比起以前的朝代来，元朝、明朝、清朝都搞集权，搞专制主义，把权力高度集中，牢牢掌握在皇帝一个人、皇族一家人手中，且一朝比一朝有过之而无不及。元朝与清朝高度集权的原因有相类性。游牧民族奴隶制式的主奴关系，演变并覆盖了后来的君臣、君民关系，单是下跪、平身、主子、奴才等形体动作与语言称谓，在这个时期就表现得最为突出、最为夸张。明朝的高度集权，表现形态与元、清一致，但动因有别。元、清为外来的，且是来自北方的少数民族，游牧民族，要想实现对具有悠久历史，具有深厚文化积淀，具有稳定社会治理结构的大中原的统治，则必然从政体到经济到思想意识，实施高度的集权专权。而明朝则为中原汉民族内部力量的崛起，但并不是皇族、官方主流的势力，而是底层民众起义的民间势力，在心理上与元、清的少数民族力量对抗主流官方力量虽异构而同向，皆因自觉处于弱势而产生特别需要高度集权的共鸣。于是，武力征伐、杀戮、滥杀、虐杀、杀服、羞辱，几乎成为元、明、清三朝，尤其是三朝开国之初共同的高度集权手段。至于“家天下”的皇权思想，则更是不分族群，不分南北，不分朝代地一以贯之。天下为皇帝所有，为皇族所有，完全由皇帝皇族主宰、瓜分。不管蒙、满、汉，一旦天下归己，以皇族为主体的核心利益集团便迅速养成养大。元的诸王封地，从草原延伸到内地；明初的封王外放，各据津要；清的铁帽子王、亲王的坐拥京畿，无一不是皇帝皇族家天下的布局。元、清更多了“四等人制”“八旗制”的民族等级划分，一样是皇族皇权的扩张。愈集权，皇族性欲强；皇族性欲强，愈集权。其结果，如清的家族性愈强，利益集团愈强，执政能力便愈弱，走向衰落与灭亡便成为必然。

三、世界格局中的比较研究

世界视野下的纵横比较，有助于深化对皇帝皇权的考察研究，有助于开掘研究的广度深度。

在数千年的帝制史上，明、清的历史不算短。以致有人不好陶醉于久安，亦可陶醉于长治，甚至津津乐道于康、雍、乾盛世。有比较才有鉴别。所谓的盛世，自家同自家纵向比，或许还有些道理；一旦放大到世界格局里横向比，立刻就看出所谓的盛世到底是什么世道了。

康熙皇帝在中国历代帝王中，武功文治，的确算得上一代明君了，单是他对来自西方的科学知识的浓厚兴趣和刻苦学习，就是其他皇帝望尘莫及的。康熙对西学的看重，起于杨光先与来自德国的耶稣会士汤若望的中西历法之争，源于他的好学精神和科学态度。并由此任用汤若望的助手、来自比利时的耶稣会士南怀仁为钦天监监正、工部右侍郎，开创了任用西方人在清朝做高级官员的先例。延请来自法国的耶稣会士、科学家白晋等入宫担任他学习西方学问的老师，还请白晋到欧洲邀请科技人员。康熙阅读来自西方的科学书籍，操作来自西方的科学仪器，主持编译编纂数学、几何学、天文学、地理学等方面的著作，设立蒙养斋算学馆。现在故宫博物院藏品中保存着康熙用过的手摇计算机、铜镀金比例尺、角尺、半圆仪、地平仪、绘图仪、几何模型等。每当看到这些书籍藏品，想到康熙的此种科学态度、科学精神，想到从那个时候起，在康熙的带领下，假如整个国家全面沿着科学发展、科技进步的路子走下去，将会是什么面貌？可惜的是，康熙只停留在个人爱好的层面，只停留在个人愿意学习新鲜知识以丰富充实自己、满足自我需求、显示自己有学问的层面，且局限在自然学科范围，更没有将西学与国体与治理国家结合起来，没有将西方科学的引进上升和落实到生产力提高、社会发展的实务上，没有想过将科学知识普及、转化、发展为应用技术、实用技术来强国富民，更没有想到利用强大的皇权做强有力的推广、传承，进而从整体上提升国民素质和国家实力。今天的我们固然没有理由苛求300多年前的皇帝，即便他是一位少见的明君，但是，我们可以和几乎同时代的也像康熙一样被称为大帝的俄罗斯彼得大帝做一比较。比起康熙来，同样年轻有为，同样奋发向上的沙皇彼得，有一个非常自觉又明确的目标定位：让自己的国家赶上和超过西欧发达国家；有一个非常自觉又明确的道路选择：通过学习西欧先进的科学技术赶上和超过西欧发达国家。为此，他不断研究发达国家经验，选派青年贵族到国外学习，组织庞大的考察团到西欧考察，搜集经济文化情报。他不仅亲自率团，居然还化名为一位下士，到造船厂当木工，到英国皇家海军船坞打工。参观学校、博物馆，到国会旁听，都是他详细考察的内容。回国后即以沙皇之权威与权力，雷厉风行地发动全方位的改革：建立各种学校，翻译各国书籍，创办报纸，建立俄国科学院，聘请大量外国专家，建立精锐军队，设计新型大炮，建造数百艘战舰，建设以要塞为核心的新型城市（圣彼得堡）。于是，一个庞大的强大的俄罗斯帝国出现了。康熙大帝与彼得大帝，同时代的大国皇帝，同样在学习西方科学，可是，观念不同、目标不同、方法不同，结果更不同。

再看乾隆皇帝。乾隆皇帝是康熙皇帝看好的孙子，但比起康熙皇帝的眼界和胸怀来，反倒倒退了不少。在世界范围内，乾隆时代正是法国大革命、英国工业革命、美国独立战争与建国的时代，对于人类文明历史上这些翻天覆地的大变革，对于西学，对于西方的高科技，乾隆皇帝看不见，也不愿意看见，即便有人送上门来，乾隆皇帝看见了也不相信或装作没看见。历史曾经给过他一次机会。1793 年，乾隆皇帝接见了英国国王乔治三世派遣的使臣马戛尔尼勋爵。当时世界上最富强的两个帝国，本来有可能由此开始正式对话、交流。可是，这位做了 57 年太平盛世皇位的老皇帝，早该睁开眼睛看世界的时候一直紧闭双眼。愈来愈自以为是的老皇帝，愈来愈自以为老子天下第一的老皇帝，对任何外来的新鲜事物不视不见，即使摆在眼前也视而不见。乾隆皇帝就这样毫不犹豫地断绝了同已经和正在发生大变革的新世界的对话、交流、合作的任何可能。若干年后，英国送给清朝的就不再是精选的高科技礼物，而是炮舰轰打下的不平等条约。又若干年后，英法联军攻入圆明园的时候，惊讶地发现当年英国国王送给乾隆皇帝的高科技科学仪器和高性能的枪炮武器竟然原封不动地躺在圆明园的库房里。

乾隆皇帝与美国首任总统华盛顿同年离世。作为总司令的华盛顿在美国独立战争胜利结束后，只说了几句简短的告别的话，便毫无挂碍地回到自己的农庄，真正地解甲归田了，这是乾隆四十八年的事。6 年后，乾隆五十四年，华盛顿当选为美国第一任总统，连任两届后自动放弃。华盛顿留给美国的遗产是独立宣言，是国家宪法宣告和规定的人人生而平等，人权天赋，是立法、行政、司法三权分立，是限制政府权力，保障人民自由。而乾隆帝呢？康熙皇帝在位 61 年，乾隆皇帝一时谦虚，说了句“予不敢上同皇祖”“至六十年即拟归政”的大话，话既出口，皇帝的话不能不算数，便早早准备起来。早在乾隆三十五年，就开始修建 25 年后享用的太上皇宫殿。但到了他该住进去的时候，他并没有去住，退位后的他依然住在养心殿以太上皇名义训政，替已经登基的36岁的儿子把持朝政。乾隆皇帝留给清朝的遗产，是进一步的集权专制，如文字狱的盛行。顺治、康熙、雍正三朝文字狱共30余起，乾隆一朝，多达130起以上。更有体制性贪腐的放纵加剧，如乾隆皇帝一手扶植的贴身大臣和珅，成为历史上皇帝庇护下的巨贪典型。还有对所谓康雍乾盛世积累的国家财富的大肆挥霍，如仿效其皇祖康熙的六次南巡，实际上完全变了味道。康熙帝南巡，主要是为国为民治河，乾隆帝南巡，他自己说得清楚，主要是带着母亲游赏江南名胜。六次南巡，水旱两路，每次往返五六千里，船千艘，马万匹，仅乾隆皇帝的御舟，纤夫即多达3600人，每到一地，地方官员整修道路，迎驾护卫，除一次耗时84天外，其余五次均在110天以上，兴师动众，耗费之巨，无可计数，堪称世上最浩浩荡荡最奢华无比的"公款豪华旅游"。现仍在故宫博物院长期展出的堪称世界上最大的和田玉雕"大禹治水"，也是乾隆时的制作。玉料来自新疆和田，原料重达16600斤，2000人开采，1000人、100匹马运送，行程11000里，三年运至北京，又运往江南经工匠七年制作，其成本之高，无可计数。此类行径，连乾隆皇帝都觉得挥霍得不好意思了，不得不写下"再不为例"的告诫。对他的六次南巡，晚年也认了错：六次南巡，劳民伤财，作无益，害有益。而对于被列为清宫最盛大节日的皇帝、皇后、皇太后的诞辰庆典，被津津乐道为"普天同庆"的"万寿盛典"，从康熙、乾隆一直庆到慈禧，则毫不在乎花费多少银子，毫不在乎国家有没有银子，谁也不去计算到底挥霍了多少银子。如此声势的庆寿法，真正是中国特有，世界绝无。

至于慈禧，何德何能？在她的眼里，一己之利、一家之利大于一切，高于一切，这样的人居然可以执掌皇权前后近50年，多少人只能眼睁睁地看着她一手将数千年的帝制推入绝望的死地而无可奈何。慈禧执政的这个时期，正是英国的维多利亚女王时代，日本的明治维新时代。同样是女人，同样是失去了丈夫还继续统治着庞大帝国的女人，阅读过描述维多利亚女王译本的慈禧，多少有些仰慕维多利亚女王的慈禧，居住处挂着维多利亚女王盛装像的慈禧，却于1860年、1900年先后两次饱受了维多利亚女王派出的军队的劫掠之苦，害得慈禧不得不东躲西逃；而明治维新之后的日本对清帝国的沉重打击，更让所有国人痛心疾首。夹在东西之间的大清帝国的无奈处境及其原因，真让人寻思不尽。

自乾隆以来，世界的发展变化太大太快，而清朝仍以老大自居，不知进取。保守的中国与开放的西方的各方面的差距迅速拉开，巨大的反差与失衡，形成了外部世界对中国的前所未有的猛烈冲击。1840 年以来的冲击更是远远超过历史上任何一种冲击。以往的即便是改朝换代的冲击，冲击之后，老调子照样可以继续唱下去。而此时的一连串的加速度式的冲击，则是全新的全方位的经济、文化、制度、社会、民生等合力的冲击，这冲击，正是孙中山看到的浩浩荡荡的顺之者昌逆之者亡的世界潮流，而清朝的统治者根本看不到，看到了也决不肯顺应潮流改革进步。慈禧太后对义和团的态度和做法及其后果极具代表性。也有论者认为慈禧在惨痛教训后也在积极改革，即所谓清末新政。慈禧是采取了一些新的措施，但其捍卫皇权、家族权力的核心价值观丝毫未变，集权的本质丝毫未变。钦定宪法大纲坚持皇帝神圣，永世不得侵犯，永远拥戴；立法、司法、行政权都在皇帝手中；皇族内阁 13 人中，9 人为皇族、满族。这分明是立宪其名，集权其实；分明是在大势所趋之下拼死保卫皇权、族权，而绝非走向宪政，保障民权。既然如此，面对世界潮流的冲击，中国就只有革命一条路可走了。皇权、集权这样的核心问题、根本问题得不到解决，清末的那些新举措，如废科举、兴学堂、练新军、派留学生等，反倒大都起到了培养和聚集推翻清朝新兴力量的作用——道理很简单，因为人们一旦看到世界的真实情况，就知道中国该怎么走了。

四、宫廷文化研究

一是对以帝王思想为核心的观念文化和以帝制为核心的制度文化的研究。

宫廷文化的核心，是与皇帝、皇权直接相关的观念文化、制度文化及其关系。

皇权至上，皇帝独尊，对皇权的绝对态度，即忠于皇权、忠于皇位、忠于皇帝的观念绝对不容置疑。这是皇权的要求，帝制的目标。治理天下的体制结构、制度设计、规章制定，从部门的设置，官员的选拔、任命、奖赏、处罚，到议事、决策、执行、督察的程序，无一不决定于并显示着皇帝的至高无上的权力。宫廷里的一切，从外在的人们的存在、活动空间，即皇宫建筑空间、建筑形态，到任何内容与任何形式的礼仪行为，大到皇帝的登基、上朝、祭祀、寿诞、大婚、殿试、出行、回宫的程序程式，小到起居、衣食、行走的规制规定，无一事无一处不在处心积虑地凸显皇权至上，皇帝独尊。

在皇权至上、家国一体、官本位的政治体制和社会治理结构中，处于全社会任何层面的个体与群体，无不自觉不自觉地信奉帝王思想，维护帝王思想。帝王思想即帝制时代的统治思想。坐在皇位上的皇帝的帝王思想自不必说。历朝历代的皇帝，总说他自己想要让这个国家强大安定，要让天下的百姓有好日子过，这也不是假话、大话、空话，可是，任何一位皇帝又都自然而然地把维护巩固自己和自己家族的权力当作治理天下的天职，并且绝不允许皇帝的权力、家族的权力受到任何挑战。在皇帝眼里，家和国是没有区别的，他的家就是他的国，他的国就是他的家，若有区别，也是家在前，国在后。事实上，帝制体制下几乎所有的帝王，在他们的眼里心中，保证自家的荣华富贵永远大于解决民生的贫穷疾苦，所谓的体恤民情，基本上是落不到实处的空话。志得意满的乾隆皇帝，即便想到天下的百姓，也沾沾自喜于他给百姓带来了多大的洪福，他为百姓谋求了多大的幸福，他心目中平民百姓的生活，肯定与马戛尔尼使团在中国大地上看到的普通民众的生存状态完全是两个样子。即便是那些起自底层的造反者，农民起义的领袖，也无一例外，打倒皇帝当皇帝是他们帝王思想的集中体现。朱元璋如此，李自成如此，洪秀全的太平天国亦如此。朱元璋曾经是穷困到极点的人，是吃过大苦的人，可他当了皇帝，照例把朱家的权力放在首位，把平民百姓的疾苦丢到脑后。而各级官员的帝王思想，则表现在任何时候、任何位置上，对皇帝的服从、尽忠，对帝制的维护。普通百姓的帝王思想，民间的帝王思想，则表现为对皇帝的盲目崇拜与精神依附。帝王思想对社会各层面的全部覆盖和绝对控制，使皇帝成为稳定人心、稳定社会的“图腾”，似乎一天没有皇帝，或皇帝一天不在皇位，普天之下便无着无落，惶惶不可终日。

朝代可以变，皇帝可以换，帝王思想不可变，皇帝体制不可变。帝王思想和集权体制是紧紧捆绑在一起的互生、互动、互补、互证的共同体，并转化、衍生、普及为主导人们思维的社会性观念文化和规范人们行为的制度性生存文化。

从文化学的含义分析，不能回避传统文化，特别是传统文化中的核心文化、主流文化与皇权文化、帝制传统的关系。

从大的社会治理结构看，从基本的价值趋向看，传统文化中只有与皇权文化、帝制传统一致的可以相互融合的部分，才有可能被选择、被确定为文化中的核心文化、主流文化。传统文化中入世很深的孔子学说越来越被帝制时代认定为传统文化中的主流或主导文化，自有其内在的原因，而其能够长时期地发挥作用，则更决定于帝制时代为维护帝制对儒家学说不断改造，即通过不断地拣选、释义、解读、增补而发展演变成“独尊”的儒学、儒教文化。这样的儒教文化，其主要的核心的内容，或者说它可以长期存在并不断发展完备的原因，是它不仅可以和帝王思想、集权体制、等级结构相融合，而且可以起到稳定和维护甚至帮助这种思想体系和制度体系存在并发展的巨大作用。明清两代，通过科举命题以“四书”取义，更使儒学成为“制度化儒学”。对此，雍正皇帝看得清楚，也说得明白，他说儒教“为益于帝王也甚宏，宜乎尊崇之典与天地共悠久”。儒教中为益于帝王方面的内涵，如纲常名教、三纲五常、三从四德、忠孝节义、仁义礼智、伦理道德等，就经历了一个不断地被选择、强化、演绎、释读、归纳为鲜明的文化概念的过程，最终以沦为绝对忠诚于皇权的教条，以打造成覆盖全社会的文化模式，渗透到社会的方方面面。至于儒学中关于“人”的探究，个体生命、心性的追究，人与人、人与社会、人与自然关系、人与权利关系的哲理思辨、逻辑推理、道德理性，个人的修为省悟、气质品格、艺文精神的涵养，以及学术研究方法等哲学及学术理性层面的内涵，并非皇权、帝制的高层设计所需，亦非学者、思想家之外的大多数人所关心，不会被直接纳入帝制核心文化和社会主流文化之中，其中的一些内容，只能流落在学术江湖与哲学山林之间，有些与佛道合流，在无关大局的无意与失意的士人间流动。

当然，皇权、帝制只靠观念文化是难以维持的。暴力维护、利益诱导、道德训诫，历来是构成和维护皇权与帝制的三大法宝。由于皇权至上，皇帝可以毫无限制、毫无顾忌地滥杀臣民；通过滥杀又可反证皇权至上，这是对皇权、帝制的暴力维护。皇权为自己规定了唯一的可继承性、必须继承性，而皇帝以下所有人的权力与利益都需要皇权的赐予，皇权于是成为所有人的权力与利益的唯一源头，这是皇权、帝制的利益诱导。在为皇权、帝制设计的暴力维护、利益诱导、道德训诫的超稳定的三足鼎立结构之中，道德训诫主要利用儒教文化来实现。道德训诫中的关键词是一个“忠”字。这个“忠”的本质绝对不是忠于自我，而是泯灭自我、忠于他者的依附文化的通俗表述，以这样的“忠”来实现和统领意识形态领域的统一与和谐。其自圆其说的心理平衡的前提是圣人说、明君说、贤主说，是皇权的天命、神授的天理说。上到帝王，下到平民，以“忠”确立价值体系。忠于天，忠于天命，就是忠于皇权，忠于帝制，忠于既成之社会体制，忠于帝制体系下的伦理道德。加以官僚层、知识层的史论、舆论的话语引导，这一套关于“忠”的话语体系便极为顺利地形成全社会的一致认同。如关于国不可一日无君，如王与寇、忠与奸、正统与非正统，如上与下、内与外、亲与疏、主与奴、尊与卑、贵与贱、富与贫、命与运，如王法与宗法家法等等，所有诸如此类的说法、看法与做法，自然而然不知不觉地以“集体无意识”的意识形态落实为社会共识，社会常识，成为几乎所有人看人、待人、做事的价值判断准则和道德标准。

换一个角度看，在以维护皇权为绝对标准的帝制体制框架里，在以暴力维护和利益诱导的实际操作程序中，本质上与专制、与暴力、与以非正当手段和渠道攫取利益相矛盾的道德训诫，势必沦落为愚弄民众的言语暴力和欺骗别人也欺骗自己的弥天大谎。这也是中国历史上这样的道德训诫模式，总是陷入虚伪的反道德泥潭里不能自拔的根本原因。

以效忠皇帝、维护帝制为终极目标的道德文化和以帝王思想为核心的观念文化，以及以帝制为组织结构的制度文化，这样的为帝制服务的文化里应外合，将帝制、官本位体制合法化合理化，形成以皇帝、皇族和忠于皇帝的官吏为主体的有组织的社会存在、社会认可的权力和利益集团，从上到下地主宰着整个社会。往往是一个朝代开始的时候，这样的权力和利益集团还可以起到维护和稳定帝制的作用，随着时间的发展，权力和利益集团很快变质为贪腐集团，进而成为从内部瓦解帝制的蛀虫集团。一年清知县，十万雪花银的流传说法，就是这种制度文化的真实写照。这一在帝制条件下无法解决的制度性问题，即使中国的帝制可以延绵数千年之久，也只能是反反复复地把中国社会、中国人拖入万劫不复之地。

二是对以宫廷为中心的民族文化、地域文化交流融合的研究。

在中国历史上，民族文化、地域文化地交流融合在元明清三代尤为突出。从始终居于统治地位、主体地位的皇权文化、帝制文化的角度看，明朝之前是元朝，明朝之后是清朝，明朝的汉民族文化、中原文化，被裹挟在来自北方、东北方的蒙满少数民族文化之中，而延续数千年的皇权文化、帝制文化，最后终结在少数民族的统治者之手。元朝的统治者在对游牧文化，对北方游牧地区文化整合的基础上，进而对中原及南方地区以汉文化为主体的农耕文化进行了一次全面的整合，但文化的差异与冲突，解决文化冲突的滞后与整合的难以到位，应该是元朝统治无法稳固和短命的重要文化因素。明取代元，在文化层面是文化的回流，全面回归到以汉文化为主体的文化传统，同理，应该是明代统治较为稳定长久的重要文化因素，而其未能解决好对于北部、东北部蒙满少数民族的文化整合问题，则是导致其被取代的重要文化因素。清代，特别是清代前半期，有效地解决了多民族文化的整合问题，也应是其作为少数民族而能够较长时期地统治多民族大国的重要文化因素。所以，从统治者层面研究文化的交流融合是一个重要的课题。

由于地理位置、地域特点、生产生活方式等原因，地处北部的满蒙游牧文化，半游牧半农耕文化，总体上具有流动、开放、博大、包容的特性，特别是在新兴民族力量发展壮大上升的阶段，这种特性的文化就会形成极大的横扫天下的助推力量。而早已成熟的中原、南方的农耕文化，即便在某种新兴力量崛起的时候，其保守与封闭性仍然作用明显。明朝的移都北京，并不是为了更有助于向蒙满方向的开拓，而是为了更便利于固守边线。明朝在都城边上的大修长城，其实就是大修扩大了的农家式的朱家院墙。清朝的崛起和清朝的前期，在发掘民族文化、地域文化整合与融合的力量方面成效最为突出。崛起之时满族文化及相近的蒙文化的自我融合与整合，游牧文化、渔猎文化、半游牧半农耕文化、农耕文化的融合与整合，已经形成足以与明朝抗衡，并超越明朝的文化合力。夺取天下之后，对满蒙文化的坚守与对汉文化的兼收并蓄并重。从康熙到乾隆的 12 次南巡，年年岁岁的北上围猎会盟，除了其他的政治治理目的，在文化方面，无疑是民族文化坚守与民族文化、南北地域文化交流融合的声势浩大、效果显著的文化穿越之旅。明从南打到北，定都北京后，除了几次地北追穷寇，既不北扩，也不再南下；清从北打到南，定都北京后，既不停地北上，又不断地南下，两相对比，文化心态文化行为泾渭分明。对待前朝的遗留，明朝用的是毁了元朝的宫城再建自己的紫禁城的法子，清朝则是把明朝的紫禁城拿来就用的法子，两相对照，拒绝与包容、割裂与融合的文化心态文化行为一样泾渭分明。

从文化融合的角度看，与元朝比，清朝在文化选择中更多地融入了汉文化的传统，更能适应中国传统文化、正统文化的认同。如宫殿、礼仪、执政制度、行政程序等，早已与汉传正统文化、主流文化接轨，只不过进入紫禁城这样的正统皇权文化、帝制文化的核心区域后，更加像模像样而已。对前朝汉族官员、士人的在服从前提下的充分使用，科举的继续，皇帝、皇族官员带头学习以汉文为载体的传统文化，写汉字、说汉话、做汉文、写汉诗，热衷于汉文书画艺术，以主动积极地表达对汉文化的高度认同的姿态，赢得从上到下的汉文化群体的认同。除头发、服饰这两项身体文化、形体文化外，基本上都汉化了，而此两项重在心理征服与形象重塑，虽然有极强的强迫性征服性象征意义，但并未触动实际利益。当然，从文化实质指向看，在选择取向和实践操作中，起决定作用的还是看是否有利于皇权与帝制的维护，无论谁大权在握，文化注定是要服务于政治的。而汉文化在此种价值取向上自然要比游牧文化、少数民族文化成熟得很，好用得很，管用得很。在这样的意义上，所谓的被“汉化”就是自然而然的了。

民族文化的交流融合与地域文化的交流融合关系密切。在特定的历史条件下，两种文化的双向交流融合呈现此消彼长的态势。中国帝制时代的后期，即元明清时代，是北方游牧民族、少数民族发挥重要作用的时期。恰恰是在较长时期作为统治民族的蒙古族满族，与汉民族的差异反倒越来越小，此种现象正好说明掌握权力的统治者在推进民族文化交流融合中的巨大作用。在民族文化分野淡化之后，地域文化分野成为文化差异的坐标，民族文化的差异往往也以地域文化的差异形态表现出来，从而使得在民族文化、地域文化双向交流融合的互动中，地域文化的特色表现得更为突出，从而形成了鲜明的长城内外、大河上下、长江南北的地域文化分野，但地域分野的背后与深处，起着更大作用的，是元明清时代蒙满民族文化的南下和汉民族文化的北上，在此种格局的民族文化的交流融合与地域文化的交流融合中，你中有我，我中有你，共同形成了地域分野的纬度波段。

文化交流与融合不仅仅靠理念与权力，更容易由物质的流通来带动和体现。当然，物质的流通又离不开理念，更离不开权力。从物质文化的角度研究文化的交流融合与各自特色的保持，兼有文化艺术史的意义。在这些方面，皇宫皇城的物质需求与宫廷收藏所包含的文化交流融合具有涵盖多方面的综合性、典型性、代表性意义。

明清定都北京，位于北方的北京成为全国的政治经济文化中心，首先以满足皇宫、皇族及官宦集团生活需求的物品流通构成的物质文化的流动，基本的走向是由南向北，因为江南的物质生产消费水平，远远超过以北京为中心的北方。明清两朝宫廷所需的吃的、喝的、穿的、用的、玩的、供的，大部分来自南方。当然并不是有什么就采购什么，至高无上的皇权可以直接转化为享受物质文化的霸权。从居住活动的宫殿园林到室内陈设，从吃饭的饭碗到服饰装扮，从生活实用品到工艺艺术品，从组织管理到产品的设计生产，无一不体现着宫廷要求的意志，直至直接体现皇帝个人的兴趣与爱好。除了由南向北地长途输送，还选拔各地的能工巧匠到宫廷里直接制作，这样更便于随时落实皇帝的意旨。

通过垄断性主导、控制宫廷所需物品的异地生产，通过集中一流工匠在宫廷内部制作生产，一方面保证了吸收最优的工艺技术为彰显皇家气象服务，另一方面从原料到制作，从设计、审美到制作工艺，均极大地提升了物质生产的整体水平，从而自然而然地影响到皇家专用专享以外的物质文化水平的大幅度提升，无疑对当时当地的物质生产与流通的商业化的普及运作产生着巨大的拉动作用。成为世界品牌的中国瓷器、中国丝绸的创新发展之路就是最典型的例证。

在物质生产方面为宫廷服务而形成的宫廷与地方、南方与北方、官府与民间的交流融合，包括工匠的流动对技术与产业的推动，在实现以皇权为核心的物质文化霸权的同时，也使这种文化霸权随着物质产品的流通，信息的交互传播，产生了突围式的放大普及的效应。类似皇帝或宫廷以赐予臣下与地方，下属与地方向皇帝和宫廷进贡对贡品的选择与制作的方式，对地方产品的质量与数量的影响，对商业发展的影响无疑是巨大的。

物质文化生产与流通中的文化霸权，特别是以皇帝的个人趣味为中心形成的文化霸权，对物质文化以及整体文化的发展趋向的负面影响同样巨大。如乾隆皇帝，在国家文化建设方面固然多有建树，但其占有欲望与审美趣味，通过与高度集权一致的极端放大了的文化霸权，通过帝制社会中普遍地跪拜、顺从、追随皇帝的社会依附意识，通过以皇帝的喜好为喜好的审美选择，直接将整个民族的审美平均水平拉低。慈禧太后在她颐和园里的不到 15 平方米的卧室里，居然摆放了 15 座镶嵌各种宝石，且时间各有差异的各式座钟，真不知她是听不到这些错杂的滴滴答答的声音就睡不着呢，还是睡不着了才要听这些错杂的声音？故宫养心殿内，在一间叫作三希堂的不足 8 平方米的小屋子里，乾隆皇帝摆放了 128 件各色玩物，至今仍吸引不少参观者隔着玻璃指指点点，津津乐道。对于艺术与收藏而言，强权的介入与扩张往往适得其反。不想不做还好，一想一做就成事不足，败事有余，其连带的负面影响，绝不止于审美情趣。

三是对以宫廷为中心的中外文化交流的研究。

在中外文化的交流融合方面，明清两代与世界的沟通并不算晚，交流的机会并不算少，之所以未能与世界先进国家接轨同步，问题出在哪里？如何看待世界？如何对待“我”的国与其他国家的关系？与其他国家沟通交流对“我”的作用和意义何在？问题就出在如何看待此类问题的价值观上。如果起决定作用的“我”——高度集权的皇帝，在对外沟通交流的理念与方向目的上一再出现偏差、错误，则会一错皆错，一错到底。

早在15世纪初发动的郑和下西洋的宏大壮举，可以称作明朝皇帝主动“走出去”的对外交流。浩浩荡荡连续不断多达七次的海洋巡礼，其核心出发点主要是对外宣扬自命为“天朝上国”的大明王朝的强盛，兼以炫耀式的抚慰赏赐换取具有海外归附意义的朝贡。郑和之所以能够一次次地不停地下西洋，的确是因为那时高度集权下的中国的国力，那时中国的造船航海科技，是世界一流水平，领先水平，否则，怎么能组织起27000人的、花费无比巨大的庞大船队？七下西洋固然向世界显示出中国的经济实力与发达的航海科技，也起到了发展对外关系，稳定南海局势，扩大海上贸易的作用，但在“天朝上国”“赏赐”“朝贡”一类不可一世的价值观主导下，郑和下西洋基本上是一种不计成本，不算经济账，只算政治账，政治账也算不清楚的在海洋上挥霍国家财力的国家行动，直弄到难以为继才肯罢手，直弄到由大航海走入大海禁的死胡同里，并且从明朝连带到清朝。与郑和下西洋之后的葡萄牙、西班牙、英国的海上行动相比，更能看出中国式的海上行动及海洋观的弊端。航海是中国人打开的，而航海贸易却是欧洲人打开的。中国式的政治宣传与经济贸易的失衡，导致了如此尴尬的局面：中国与隔海相望的日本做生意，远隔重洋的欧洲人竟然成了既赚中国人钱也赚日本人钱的海上贸易中间商。更尴尬、更痛心的局面是：中国的封闭是从海上被打开的，中国的屈辱是从海上打进来的。

外国人敲开中国大门，向中国人传递外部信息也开始于明代。在这个过程中，西方传教士发挥的作用最为突出。从16世纪后期意大利传教士利玛窦进入中国开始，并以他为代表，中外文化交流进入一个新的历史阶段。比较起来，西方传教士在文化的双向交流中所起的作用较为实际，较为有效。文化的交流传播并不是某一种文化的孤立现象。传教士们在不远万里、不避艰难险阻向中国传播西方宗教文化的同时，很注重很讲究传播的策略，如拥护和尊重官方的立场，灵活适应民情风俗的姿态，显示和保持较高学术水准的自我形象。这样的做法，不仅能够取得民间的信任，也很容易取得官方的信任，尤其是容易取得具有很高的学术水平的高官的信任和支持。这样，他们之间相互交流的内容，也就大大突破宗教的范围了。当然，形成良好的交流局面，与这时候明代的科学技术已有大的发展关系密切。如与利玛窦关系甚好并合作开展翻译工作的内阁大学士徐光启本人，就是很看重科学技术的也是很了不起的科学家。在此背景和基础上的交流合作，就能够比较顺利地将西方文化和科学技术的传播带入较深的层面。正是在徐光启与利玛窦的共同合作、大力推进下，一批介绍西方科技的书籍被翻译过来：天文学《乾坤体义》，数学《几何原本》《同文指算》，物理学《远西奇器图说》，水利《泰西水法》，地理学《坤舆万国全图》《海外舆图全说》，火器《则克录》（又名《火攻挈要》）等等。在向中国介绍西学的同时，传教士们也向西方介绍中国文化，如翻译儒家经典介绍到欧洲。利玛窦因此而成为欧洲汉学开创者之一。双向的交流虽然局限在一定的范围之内，甚至对双方的真实性有所遮掩，但还是在一定程度上形成西学、中学翻译交流中的互助互补状态。利玛窦逝世于北京，明朝皇帝破例赐地，将利玛窦厚葬于京城阜成门外。这也说明朝廷对文化交流的认同和支持。

同样来自意大利的耶稣会修道士郎世宁则是中西艺术交汇融合的一个代表。他于康熙五十四年（1715 年）来华后，由于绘画艺术的特长，很快就进入清宫如意馆成为宫廷画家。一个年轻的外国传教士、艺术家被重用，自然与康熙帝一直高度重视吸收西方科学文化、依重西方传教士发挥这方面的作用分不开。在招郎世宁为宫廷画家之前，为学习各种科学知识，康熙帝已与多位西方传教士有密切交往。康熙帝让画西画的郎世宁学画中国画。郎世宁将西方绘画的比例、透视、光影等技法融入中国画传统图式之中，给宫廷绘画吹来了新鲜的西洋风，创造出中西合璧的新画品。郎世宁历康、雍、乾三代，在清宫长达半个多世纪，直到逝世后葬于北京。最受中国皇帝看重的西方画家郎世宁，虽然创作了大量的绘画作品，其中不少堪称巨幅大制，可惜的是，虽有帝王意旨，但并未能在除绘画以外的更大的范围内，在中国绘画艺术发展中，发挥出明显的中西融合推动艺术创新的作用，这与大的文化艺术环境有关，也与仅仅局限于郎世宁个人艺术行为，且局限于单向艺术交流有关。

除了宗教方面的影响，除了传教士对上层的影响，传教活动在文化科学方面对社会、对底层群体的影响不可忽视，如教会在医疗卫生、婴幼孤儿、学校教育、灾荒救济等基本生活生产条件改善诸方面所起的积极作用。与最基本的生存状态的改善结合在一起的宗教文化传播的能量，以及连带的西方文化的传播，产生了让事实说话的助推文化文明传播的功效。到了19世纪后半期20世纪初，西方文化的传播形成一时的西学热。西方文化传播的重大的社会作用，是西方近代文化中的价值观、伦理观、生活方式对中国近代化进程形成的影响。这一文化现象，又与社会变革、社会革命紧紧联系在一起。戊戌变法时就有传教士的政治参与。

不过，从总体上考察，中西文化交流中西方文化所具有的人文启蒙、社会变革、新型国家形态、国家体制等事关国计民生的文化内核，始终无法进入皇权帝制统治者治国理政的视野之中，即便介入，也成昙花一现。科学技术的传播也难以在提高社会生产力及军事实力方面发挥实质性的作用，越到后期，反倒越走向器物之享用。这主要是由皇帝及皇帝身边的核心官员始终认为自己的国家是天下中心，天下第一的心态决定的，根本用不着看其他国家怎么想怎么做，发生了什么变化。由此种心态形成的封闭格局，到清代越来越严重，而外部世界却发生着迅猛的变化。宫廷高层对待外来的新鲜事物、新奇器物的主导理念与实际行动，由称之为奇技淫巧的排斥，走到好奇猎奇，最后终于走到利用特权自己享用的邪路上了。这既是“中学为体、西学为用”的变异，也是这一先天性错位的主导中西关系的核心理念的真实写照。一手把几千年历史的帝制送上死路的慈禧太后，一方面变本加厉的集权专权，镇压维新变法，另一方面又迷恋于“西用”，如对照相、化装照相的热衷；主动请外国画家为自己画油画像，并隆重地送到美国博览会展出；乘坐机器发动的快艇游颐和园；把三架钢琴摆放在颐和园的住处；欣赏由欧洲人指挥的欧洲的铜管乐器、弦乐器演奏外国乐曲；让欧洲马戏团入颐和园表演；在西苑修建小铁路；乘坐新交通工具小火车、日本洋车、外国小汽车。本来可以寄予大希望的文化科技交流盛事，就这样轻易地缩进宫廷的生活小事，消解在帝王的奢华享受之中，而对国家、对民生，则没有起到任何有益的作用。

从雍亲王府到雍和宫到王府

北京的雍和宫现在名气大得很。看得见的原因有二：一是紧靠二环路，流水般的车辆从雍和宫桥上流过，黄灿灿的一片古老的大屋顶就在眼皮子底下浮现，想不看见也不可能；二是这个地方早已成为内地的藏传佛教中心，尤其是每年的春节前后，在牌楼院的大广场上，举行三天轰轰烈烈的“跳布扎”（汉语意为“清鬼降魔”）活动，观者云集。至于更主要的看不见的原因——这个地方出了两个皇帝，由原来的雍亲王府变成了后来的雍和宫，则不大为大多数人关注了。

首先必须是王府，才有可能出皇帝。皇帝的最大特征、最大特权是家天下，所以才有皇子皇孙、龙子龙孙以及一荣俱荣、一损俱损的想法、说法和做法。那个时候称王称霸简单得很。王是皇帝封出来的，封给他的儿孙们，有多少封多少，想封多少封多少。封王封爵可不是只封空名，起码得有住的地方。只要老老实实听皇帝老子的话，听皇帝老兄的话，就顺顺当当地当王，就自自然然地住王府。所以那个时候孝悌观念可以大行其道。这个传统过硬得很。单就北京来说，金代封，元代也封，元主要往外封，也有封在京城内的。明继续封，朱元璋 26 个儿子，还有孙子、重孙，内外都封。朱棣被封到北京做了燕王，在元旧内殿隆福宫（今中海）建燕王府，宫殿房屋 800 多间，有人说规模太大，僭越了规制，朱元璋替他打圆场，说是燕王的宫殿用的是元朝的旧地方，其他王府的营建当然不能照这个样子。朱棣做了皇帝，在东安门以南，连片修建了十王邸，到现在留下了十工府、丨王府街、王府井这样一些地名。

明朝的王以外封为主，清朝虽是满族入主，但不外封，统统集中在京城。在沈阳皇宫的周围，就围了十多座王府，到北京后，愈加兴旺发达。有人做过统计，努尔哈赤16个儿子，7个封王；皇太极11个儿子，4个封王；顺治8个儿子，5个封王；康熙35个儿子，17个封王；雍正10个儿子，5个封王；乾隆17个儿子，11个封王；嘉庆5个儿子，5个封王；道光9个儿子，9个封王。贡献特别大，表现特别好的，还会封一个“世袭罔替”，有一直袭到16代、17代者。看来，皇帝拼命地多生儿子，除了为皇位，也为王位。

清朝一统天下的时间不算短，总体上皇儿不算少，封来封去，累的是北京城。我看见过一幅王府分布图，在现在的二环以内的范围，就有王府近80座，城外相应的王爷坟有百余处，简直是星罗棋布。以紫禁城为中心，整个一派众星拱月的大格局、大气势。政治体制、经济文化不见得有多大的进步，建院造园倒是既成熟又繁荣，南北中外兼收并容，北京的四合院，江南的园林，再加西式洋房。皇帝忙着造宫殿苑囿，亲王郡王忙着造大院小园，至少在表面上，把北京城收拾得花团锦簇，至于内里虚空衰弱成什么样子，没人管得了，也没人收拾得了。

亲王郡王的分封，虽有惯例，但皇帝的随意性也占不少的成分，如“世袭罔替”还是“世袭递降”，最后全在皇帝一人说了算，对受封者来说，这关系就大得远了去了。而王府的建造，则有严格的等级标准。《大清会典》里有明确的规定和建造的记载。王府在京城里无疑是仅次于皇宫的建筑群，按府制规定因地设计，突出主轴，数路并列，亲王、郡王、贝勒、贝子，几进几重及门、殿、楼、堂等间数和高低都标记得清清楚楚。王越封越多，又是皇家宗室大事，事务繁多，且各种关系错综复杂，不易协调，既要谨慎，又要高效，就必须要有专门的管理服务机构。主管、承办此类事项的宗人府机构不一定很大，但在中央机关里位置最高，在内阁、六部之上。王府的营建一般有两种：一是主办部门奉旨兴建，如建公房分公房一样按标准建好分出去；一是按规定自建。既是标准化的，又有样板，何况还是皇帝家的事，不管公建自建，效率自然极高，一般一年多即完工，亲王、郡王们便可从皇宫或从原府迁入自己的新居了。由于规定分明，管理严格，所有王府主轴线上的布局总体上是一致的。即便是自建，亲王、郡王们也是严格自律的，宁可比规定少一点，也不会超一点，他们知道此事的轻重，但也有个别犯糊涂的，顺治时郑亲王建造自己的王府，殿基超过了规定，又安放了不该他用的铜狮、龟、鹤，被罚了两千两银子。

雍和宫当初是康熙赐给四子胤禛的“贝勒府”。胤禛生母位分不高，胤禛自己又很有些想法，年纪不大的时候就知道行为处事处处低调，贝勒府的建造自然不会有什么特别之处。康熙四十八年（1709年），胤禛由“多罗贝勒”晋升为“和硕雍亲王”，三十出头的雍亲王预支了三年的王俸（政府每年发给亲王银子 1 万两），把贝勒府修成了亲王府，主轴线上正门 5 间、正殿 7 间、后殿 5 间、后寝殿 7 间，左右配殿齐全，另有东西两路建筑，东路主体为花园，规模虽然很大，但均在亲王府建造规制之内。

雍亲王府变为雍和宫是胤禛当了皇帝以后的事。胤禛终于从康熙手里接过皇位，已经 44 岁（康熙六十一年，1722 年），这是他在雍亲王府苦心经营十多年的最大收获。皇帝登基前的王府，不能改封他人，任何人也无法承受，这个地方出了两个皇帝。在胤禛还没有接康熙班的时候，下一个皇帝已经诞生了。康熙五十年（1711 年），后来的乾隆皇帝出生在雍亲王府东花园的如意室里，并在这里读书，直到 12 岁离开。乾隆晚年经常回忆王府中的生活，他在诗里把这个地方称为“跃龙池”“跃龙宫”。现在哪个想说自己是龙啊凤的，说者不好意思说出口，听者也觉得别扭，那时的皇帝说起来大约很自然很舒畅。

直到今天，肯定也会延续到未来的雍和宫的命运，完全是由这两个皇帝决定的。雍正即位后，把原王府的一半改为黄教上院，另一半做他的行宫。第三年，行宫失火焚毁，把上院改为行宫，称“雍和宫”。雍正死后，因停放雍正的灵柩，把宫内主要殿堂的绿琉璃瓦顶换成了黄琉璃瓦顶。乾隆当政后，雍和宫成为供奉雍正及祖先画像的祭堂。乾隆九年（1744 年），雍和宫改为正式的喇嘛庙，成为清政府管理全国藏传佛教事务的中心。乾隆皇帝在雍和宫的所有活动，集中体现了一代帝王在宗教政策方面的智慧、修为与建树。就在改为藏传佛教寺院的这一年，乾隆首先把雍和宫打造成藏传佛学重地，赋予雍和宫培养“尊国政、谙例律、知举止”的宗教人士的重任。乾隆任命三世章嘉活佛担任总主持人，寺院内设学习五部大论的显、密扎仓（经院），学习时轮金刚经典、天文历算、五行算等课程的时轮扎仓，学习藏医药学的医学扎仓，各扎仓的主持由西藏各大寺院选派，从内蒙四十九旗、外蒙四部和藏族地区选拔年轻僧人 500 名住院修学。寺院内的匾额、石碑，均以满、汉、藏、蒙四种文字镌刻，汉文为乾隆亲书。乾隆四十五年（1780年），六世班禅亲赴承德为乾隆祝寿，为迎接班禅的到来，乾隆特意在雍和宫最里面也是最高大的万福阁前，建成班禅、戒台二楼，专供班禅使用。六世班禅多次在戒台楼讲经，给众僧受戒，在班禅楼休息。乾隆五十七年（1792 年），乾隆帝命宫廷造办处精心制作了两个金瓶，一个送往拉萨，用来掣定达赖、班禅两大活佛的转世灵童，一个供于雍和宫，用来掣定蒙古、四川、甘肃、青海等地各大转世活佛的转世灵童。用“金瓶掣签”的法事仪式定夺转世灵童，是乾隆帝的一次重要“宗教改革”，将广大藏传佛教领域的宗教领袖的选拔任用权基本上控制在中央政府手中，这一举措无疑起到了重大作用。

在雍和宫的中心，雍和宫正殿的大院当中，矗立着一座独立不倚的四面御碑亭。乾隆帝撰写的 768 字的《喇嘛说》用四种文字刻于四面。这是乾隆皇帝最直言不讳的关于他制定的宗教政策的“独立宣言”。其中有两点说得最清晰。一是为什么要用雍和宫这样的形式大张旗鼓地尊崇喇嘛教中最重要也是影响最大的黄教，“盖中外黄教总司以此二人（达赖、班禅），各部蒙古，一心归之，兴黄教，即所以安众蒙古，所系非小”“盖以蒙古奉佛，最信喇嘛，不可不保护之，以为怀柔之道而已”。二是为什么要用“金瓶掣签”法决定转世灵童。乾隆说以往转世灵童的确定，在演变过程中逐渐由同一家族控制，几与封爵世袭无异，难以管辖，危害极大，所以想出这个法子，令达赖或班禅同驻藏大臣一起，共同从选出来的数人中签掣一人。乾隆认为这个办法“不动声色以成之，去转生一族之私，合内外蒙古之愿。当耄近归政之年复成此事，安藏辑藩，定国家清平之基于永久，予幸在兹，予敬亦在兹矣”。但据此就说乾隆敬佛礼佛并非出自真心，恐也不符事实。紫禁城中，只有他一人可以进去修行的宗教场所不止一处，他还是很虔诚的。可见，乾隆把个人信仰与治国方略看得很明白，分得很清楚。不管怎么说，雍正父子在自家的封地，在京城，在中原，在国家的中心，合力营建了一处密切与边远地区、与蒙藏地区联系的鲜明地标，通过持续不懈地建立宗教、文化、人员之间的新型关系，把这条足以将不易结成一体的区域与民族联络为一体的纽带，编织得越来越坚韧，越来越牢靠。

雍和宫的香火如今依然很旺。但在整个北京城里，能找到的王府的原样已经寥寥无几。曾经火爆异常的王府的渐次冷落及至王府建筑群落的快速消失，固然有近现代以来的种种原因，但认真考究起来，即使还原到清朝去，那样一套王府体制及由此而生的王府文化恐怕也没法子继续发展下去。最大的问题是国家承受不了，老百姓根本养不起这样一个无比庞大的特权阶层。据《大清会典事例》记载，一个亲王每年发银子1万两（胤禛预支了3万两银子把贝勒府扩建成亲王府）；每银一两，给米一斛；可得大粮庄、银庄、瓜园、菜园、果园42所；可得服务壮丁1775人，每丁拨给数十亩土地；配备甲兵200名；设置长吏1名，一等护卫、二等护卫各6名，三等护卫8名，四品、五品、六品典仪各2名，还有六品管领，六品司牧、司饭，七品司库，八品铁匠长、鞋匠长、牛群长、羊群长等；太监40名；各种当差的奴仆千余人。算算看，供养一个亲王的成本有多大？供养十个、二十个、一百个呢？亲王以下，世子、郡王、长子、贝勒、贝子、镇国公、辅国公各项待遇依次类推，合算起来，供养这个阶层的成本有多大？清朝已经不算短了，如果再长一些，如果皇帝们都像康熙、乾隆那样二三十个地生儿子，这皇子皇孙，王子王孙，枝枝蔓蔓的会有多少？王府会像栽树一样的长出多少？这么多王府，能像雍和宫那样为国家稳定团结发挥作用的还能找出哪一座？这么多王公贵族，能为国家做事的也不多，再说皇帝也不放心让兄弟儿孙们做事，害怕越做越糟，越做越不可收拾，只好白养着。无事生非，白养着一样不可收拾。清朝的王不外封，怕封在外边瞎折腾，折腾出像明朝朱棣那样的大乱子。于是把旗人以外的人们从内城清理出去，再按八旗切成八块，各王府各有自己的势力范围。看起来好像清一色了，纯粹了，但统统集中在皇帝眼皮子底下还是看管不住。关起门来照样折腾，折腾得更厉害。门户林立，钩心斗角，反倒更便于拉帮结派，争权夺位。王府越多越内讧内乱不止，窝里斗、窝里狠的本领愈发练得老辣。退一步说，把整座京城包括北京城周边的土地瓜分得如此随意，如此不可思议，王爷们只是尽着性子变着法儿地营建享受消费的乐园，统一的市政规划、公共设施、商贸金融不顾不管，京城很快变成了一座不创造任何财富，只是大量消耗浪费财富的消费之城，再大的金山银山也会很快被吃空、被糟蹋光。自从有了这么多的王府，有了这么大的特权阶层，整座京城的风气也变得越来越恶劣了。人们总算明白了什么叫不劳而获，什么叫坐享其成，什么叫衣来伸手饭来张口，什么叫游手好闲腐化败落，什么叫世风日下。该发展的不发展，不该发达的倒蓬蓬勃勃地发达起来，毫无理性可讲。俗礼泛滥成灾，仅祀典一套，凡12种129项，繁复无以复加，婚嫁丧葬出行穿戴均有定规，真成“礼仪之邦”了。再退一步说，开国打天下，以打仗为重，上阵父子兄弟兵很管用；国家稳定了，无所事事了，兄弟们搞点文化建设也是个正事，的确也有些亲王喜好参与，个别王府也曾成为文化聚集地，诗词歌赋书法绘画也有三五成名的，戏曲一行，因与行乐娱乐相近，王爷王府推动不少，但真正的精力不放在这上面，亦难有建树。皇帝们养着这么多族类，也不是没深感不堪重负，也不是没看见种种败象，也想过解决的法子，在想法保障这等人生活的同时，也想用教化来扭转颓势，但这类治标不治本的法子根本不管用。单从市面上见得着的情形看，到晚清的时候，随着国势日衰，吃喝风反倒大盛，到处时兴“吃庄子”，吃喝理由名目繁多，常吃常新，结果餐饮业独大，英法联军入侵，百业停，商铺关，饭庄戏园照开。王府的爷们心里都明白，及时行乐而已。

从皇宫到故宫博物院

——兼论传统文化的现代转化

一

在世界博物馆发展历史上，由皇宫——权力与财富的集中之处和象征之地，转变为公共文化机构性质的博物馆，是一个普遍的现象。主要由权力决定的，由帝王及其家族专有并独享的垄断性文化资源，转变为社会共有、公众共享的文化资源，是历史发展文明进步的明显标志。中国历史上最后的皇宫，中国明清两朝长达500年历史的皇宫，因帝制皇权的终结而转型为故宫博物院，虽比世界上同类的文化转型晚了许久，但本质是相同的，同样是这一世界性文化转型中的重要组成部分。

在更广泛的社会层面，遍布各地的祠堂、庙宇，在帝制终结之后陆续变成学校、博物馆或其他公共场所，即由宗法文化、民间信仰文化场所转变为公共文化场所，也是现代文化转型的重要组成部分。

遗址类博物馆的遗址，尤其是与历代帝王将相密切相关的遗址遗物，以及历史类、综合类博物馆中的大量珍稀藏品，因为它们原生时期与历代帝王将相的密切关系，与权力与财富的密切关系，后来转身成为现代博物馆的主要依托和重要藏品，也成为现代文化转型的重要组成部分。

这类遗址博物馆中的遗址遗物，历史类、综合类博物馆中的这类藏品，从文化类型上看，无疑属于产生和形成它们的那些时代里起着统治作用、主导作用的主流文化类型。它们之所以能够流传久远，与它们的身份，与对它们的身份认同直接相关，也与它们自身的构成，包括材质、技艺、文化意蕴直接相关。而这一切，又源自处于统治地位的权力与财富。在这个意义上，可以认定它们是传统文化的承载者，传统文化的物化代表与象征体。而博物馆的出现，则是文化进程走进现代文化的一个重要标志；博物馆文化，是现代文化形态中的一个重要组成部分；博物馆承载的文化功能，是建设现代新文化。传统文化和现代文化，传统文化和博物馆文化，是两个文化概念、两种文化形态。因此，对于这类博物馆来说（这类博物馆在我国博物馆中占有较大的比重），对于博物馆中的这类藏品来说（这类藏品在我国博物馆中同样占有较大的比重），博物馆内容构成中的传统文化的现代转化问题，就成为传统文化如何博物馆化的问题了。

由一种文化形态转变成另一种文化形态的过程非常复杂。如何看待这一文化转型，怎样处理这一文化转化，是我们博物馆人一直面临的严峻挑战。这个过程到现在不但没有完成，有时候还会变得更加沉重，更加令人焦虑。

在这种复杂的文化关系中，由皇宫转型为博物馆的故宫博物院极具典型性、代表性。所以，在讨论这一问题时，以故宫博物院为例，以故宫文化的博物馆化为例。

二

故宫文化的博物馆化是一个动态过程。故宫文化的博物馆化，实质上是传统文化的现代转化。

故宫文化经历了皇宫、故宫、故宫博物院三个不同的历史阶段。三个不同的历史阶段，分别呈现着三种不同的文化形态。三种不同的文化形态的演变过程及其相互之间的复杂关系，就是故宫文化的博物馆化过程，亦即故宫文化、传统文化的现代转化过程。

第一阶段，皇宫时期的皇权帝制文化形态。主要特征是在继承以往皇权文化的基础上，进一步使这种居于统治地位的传统文化形态更加完备，更加严密，更加成熟。但到了这一阶段的最后时期，也出现了宫廷文化部分博物馆化的萌芽。故宫文化的博物馆化萌芽，最早萌发于皇宫内部。清末国门洞开之后，受世界博物馆文化的影响，受世界上具有较大影响力的国家的皇宫陆续博物馆化的启发，清宫内外朝野上下，一些有识之士，发起宫廷收藏（只是宫廷文化的一部分）以博物馆形态展示的动议。由于政体的原因，由于所有权的原因，由于公共文化与家天下文化的根本对立，由于对博物馆文化的浅薄认识，宫廷文化的博物馆化只能是动议而已。倡导上书者之一的张謇，只好去以自己的实力，创办南通博物苑。这是由中国人创办的第一座公共博物馆，但与宫廷文化的博物馆化没有任何关系。

第二阶段，故宫时期，故宫文化博物馆化的起步阶段。辛亥革命终结了中国数千年帝制，紫禁城的皇宫功能不复存在。皇宫成为故宫。故宫的后半部分虽仍为清逊帝所据，但前半部分很快转变为古物陈列所，正式对社会公众开放，并在故宫内部新建宝蕴楼，作为专门存放文物的库房，由此迈出故宫文化博物馆化的第一步。

从故宫文化博物馆化第一步的运作管理看，还谈不上故宫文化博物馆化的自觉转化与博物馆建设。这中间存在两大问题：一是由内务部管辖，主要是把故宫作为国家资产来管理的，而不是作为博物馆来管理的。二是古物陈列与应有的博物馆陈列水平相距甚远。如古物陈列所成立时向社会公告的那样，该所“以为博物院之先导”，并非完整意义上的博物馆，只是较为简单地保存与摆设部分古物而已。从组织管理到实际运行，均谈不上展现和发挥博物馆职能，也未引起社会的广泛关注，有观看古物陈列者亦多不满意。鲁迅看后所感：如古董店耳。

博物馆作为公共文化事业，作为文化教育机构，当时的主管部门是教育部。鲁迅任职的教育部社会教育司是具体的分管办事部门。作为社会教育司第一科科长的鲁迅，是筹建国家历史博物馆的具体办事者。筹备处和馆址，先选国子监，后移故宫端门、午门。鲁迅多次到故宫考察将午门、端门城楼作为历史博物馆的事宜。1920 年，历史博物馆正式成立。此一事件，对于故宫文化的博物馆化来说，其意义比古物陈列所更为重大。这个时期，与宫廷文化、皇室资产连在一起的社稷坛、北海、颐和园改为公园而没有改作更为专业的博物馆，一方面可看作故宫文化博物馆化（公共性）的组成部分，另一方面也反映出在故宫文化博物馆化进程中博物馆理念的缺位。

第三阶段，故宫博物院时期，故宫文化全面博物馆化时期。这一阶段从清逊帝出宫，故宫博物院成立、开放开始。1925年10月10日，故宫博物院的牌匾悬挂在神武门上，标志着故宫文化真正的博物馆化、全面的博物馆化开始了。仅从故宫博物院建院头几十年间连续发生的一些重大事件看，就非常值得从故宫文化博物馆化的角度予以高度重视、深入研究。

如通过比较古物陈列所与故宫博物院开所开院、组织管理、社会影响的不同与变化，通过研究故宫博物院成立之初如何清点文物，如何一边清点一边向社会发布，如何及时迅速地出版发行大量刊物图书，可以看出故宫文化博物馆化的巨大进步，可以看出在博物馆化过程中，重要的、起决定作用的不是馆舍问题，不是藏品资源问题，而是观念问题。

如将抗日战争时期故宫博物院的境遇，与英法联军、八国联军侵略时期皇宫、皇家园林的境遇相比，可以看出，同样是侵略掠夺，对皇宫与对博物馆的态度、手段还是不一样的。而抗日战争时期故宫博物院文物的大迁徙，抗战胜利之后选择太和殿广场作为日本侵略者投降的受降仪式地，则特别彰显出故宫文化博物馆化的特殊价值与重大意义。

故宫文化的博物馆化虽然是一个非常复杂的文化流变过程，但是，一个基本的事实是：紫禁城作为帝制统治核心功能的终结，是民主革命的结果；皇帝的旧宫殿转型为人民的博物馆，是民国时代的文化革新与文化建设的结果。在紫禁城这样一个不曾改动的空间中，随着时间的流动，演绎和累积着皇朝与民国、君主与民主、集权与公权的对峙与交替。文化资源所有权、使用权、功能与服务对象的根本性转变，意味着由皇权帝制起决定作用的文化垄断形态，向为人民服务的文化民主形态的文化转型基本完成。

三

不过，我们必须清醒地意识到，由皇宫转型为故宫博物院，由皇权君主文化形态转型为为人民服务的文化民主形态，仅仅是文化转型的第一步。

文化民主的实现绝不等于民主文化的实现。

由权力、财富、地位创造和主宰的皇权文化形态，在博物馆公共文化形态中，仍然以“文物”的形象被保存，并直接面向公众。皇权的文化形态、帝制的文化形态，不仅仅贯穿紫禁城500年的帝制历史，还贯穿于从秦帝国就已经开始的2000多年的历史中。而明清两代的帝制阶段，由于皇权帝制文化形态更加完备和成熟，呈现形态也更加清晰、更加突出、更加张扬。我们现在看到的紫禁城的辉煌和壮美，来自皇帝的权力和权力支配下的财富。现在供公众观看的故宫的空间（包括依然陈列其间的皇宫时代的用品、装饰品，现在被称为清宫旧藏的藏品、展品），承载着、弥漫着、彰显着的就是典型的、严密严酷的皇权和帝制的文化形态。置身这样的文化形态空间里的人们，极有可能有意无意地继续被有形无形的，以权力与财富为核心的帝制皇权文化所绑架。

从保护文化遗产的角度着眼，当然必须尽可能完整地，尽可能原汁原味地，尽可能真实全面地，把长达500年的明清皇宫保护好，把清宫旧藏保护好，并尽可能最大限度地向公众开放，向现在和未来提供无可替代的中国皇权帝制时代的宫廷文化“标本”；而从博物馆文化的角度来说，则绝不是一个简单的把原汁原味的、辉煌壮美的明清皇宫交给未来的问题。

从博物馆的现代文化价值、文化使命着眼，从故宫文化的价值构成和博物馆文化价值构成着眼，故宫文化在完成了“谁的紫禁城”之文化民主转型之后，故宫博物院面临的重大文化任务，是如何实现以帝制皇权为核心的故宫文化向民主文化的本质性转型，是如何推进故宫文化为真正的民主文化建设做出历史性的新贡献——由君主文化转型为民主文化并继续为推动民主文化建设做贡献的博物馆文化，任重道远。

正如辛亥革命以民主共和取代皇权帝制并不等于民主革命的彻底胜利一样，皇帝的宫殿变成人民的博物馆，并不意味着民主文化的真正实现，故宫成为故宫博物院，并不意味着解决了君主文化向民主文化的转型问题。

故宫文化的民主化转型，核心问题是对故宫文化的价值判断。

对故宫文化的价值判断包含两个层面：一是如何从整体上定位故宫

文化的价值体系；二是对故宫文化体系的随时代发展而发展的“当下性”价值评判。

故宫博物院虽然已经走过近百年的历程，至少如下问题仍很现实：

——以故宫博物院成立为标志，将君主独占的文化改变为人民共享的文化，将皇家的私藏改变为公共的所有，这只是改变了作为“物”的所有权问题，解决的仅仅是容易解决的表层问题；在更深的层次上，如故宫成为故宫博物院在文化的民主化革命方面到底意味着什么？到底应该承担什么样的文化历史使命？故宫博物院作为现代公共文化机构的价值实现到底引发过怎样的讨论？

——在故宫文化体系中，“君主”与“民主”的关系如何？故宫文化的“主流”是什么？是君主文化还是民主文化？以故宫文化为代表的传统文化中究竟是君主的成分多还是民主的成分多？对于其中的精华与糟粕又该如何认识和取舍？

——怎样以现代理性与观念，即以民主文化的价值观对待保存至今的故宫文化？从君主到民主，从传统到现代，故宫文化经历了怎样的演变过程？孕育出怎样的新文化的成果？传统文化、故宫文化如何在现代文化转型，如何在文化创新中发挥应有的作用？如何在人民创造自己的新生活中发挥应有的作用？

故宫博物院面对的问题，同样是以历史文化遗产为主要资源的众多博物馆面临的问题。我们都很清楚，不仅是典型的皇宫，皇宫以外所有其他的历史文化遗产，以这些为主要资源的众多的博物馆，也面临同样的问题，特别是我国的历史人文类博物馆，这个问题非常突出。经过漫长历史淘汰遗留至今的文物到底承载了什么样的信息？其中的信息丰富、复杂，又难以言说。博物馆人面对难以言说的历史挑战。

以故宫文化为代表的传统帝制文化与以故宫博物院为代表的现代公共文化，是两种性质完全不同的文化形态。现在的故宫博物院，是引导人们理性认识帝制文化的“标本”，而不是让人们崇拜皇权明君的“圣地”。如何对待传统文化，是人类无法回避的世界问题。2017 年国际博物馆日的主题意味深长：面对难以言说的历史。愈是难以说清楚，博物馆人愈是要努力说清楚。

故宫文化、传统文化的现代转化，最重要的是以现代理念而不是以传统观念看待故宫文化、传统文化，即以社会主义核心价值观为引领，以建设先进文化为方向，以人民利益为中心，以创造性转化、创新性发展、创造新文化的辉煌为目标来看待故宫文化、传统文化。尤其是在文化大发展的当下，博物馆人面对如何坚守博物馆伦理、博物馆文化价值、博物馆文化自觉、博物馆文化传播价值导向的种种挑战。

四

以建设先进文化为目标、为方向，当下社会对文化建设的重视前所未有。在建设现代新文化的过程中，如何对待传统文化？或者说，在建设先进文化的时候，我们对传统文化应有怎样的基本态度？应该把传统文化放在一个什么样的位置上？传统文化在建设新文化中应该发挥什么样的作用？应当怎样发挥作用？党和国家对我们现在对待传统文化的政策要求、政策导向十分明确，核心的表述是：对优秀传统文化进行创造性转化，创新性发展。这应当成为我们对待传统文化的最基本的立场、态度与方法。

必须清醒地认识到，在这一核心表述中，在“传统文化”前面，有“优秀”二字的限定。“优秀传统文化”与“传统文化”绝对不是一个概念。传统文化是一个非常大的范围，优秀传统文化只是传统文化中的一部分。对优秀传统文化尚且需要“创造性转化，创新性发展”，那么，对传统文化中的非优秀传统文化，我们应该采取什么样的立场、态度和方法呢？

必须更加清醒地看到，在文化和传统文化炙手可热的当下，有相当部分的人们，在相当的层面和范围内，包括各级政府的管理者，包括在执行国家文化政策过程中举足轻重的人们，在国家文化建设中起着重要作用的人们，还有我们这些文化遗产、文物、博物馆的管理人员，在谈到传统文化的时候，往往有意无意地忽略了、消解了“优秀”二字，把传统文化混同于优秀传统文化，甚至直接用传统文化取代优秀传统文化。举一个很简单的例子。在不少城市的社区文化建设中，往往把所谓的少儿国学活动作为样板推广介绍，让本来天真活泼可爱的孩子们一律穿上大红大紫的“汉服”，规规矩矩地坐在小板凳上摇头晃脑地背诵《弟子规》《三字经》等。即使在首都北京的社区里，我就不只在一处看到大面积的白墙上，写着画着巨幅的《二十四孝图》。我相信地方的管理者是真心实意地进行文化建设，真心实意地传承传统文化，可就是没弄清楚，宣传文化部门也没有让他们弄清楚，什么是有益的应当传承转化的优秀传统文化，什么是有害的应该抛弃的非优秀传统文化。可怕的是这样的现象并不少见。

遵照国家文化政策的要求，针对现实存在的问题，博物馆人如何在社会文化建设中宣传博物馆文化的伦理道德？如何实现博物馆的文化价值？博物馆是公共文化、社会文化，担负着向大众进行文化教育文化传播的责任，特别是像故宫博物院这样以历史文化资源为主的人文历史类的博物馆，传统文化资源非常丰富的博物馆，面对的需要正视和认真解决的问题更为突出。但我们博物馆人的处理往往比较简单。

比如，以下的问题很少有意识地、自觉地置于博物馆人的研究、展览、导览、宣传教育的视野和思考研究范围之内：

——是以现代观念、现代理性关照传统文化、皇权文化，还是以传统观念关照传统文化、皇权文化？是为了走向未来，还是为了回到过去？对传统文化和皇权文化，是仰视、平视还是俯视？

——对宫廷文化、传统文化中起主导作用的政治文化、制度文化，如何引以为鉴，如何以史为鉴、以人为鉴地看待皇权、帝制、独裁、专制、愚民等问题？

——对观念文化、道德文化、思想文化，如何体现从以权为本到以人为本，从奴化人格、残缺人格到现代自主人格、健全人格的转化？从听命于、服务于一家一人到完善每个人、服务每个人的转化？

——对物质文化、审美文化，如何体现从对帝王意志、权力意志、奢侈奢靡、富贵财富、土豪金式的崇拜追逐到既为公众衣食住行服务又融合自主个性的动态审美风格的转化？

归根到底，是如何在承载着、携带着复杂丰富的传统文化的物质形态的展览中，渗透和实现传统文化的现代功能转化，即自觉担负起实现博物馆伦理道德，博物馆文化价值的文化使命。

有了这样的文化自觉，我们在评价博物馆藏品展品的时候，就不会像一时泛滥的电视鉴宝节目那样，不讲文化价值，大讲金钱价格，硬是把一个本来还算高雅点的精神文化活动，完全引导到俗不可耐的对物品与金钱的追逐上。我们想想故宫博物院成立前后，组织力量清点清宫物品，向社会公布《清宫物品点查报告》，排在第一位的，也就是按《千字文》排序的“天字第一号”的文物是什么？是推开乾清宫的门，用来挡门的小木头板凳。这和现在盛行的“宝”“国宝”的宣传，值多少钱的宣传，完全是两个思想认识体系，两种价值观。这里面有着文化价值观的巨大差异。这是博物馆文化理念，现代文化理念和传统文化理念的天壤之别。故宫博物院有一件长期展出的重要展品——堪称世界上最大的和田玉玉雕“大禹治水”。原料重达16600斤，2000人开采，1000人驱赶100匹马运送，行程11000里，3年运至北京，又运往江苏扬州经工匠7年制作，其成本之高无可计数，此类行径连乾隆皇帝自己都觉得不好意思了，不得不写下“再不为例”的告诫。作为展品的信息，材质的珍贵、工艺的精美，固然重要，而更有价值的信息是大可不必的劳民伤财和乾隆皇帝的“反思”。对于博物馆文化来说，最重要的是把更有价值的信息传递给公众，而不是只让公众惊讶于“这得值多少钱”。

我讨论过故宫文物的双重价值，包括皇宫紫禁城建筑。这些文化遗产，一方面确实是中国传统文化的物质形态的表现，无数能工巧匠、无数劳动人民的聪明、智慧、勤劳精神的结晶；另一方面是以皇权为核心的权力和财富的代表与象征。我们一定不能忽视由这类文化遗产有形无形地、有意无意地继续引发对权力与财富的崇拜与追逐。如果简单地、笼统地说故宫博物院的文物是国家的民族文化的象征，我觉得有些问题需要讨论。所谓国家，是哪个国家？是中华人民共和国？是大清帝国、大明帝国、大唐帝国？还是什么国？是哪个国的宝藏？再说，宝藏是什么意思？宝是什么意思？国宝是什么意思？现在所说的宝，大多无非是历史上有权有势有钱者茶余饭后的消遣，宫廷遗存尤其如此。确实有重要的文化艺术价值，也是文化范围里的事，任何历史时期的国家，比这重要的事多得是，就是在文化领域，比这重要的，比这有价值的也多得是。一个明摆着的事实是，故宫博物院成立前后，一直到现在，保管文物的部门叫作古物陈列所，叫作古物部、图书馆、文献馆，叫作古器物部、古书画部，没听说叫过国宝陈列所、国宝部的。把皇权时代皇家皇宫的古物收藏，叫作现代社会的国宝，民间说说情有可原，主流媒体也这么说个不停，实在是一件很没文化的事情，或者说是只看得见传统文化，看不见现代文化。

五

以我亲身经历过的，也是给我极大刺激的三件事，再一次强调我们博物馆人应当如何对待传统文化的最基本的立场、态度与方法，亦即如何使传统文化"博物馆化"的立场、态度与方法。

第一件事。我的一个做小企业的朋友告诉我，他领着几个同伴参观故宫，进天安门端门，走到午门跟前不由自主地就跪下了。我问为什么。他说震撼啊。我问，你手下的人跪下了吗？他说我喊他们一齐跪下了。我问，你下跪，为什么要让身边的人都下跪？你让他们和你一样下跪，是不是包含了给你下跪的意思？他说没有这意思。我说你是老板，你要他们听你的话，你崇拜皇帝，你要你手下的人不仅和你一样崇拜皇帝，还要让他们像崇拜皇帝一样崇拜你，你好好想想，是不是这样？你心里头藏没藏着这个意思？他沉默了好一会儿，不情愿地说，你这么一分析，还真有这个意思。这是看见皇宫，面对皇权表达出来的一种态度，虽然有些极端，但却是事实。这态度和行为里隐含着对权力与财富的欲望，拜权拜金。虽然看见皇宫、面对皇权下跪的人很少，但被引发和强化这种想法的人肯定不少。也是因为这件事的刺激，我让我的研究生在故宫博物院做过观众调查。在故宫的出口神武门，竟然有不少人在询问"故宫博物院在哪里"。这说明他们参观故宫，根本没有参观博物馆的意识。现在每年涌入故宫博物院的观众高达 1600 万人，堪称世界之最，这么多的参观者，他们是带着怎样的想法来的？又是带着怎样的看法想法离开的？通过参观，有多少人直观而理性地看见并认识了帝制皇权的文化形态？又有多少人被强化了对权力、财富与奢华的崇拜、向往与追求？调查结果让人忧心忡忡，焦虑不安。

第二件事。在太和殿门口，我遇到过一个老太太，看上去是从偏远的地方来的。身边有子女陪伴、搀扶。她在太和殿门口探着头朝里左看右看地看了许久，回过头来撇着嘴自言自语地说，还不如俺家的沙发舒服。我知道她说的是老百姓口口相传的“金銮宝殿”正中高高在上的皇帝的“宝座”。也许她一辈子一个最大的愿望就是亲眼看看皇帝的“宝座”，结果很失望。这就是一位没有文化但充满朴素的人文情怀的老人。她看到的，她想到的，不是皇帝的权力与财富，她没把皇帝看成权力与财富的代表与象征，她只是把皇帝当作和她的孩子们一样的普通人。如此朴素的人文情怀虽然不属于理性精神，但具有超越性。

第三件事。吴冠中先生向故宫博物院捐赠画作，故宫博物院在紫禁城午门城楼举办主题为“奉献”的吴冠中历年捐赠作品汇展。我请吴先生登上午门城楼看看是不是满意这展示的空间。城砖大，台阶宽，已经高龄的吴先生居然一步一个台阶就上去了。站在午门城楼正中，正对端门、天安门。时值暑期，参观高峰，每日约五万观者，多为青少年。只见人流如五颜六色的彩带，从端门涌出，流动于午门广场，涌入午门。我说，吴先生，您的墨彩！先生一声不吭，只是面向观众，一动不动地站着，足有五分钟之久。第三天，我到他家里，商量捐赠和展览的事。说完之后，他说你快过来看。我说什么事啊？他说，我画出来了！我说你画出什么来了？他说就是你前天说的这个。吴先生孩子似的高兴。我细看，特有的吴先生的彩墨：现代的色彩流动于古老的城池。吴冠中先生一般不主张在画中题字，但在这幅作品上他题了“故国三千里，深宫二十年”。吴先生补了一句：“古老的故宫打开大门了。”“一声何满子，双泪落君前！”我差点儿脱口喊出来。我们知道吴先生题在画上的是唐朝著名诗人张祜《宫词》中的前两句，后面的两句是“一声何满子，双泪落君前”。当时吴冠中为什么在那里站了五分钟，他在想什么？我看了他的画之后，明白了，他想的不是多少个皇帝曾经站在这个地方的样子，他想的是在这个紫禁城里面，五百多年里有多少宫女好可怜。皇帝的宫殿里三宫六院，嫔妃宫女无数，多少年轻的女性就在这里默默地枯萎了，凋零了，被扼杀了。她们的生命就像紫禁城地面铺的那些砖一样，就那样地存在、破碎和消失；像砖缝里的草一样，默默地生出、枯死。吴冠中就是这样想的，他站在这个地方想到的是漫长的时光里宫中无数年轻女性的悲惨命运。他想现在不一样了，现在每天进进出出这么多人，不是皇帝，不是嫔妃宫女，不是太监，而是人民大众，是青春靓丽快乐的年轻人。这就是历史，这就是翻天覆地的历史变化。有这样的想法，有这样的感慨，有这样的历史关照，才会有这样的作品，才会用唐朝人写的诗句，表达自己面对皇宫的历史观。那个时刻，我跟他站在一起，可我当时就没这么想过。也是在这个时段里，吴先生又创作了两幅《紫禁城》。我当时正主编着《紫禁城》杂志，特请吴先生为刊物题词，与两幅新作一起发表。第二幅继第一幅题唐人诗的观念表达后，吴先生意犹未尽，在这一幅里进一步对皇帝之城，对皇权文化，作出整体性的评判。覆盖整个画面的黑色的沉重又惊心动魄的“紫禁城”三个大字，与压在其下的五彩缤纷的奇特构成，直击皇权文化、专制文化镇压生命、扼杀人性的本质。光彩夺目的皇宫，实质上是暗无天日的牢笼。所有的人，不管是皇帝、宫女还是太监，或者是皇亲国戚、大臣将帅，统统是这个牢笼里的囚徒。第三幅则是以欢快明丽跳跃的色调，以几乎是走向极致的抽象意象墨彩，以紫禁城色彩与游人色彩的流动融合，对已经成为公共文化空间的皇城，抒发出浓烈的如题词所表达的情怀：今属人民之城，辉煌照耀，不限古今远近。

人们都说紫禁城是中国古代建筑集大成者，是世界范围内规模最大、保存最完整的宫殿建筑群。我说紫禁城是中国帝制时代、皇帝时代的建筑方面的集大成者，是中国数千年帝制王朝的一曲建筑颂歌，但是它同时又是一曲挽歌。紫禁城既是空前的，也是绝后的。在颂歌和挽歌之后，在空前和绝后之后，我们现在能从紫禁城获得什么？我们应该获取些什么？或者说六百年之后的紫禁城今天还有用吗？我们能从紫禁城的历史、文化、哲学、美学中，紫禁城的布局和规划中，紫禁城的形态，紫禁城的色彩，紫禁城的声音里感受到什么？从吴冠中的三幅《紫禁城》中，我知道紫禁城给了吴冠中极大的创作灵感。在吴冠中的《紫禁城》里，我们根本看不到传统的界画的影子，看不到传统的笔墨、线条、色调，看到的是新的形态，新的墨色，看到的是抽象、印象，看到的是汉字与画图的新的构成。这样的吴冠中的《紫禁城》，已经足以让我们惊讶惊叹了。但这些都不是最重要的。最重要的是我们从吴冠中的紫禁城里看到了现代理性的魂灵，看到了吴冠中对历史、对传统，以及对历史、传统与现在关系的艺术表达，看到了艺术家的人文情怀、价值评判、理念指引的当代艺术之魂。三幅小小的作品，由此成为宏大历史叙事，现代艺术手法，当代艺术观念的大情怀，大艺术。吴冠中的《紫禁城》再一次佐证：有博大的情怀，深邃的思想，方有伟大的艺术。

过去的皇宫紫禁城能给我们什么？吴冠中的《紫禁城》能给我们什么？没看到吴冠中的《紫禁城》与看到吴冠中的《紫禁城》，我们对紫禁城的思考不会一样。这是吴冠中的紫禁城，吴冠中的当代艺术投射给我们的最有价值的启发。我们在走进紫禁城的时候，我们在走出紫禁城的时候，我们在想起紫禁城的时候，我们在和别人谈论紫禁城的时候，我想我们谈论的是中国的历史，谈论的是中国的文化，中国的传统文化。因为在漫长的帝制时代，皇宫是皇帝生活、居住、执政、发号施令的地方。以皇宫为核心、为代表、为象征的宫廷文化，无疑是那个时代起决定作用的核心文化、主流文化，覆盖和影响各方面的主宰文化。欣赏吴冠中的《紫禁城》，应该也可以引发我们这样的拓展思考：几千年的传统文化中，到底是优秀文化多，还是非优秀文化多？今天的人们，到底是创造性地继承和发展了优秀的传统文化，还是因袭了太多非优秀的甚至是糟粕的传统文化？我又想到了吴冠中的“叛徒说”。他的意思是说真正地继承传统，就要做传统的叛徒；跟老师学习，尊重老师，就要做老师艺术的叛徒。吴冠中的《紫禁城》就是紫禁城的“叛徒”。吴冠中的《紫禁城》可以引发我们进一步思考：如果我们的艺术家继续沉迷在传统的山水、笔墨、趣味之中，永远产生不了伟大的艺术家；如果我们的学者继续沉迷在传统文化中，永远产生不了伟大的思想家科学家。所以，不必说对于那么多非优秀的传统文化了，即便是对于优秀的传统文化，理性的态度、正确的做法，也一定应当是创造性地转化，创新性地发展。

我想通过我所经历的发生在现在故宫博物院的三件事，再一次强调，生活在当下的我们，应该坚决抛弃对帝制文化、皇权文化的精神跪拜，至少应该以老太太那样的既朴素又超越的人文情怀观照传统文化，更进一步，则是要以吴冠中那样的现代理性、理念、立场、态度、方法，去面对传统，面对传统文化。博物馆，以历史文物为主要资源的博物馆的历史使命、文化担当，就是和公众一起，共同做好传统文化的现代转化与创新工作，也就是做好传统文化博物馆化的工作，并以此姿态走向未来。

大遗址与博物馆

——以故宫博物院为例

以文化与自然遗产地为依托的博物馆，是人类历史活动、自然生态环境变化的时空见证。由于遗址类博物馆与人自身、与人赖以生存的大自然的密切关系而普遍受到人们的高度关注；由于大自然与人类活动的悠久历史，人们不断发现的人类文化与自然遗址数量巨大，虽然不可能所有的遗址都会成为博物馆，但是这类博物馆的数量已经相当可观，在种类繁多的博物馆中占有重要的位置；由于随着社会的发展，随着学术研究与科学技术的进步，随着人类认识自己的历史及探索人类生存环境不断取得新的发现，被人们确定为文化和自然遗产的数量还在不断增长中，以文化与自然遗产地为依托的博物馆的数量更是在不断增长之中。

我国的遗址类博物馆，包括以古建筑和列入文物的近现代建筑为馆址的博物馆，已经超过1500座。据文物行政部门 2001 年统计，已发现的不可移动文物有 40 多万处；2007 年至 2011 年不可移动文物第三次普查结果显示，不可移动文物增加到766722处，总量几乎翻番。按照沿用的分类，这些不可移动文物分别为：古遗址193282处，古墓葬139458处，古建筑263885处，石窟寺及石刻24422处，近现代重要史迹和代表性建筑141449处，其他类型4226处。与 70 多万处不可移动的文化遗产相比，1500余座以遗产地为依托的遗址类博物馆虽然在博物馆总量中占有数量优势，但在不可移动文物总量中，只占极少的一部分，然而在政府和社会重视文化遗产保护和展示的强力推动下，遗址类博物馆的发展趋势，除了数量上的快速增长，同时也催生出遗址类博物馆的新形态，如以大遗址为依托的文化遗址公园等。现被确认为大遗址的，有2000多处。

遗址类博物馆的地位与资源特性，形成了遗址类博物馆，尤其是大遗址博物馆建设发展的明显优势。其优势集中表现在遗址博物馆与文化建设、与社会建设、与学术界、与公众建立起更为密切的联系，从而使博物馆文化更加丰富，博物馆视野更加开阔，博物馆价值更加饱满。

如从考古与遗址博物馆的关系看，人类活动遗址的发现，与考古学关系密切。重要的文化遗址，大多是考古发现的重大成果。过去的考古，较多局限在学术的小范围内，即便是重大发现，也不易引起社会、公众的关注。而在经济建设大发展的新时期，在到处是大规模的基本建设的中国大地上，在国家文物保护法的规定下，哪里有基本建设，哪里就有文物考古工作者的身影。尽管时有违反文物保护法的行为出现，文化遗址、地下地面文物遭到破坏的现象也时有发生，遗址调查、考古发掘还是受到了前所未有的重视，一有比较重要的发现，立即会成为舆论与公众关注的社会热点。而且，考古成果往往能够迅速地转化为面向社会、面向公众的开放的博物馆形态。

遗址博物馆的此种发展趋势，使得考古工作、考古学的前博物馆特性更加突出。虽说考古的成果或迟或早都会集中到博物馆，或以博物馆的形态公诸于世，但现在这种转化的速度大大加快了，这是考古作为前博物馆形态的一面与博物馆关系的一个方面；另一方面，从遗址到传统意义上的博物馆，再到现在新兴的把经过考古发现和整理的，或者说把以考古学为基础的大遗址，建设成更加开放的大遗址公园，将文化遗址的发现、发掘、保护、展示，与社会公众的观赏文化遗址、文物和一般的休闲娱乐、观光旅游融为一体，从而出现了以遗址公园为代表的后博物馆形态。不论从考古与博物馆的关系着眼，还是从博物馆自身的发展观照，此种新兴的后博物馆形态，因其与大遗址、与公众建立起来的新型关系，具有很大的发展空间和旺盛的生命力。

再从观众关注度的情况来看，遗址博物馆的优势更加突出。世界上观众量排在前列的博物馆，无疑以遗址类博物馆为主。观众增长的数量与速度也是最明显的。故宫博物院进入 21 世纪以来，观众量快速且大量增加，使故宫博物院的管理遇到前所未有的服务压力。从每年的 600 万人到 700 万、800 万、900 万、1000 万、1200 万、1300 万、1500 万，一直到1700万，观众流量以每年百万、数百万之巨增长，并创下一天

18.2 万参观者的最高纪录。这在世界博物馆界是绝无仅有的。以故宫博物院的开放空间计算，每天不超过 5 万观众，均在适宜参观范围之中，超过 5 万则会影响个人参观质量，超过 10 万则严重影响所有人的参观质量。为了保证参观质量，故宫博物院一方面尽量扩大开放面积，另一方面努力调节观众在一天时间中的流量节奏，并采取了每日最多 8 万人的限量措施，以缓解观众量过大的压力。

当然，像故宫博物院这样因观众量巨大而承受压力，在博物馆界只是个案。不过，与其他类别的博物馆相比，遗址类博物馆，尤其是大遗址类博物馆比较容易吸引参观者，的确是遗址类博物馆共同的优势。而共同的劣势，则一是因首先必须保护遗址而使展示空间受到严重局限，二是因参观群体更加多样复杂而影响参观质量。因为一般的博物馆参观者，大都具有明确自觉的博物馆意识，而遗址类博物馆相当多的参观者的文化需求与参观期待，停留在较为表面的旅游观光的层面。故宫博物院同样面对这样的情况。

由此给遗址类博物馆提出许多需要特别研究的问题。如作为遗址遗产的文物保护和传播问题；如何合理而有效地解决以遗产地为依托的博物馆展示问题；如何解决与地方经济发展、社会建设相呼应的问题；如何协调与旅游业的关系问题；如何针对观众的特殊性多样性，努力提高参观质量的问题等等。这些都是遗址类博物馆遇到的共性问题。

当然，在遗址类博物馆这一大的类别里，也呈现着多种形态。大体可以分为这么几种：

一种是作为遗址的建筑保护完好，博物馆展示与遗址建筑融为一体。大多数以保护较好的古建筑为主体的博物馆，近现代重大历史事件、历史活动纪念馆，名人故居纪念馆为此种形态。

一种是在遗址保护地范围内或保护地附近新建展示空间，与遗址组合而成的博物馆形态。不完整的也无法完整再现的大型、线型历史遗址大多为此种形态。

还有一种是以新建的空间结构，将主要是考古发掘出来的遗址原状及其展示方式连接为一体的形态。

再一种，也就是前面提到的新出现的大遗址文化公园概念，即以保护、展示文化和自然遗址遗产为核心，通过总体规划与实施，实现更大规模更大范围的综合效应。一般是与旅游观光、文化产业开发联系在一起的。

基于遗址类博物馆的资源特征，不管哪一种形态的遗址博物馆，其文化展示与传播功能尽可能要实现三方面的要求：一是真实的尽量完整的遗址及其空间环境展示；二是建筑遗址内部的原状展示；三是相关馆藏品的展示。

以故宫博物院为例。

第一是原状保护，完整保护。对作为已有600年历史的明清两代24位皇帝执政的皇宫的完整保护，包括不可移动文物与可移动文物，物质文化遗产与非物质文化遗产。最重要的是原状保护，以阶段性大修与不间断维修为主。如20世纪末对紫禁城护城河的彻底治理；21世纪开始的长达20年、投资20亿人民币，现在仍在进行中的世纪大修，其中包括自康熙朝以来，即17世纪以来对世界上现存最大的木构单体建筑太和殿的最大的维修工程；已经立项、现已正式启动的投资40亿人民币的“平安故宫”工程；逐渐清除紫禁城内非原状建筑与尽可能回收周边仍然存在的皇家建筑；彻底清理以清宫遗存为主的故宫博物院可移动文物并向社会公布等。

第二是原状陈列。真正做到宫廷原状陈列，尤其是室内原状陈列几乎是不可能的。因为在漫长的历史变迁、朝代更迭中，所谓的原状也是一个变化的过程。只能通过还原研究，为原状寻找文本的依据，确定一个时间的界限，而且也只能做到变化状态中的重点复原。不过，在庞大的宫殿建筑群落里，对于一般观众来说，提供若干重要原状即可满足还原展示的需要了。

第三是在必须原样保护的遗址建筑空间中做好博物院藏品的陈列。古建筑并不是为了作展厅而建造的，但现代文物展览却要求具备特定的展示环境及空间条件，二者本身存在难以协调的矛盾。关键在于处理好古代建筑原状与文物现代展示要求之间矛盾状态的平衡把握，需要做好古建筑与现代展厅之间的外中之内与内中之外的艰难选择，实现有限限制中的无限创新——“使古老的更古老，使现代的更现代”。以紫禁城午门城楼展厅为例。午门展厅工程因为在解决古建筑保护和文物展示之间的矛盾方面所做出的创造性贡献，获得了 2005 年“联合国教科文组织亚太文化遗产保护奖评审委员会创新奖”，收到了双重保护与双重展示的理想效果，即古建筑保护与展品保护的双重保护和不可移动的古建筑展示与可移动的文物展示的双重展示的理想效果。端门城楼“故宫端门数字博物馆”的创建，直接以“使古老的更古老，使现代的更现代”为招标主题词，取得了良好的创建、创新效果。

第四是保护前提下延伸展示的种种可能。主要是举办展示性、传播性的文化艺术活动。如 2004 年“中法文化年”在午门举办的雅尔激光音乐会，在紫禁城中举办展线长达500 多米的以“文明对话”为主题的国际摄影展，连续数年在太和门举办的“太和邀月”文化艺术活动，以及汉唐乐舞《韩熙载夜宴图》的演出等，除了展览本身的内容，还取得了特殊的感知和欣赏古代建筑之美的审美效果。

第五是现代数字展示传播的种种可能。具体包括文物实体展示中的数字辅助展示，点击率数百万的故宫网站，故宫数字作品，故宫虚拟数字作品，可视图像与可供查询的故宫历史、建筑、藏品的海量数字信息等。

观众对遗址类博物馆的参观期待首先是真实的历史原状，隐含在内部的私密状况与种种信息，以及与遗址连接在一起的人物与事件故事。将历史真实地还原在公众眼前是遗址类博物馆的使命与职责，但不仅限于此，更重要的是引导观众从看到了什么中思考对所看到的给予什么样的价值评判。因为从社会教育的目标出发，对历史的当下评价导向不应被忽视，更不应被放弃。

难度正在于此。在遗址类博物馆的所有活动中，学术性还原研究、现代理性指导下对文化遗产的价值评介、准确通俗的语言表达——三方面要素缺一不可。不一定完美实现，但必须努力实现。

其中最不可忽视的是对遗址、对文化遗产的文化解读的价值导向，特别是古代帝制、皇权时代的文化遗产，对于今天的受众而言，存在而且必须解决不同文化价值体系之间的切割与现代转换——这是现代博物馆应当自觉承担之伦理职责所在。

文化遗产与新媒体传播

——以故宫博物院为例

数字化、网络化的出现并日新月异地快速发展，把文化传播带入一个新的境界。新媒体传播使古老的文化遗产与博物馆文化传播面对全新的格局，此种趋势与政府部门正在大力推进博物馆向公众免费开放的国家政策一起，组合成一种强势推力，推动博物馆文化与公众、与服务对象的关系进入新一轮的调整期。

博物馆文化发展到今天，随着公民文化素质与精神文化需求的提升，随着国家适应社会的需求把博物馆建设纳入公共文化建设、公民文化权益保障体系之中，博物馆文化公益性、公众性、公共性的核心价值已经成为人们的共识。而以高新科技为依托的数字化、网络化传播的最大特点是最快的传播速度与最大范围的传播覆盖。于是，最古老的文化与最新的科学技术之间的新型关系出现在我们面前。以数字化、网络化为代表的信息采集、保存和传播，正在以前所未有的方式和速度，推动着博物馆文化公益性、公共性、公众性的实现，即推动或带动博物馆文化核心价值在最大范围的实现。这样的全新传播方式不仅会为博物馆文化传播创造种种可能，还会给公众带来博物馆文化的全新体验。

历史悠久的文化遗产和人民群众丰富多彩的物质和非物质的文化创造，决定了各级各类博物馆聚集和保存了大量的藏品和丰富的信息，用传统的陈列展示解读固然可以不断发掘博物馆的文化内涵，而且这样的特有方式永远需要，但毕竟受到了各种条件的限制，而数字化、网络化所具有的采集、存储、传播海量信息的优势，以及它的无障碍通道，广泛的可选择的共享服务与分享服务，人性化、个性化服务，使得博物馆文化在公众面前变得越来越触手可及。这样的传播不能不改变着、扩展着博物馆文化的传播者——博物馆人的价值观念、管理理念和服务方式，也不能不改变着博物馆文化接受者对博物馆的理解、需求和接受方式。

但是，新的改变绝不是放弃传统的方式。恰恰相反，作为文化遗产，博物馆不可替代的“现场”与“物证”的魅力与意义更为珍贵。所以，需要我们努力解决和建立的是数字化、网络化传播接收与现场参观、实地考察之间的互动互补关系。数字化传播有它最大的优势，同时也有它致命的弱点。我们怎么样在虚拟和实体、间接和直接、超越时空和回归时空之间建立新的平衡？对博物馆、对文化遗产来说，最终的目标就是想方设法让人们回到现场，走进博物馆的展厅，身临其境、亲眼目睹、直接感受、直接对话。数字和网络的东西可能使我们走马观花、浮光掠影，但是它也可以导引所有的人到现场去，到博物馆去，使人和历史信息的对话更加细致入微，更加生动新鲜。传统的现场参观的传播、接受方式与最新的网络数字化传播接受方式的相互结合、互动互补，足以创造出触摸历史的全新环境，足以创造出与历史对话的全新语境。

在博物馆文化与新媒体传播建立新型关系的进程中，以下几个问题较为突出：

一是数字化、网络化在硬件和软件建设上的成本较高，特别是高水准的数字节目制作成本更高，而现阶段虽然各级政府加大了对博物馆建设的投入，但从总体上看，博物馆、文化遗产地的经费仍然不足，致使大部分博物馆和文化遗产地的数字化、网络化建设还徘徊在初级阶段，数字化的最大优势还难以在地域性、分散性特点突出的文化遗产与博物馆资源的整合中发挥应有作用。

二是在有条件的地方，经费投入有所保障的地方，在人力资源的配置方面明显缺位。在文化遗产和博物馆领域里，高新技术方面的人力资源短缺，缺少数字建设、网络建设的专业人才，至少在目前是这样的。而在数字、网络领域，在高新技术领域，人文方面的人力资源短缺，缺少甚至没有人文历史博物馆方面的专业人员。这样，在数字技术和博物馆、文化遗产之间，由各自缺位造成双方的错位，带来的直接后果就是原创性的数字传播内容很难到位。如果资金能够得到保证的话，硬件方面的问题可能容易解决。在软件方面，如何解决人文和自然科技方面人力资源的互补、融合和组合，难度更大。如果后一个问题得不到解决，不管用什么样的数字化、网络化技术手段，博物馆文化的有效传播都会受到严重的影响，原因很简单——我们给公众、给社会传播的内容是什么？

由此产生的第三个问题是在传播内容方面，在文化遗产、博物馆文化的内容原创和数字制作转化的过程中，带来的过分专业的传播阻隔与过分娱乐化、趣味化对文化遗产价值、博物馆文化价值的消解和损害，是需要我们特别警惕的问题。造成这一问题的直接原因，一方面是博物馆人、熟悉博物馆文化资源的专业人员不懂得或不熟悉数字制作、网络传播的原理、特色、意义，再加上过细的专业分工，长期的专业训练形成的专业习惯思维和专业表达造成了与普通受众的疏离，若以这样的专业人员为主导提供数字、网络内容，则很容易产生传播阻隔。另一方面是数字、网络技术方面的专业人员不懂得或不熟悉博物馆文化资源丰富深厚的内涵和特色优势，往往会从顺应普通公众娱乐化、兴趣化的浅层需求出发，或受流行文化、快餐文化、商业文化的干扰，不去也不能把博物馆深厚的文化资源较为丰满地传达给公众，甚至对博物馆文化传播造成负面影响。

构建博物馆文化与新媒体传播的新型关系，以上的问题应当有效地予以解决，尤其是后两个问题。在目前的情况下，在适应这一需求的人才培养尚不可能到位的情况下，要做好博物馆及文化遗产地数字化、网络化的工作，首先要做到两方面专业人员的磨合、互补、有效合作。

以故宫博物院为例。故宫博物院的信息化建设起步较早，已经具备了较为扎实的基础，资金投入也有一定的保证，在信息化建设中做好两个领域专业人员协调配合、共建共创的工作尤为重要。

故宫博物院的数字化、网络化建设大体包括四个方面。

一是数字信息的采集、保管、应用、检索、传播。院内院务管理人员、藏品保管人员、研究人员，与数字专业人员配合，建立数字信息库、数字网络，为管理服务、为研究服务、为展示服务、为交流服务。

如大家都知道，故宫博物院正在进行的举世瞩目的长达20年的故宫大修，用数字化的方式进行了全程的跟踪记录。如古书画研究中心对数字技术的应用，有些信息是没有数字手段的时候无法做到的。一幅古画通过高清晰数字处理，可以看清楚非常细的细部，一般用肉眼是看不到的，用放大镜也看不清，专家学者可以根据这样的图像看到用的是什么材料，曾经进行过怎样的多少次的修补，甚至它运笔用墨的细微痕迹，它的精美的构成等。这样的技术确确实实为我们研究古书画的专家提供了以前无法得到的参考信息，甚至用这样的信息解决了长期解决不了的关于一幅画的真伪、时代和其他方面的问题。

二是与古代建筑展示、与藏品陈列展览同步的数字化信息服务。包括定位影像互动查询检索服务，移动自动导览服务，以及正在研究中的手机网络导览服务。故宫博物院有专设的数字体验馆，文物展厅有视频播放区，点击电子说明牌，可以查找更丰富详尽的文物信息。借助数字技术，进入一般情况下不可能进入的建筑及大型藏品的内部。

三是超越时空的网络服务。网站编辑人员与各个领域的文物专家学者共同打造的板块网页，每天吸引着数十万、数百万人次的浏览。

四是专题数字作品的创作。与中央电视台合作创作，已经产生了世界影响的大型电视纪录片《故宫》，就是在院内外多方面专家学者数年通力合作下完成的。最初的文字资料稿本均由故宫博物院各有专长的学者完成，然后由编导在此基础上改为拍摄脚本，反复讨论，拍摄基本完成后再几经审定。与日本凸版印刷企业合作建立的故宫文化资产数字化应用研究所，多年来致力于运用数字技术开发制作虚拟紫禁城系列影视节目，致力于与观众的互动参与，由外到内的解构与再构，再现了紫禁城宫殿建造过程与结构细节。宫殿的内部是怎样构成的？是怎样建立起来的？中国古代建筑的奥妙尽现眼前。这是其他手段的影视方式无法表达的。没有古建筑专家、宫廷史专家、数字虚拟技术专家的全程合作是不可能完成的。

从文化遗产，从博物馆的特定优势与核心价值看，“现场”是不可替代的，“物证”是不可替代的，但新媒体传播可以使古老文化超越时空。新媒体传播完全能够与文化遗产传播，与博物馆文化传播，共同搭建一个为公众服务的动态程序：前虚拟服务（以数字化、网络化为主的，以导向指引为目的的文化遗产、博物馆信息服务），现场服务（以文化遗产现场展示、博物馆藏品展示为主，数字技术解读服务为辅），后虚拟服务（“现场”“物证”之后持续深入的更有针对性的信息检索），再现场服务（不断地回到文化遗产地，回到博物馆）。

快速发展变化的新媒体传播即时地不停地让文化遗产、博物馆文化流水般融入公众的日常生活。我们所做的一切努力，就是要吸引公众不间断地在博物馆里，在文化遗产地，在任何地方，和历史文化进行老与新、远与近、物与人、人与人的直接交流，让历史文化与公众更加亲近、更加亲切、更加熟悉，而不是更加遥远、更加虚幻、更加陌生。让传统文化给现代人新的感觉，让传统的智慧成为创造新生活的灵感源泉。

活化文物南迁与南迁文物的文化价值

2010年6月，故宫博物院策划组织了一次“重走故宫文物南迁路”的重大行动。起因有二：一是纪念故宫博物院建院85周年、紫禁城肇建590周年。二是故宫文物南迁直接导致了故宫文物分处海峡两岸，出现了两岸两个故宫博物院并存的局面。自2009年两院院长正式互访，开启“破冰之旅”时起，两岸两院的交流与合作就在朝着制度化、常态化合作方向迈进。通过“重走”这一纪念形式，亲身体味故宫前辈护送故宫文物大迁徙的艰辛，追寻与探求这段几乎已经被湮没的两院共同的历史史实，具有特殊的意义。重走故宫文物南迁路的“寻根”活动一经提出，就得到了台北故宫博物院同人的积极响应。两院参与人数之多、相处之融洽、交流之密切、讨论之深入，令所有参与者感到既亲切又激动，极大地推动和促进了两院进一步的合作交流。

受郑欣淼院长委托，我担任“重走故宫文物南迁路”考察活动北京故宫博物院领队，并负责全体全程活动的组织安排。考察团一行自6月4日出发去往南京至6月18日返回北京，在15天的行程中总共考察了4省（江苏、贵州、陕西、四川）8市（南京、贵阳、安顺、宝鸡、汉中、成都、重庆、乐山），探寻了37个重要的故宫南迁文物存放点，循着当年的部分运输路线，串联起一条抚今追昔的重走之路。考察中力求历史考证与现状调查并重，档案文献与口述历史并重。通过实地走访与探寻，新发现一批与故宫文物南迁历史相关的珍贵材料，为故宫博物院文物南迁史研究提供了新的线索。寻找到当年曾经参与这场行动的人员，亲耳聆听他们讲述为文献档案所不载的鲜活历史，随行拍摄了长达30小时的影像资料。考察团所到之处，切身感受到当地政府、文物管理部门的重视与热情，筹划安排周到、预先搜集资料、寻找当事人、组织研究人员参与座谈等，充分保证了考察活动的顺利开展。此外，随行媒体与所到地方的媒体都给予了极大的关注，积极报道宣传，将故宫文物迁徙与存放这段历史告知民众，扩大了故宫文物迁徙的影响范围，增强了公众的共同记忆与文化认同感。

作为“重走故宫文物南迁路”全程的总领队，在故宫文物南迁路的实地考察探访中，对故宫文物南迁行动的价值，对经历过南迁行动的故宫文物的价值，我有了不同以往的认识与思考。

一、文物南迁与南迁文物的超越性文化价值

（一）文物南迁的世界意义

故宫博物院近百万件南迁文物，能在10多年漫长的时间里，在残酷的战争环境里，辗转上万公里，横跨10余省市，不仅是靠故宫博物院一个单位和数十位故宫人的护送，更是一次更广意义上的国家、政府行为，是全国上下从政府工作人员到军队到民众的全民保护国家文化遗产的行动。其时间之长、范围之广、经历之艰难，集中显示了当时中国人民保护民族文化的高度的责任感、顽强的毅力和牺牲奉献的精神。如果说抗战是全民抗战，那么以故宫博物院文物为主的文物大迁徙则是全国保护文化遗产、全民保护文化遗产的“文化抗战”行动。这段历史不仅是故宫博物院的历史，不仅是两岸故宫博物院共有的历史，更是我们国家民族一段值得高度重视，值得永远载入史册的护卫文化遗产的行动，也是第二次世界大战世界反法西斯战争史、中国抗日战争史、中国近代史中的重要篇章。二战期间，其他国家也有躲避战火文物迁徙的行动，但任何一次文物迁徙，都没有中国这一次文物迁徙规模大、数量多、路程长、范围广。无论从哪方面看，中国的文物迁徙，都是战争史上最为壮烈的一次人类文化遗产保护行为。重走故宫文物南迁路使我们深深感到，我们所守护的故宫博物院，是人民共有的财产，是全国人民在战争环境下以生命为代价捍卫的民族文化遗产、人类文化遗产。这一认识对于中国人民与世界人民保护共同的人类文化遗产有很大的启迪

意义。

（二）南迁文物的新价值

故宫博物院现藏可移动文物180多万件，台北故宫博物院现藏文物60多万件。两院文物中近百万件经历了文物大迁徙。不论是什么原因，不管通过什么样的渠道，流传至今的文物，特别是现存在两岸两个故宫博物院的文物，都有其珍贵的历史价值、艺术价值、审美价值。但是，两个故宫博物院共计250多万件文物中，经历了长途跋涉、战火洗礼的近100万件文物，与另外的没有这样经历的150多万件文物相比，显而易见，其内涵价值是大不一样的。它们本身就是有重要价值的文物，又直接参与了全国全民族救亡图存的伟大的抗日战争，加入到抗战的洪流之中，这样的经历，使得这批文物增加了特殊的新信息，获得了特别的新价值。这批南迁文物在保家卫国、文物长征、文化抗战的意义上真正具有了国家文化、民族文化的象征性意义，或者说这批文物更能充分地显示出国家民族文化的象征意义。正是这样一次难以想象的文化抗战的壮举，赋予古老文物以新的文化内涵和新的文化价值。

这批近100万件南迁文物因南迁而增加的新价值，我以为至少包含四个方面。一是放在世界范围看，是世界反法西斯共同体、人类正义力量联合协作的价值。二是中华民族国难当头，全国人民、各种力量团结一致，救亡图存，致力于国家民族振兴复兴的价值。三是两岸一家、两岸统一的价值。因为文物南迁，因为后来形势的发展变化，南迁文物的一部分又迁到了台湾，于是有了现在的台北故宫博物院。有不少人问，台北故宫博物院的那些东西怎么办？什么时候能拿回来？我说你想这个干吗？拿回来干吗？两岸两个故宫博物院是历史造成的，已经是一个历史的存在了，因为两岸故宫博物院的文物同出一源，正好证明两岸一家，同根同脉，永远是血脉相连，永远不可分裂分割。四是具有国家、民族象征意义的文化在特殊时期大放异彩，能够发挥不可替代的号召力、动员力、凝聚力、影响力的价值。如果是一件单纯的清代宫廷遗留下来的文物，就不能说有这样的价值。而这批经过南迁的百万件抗战文物就有了这样的新价值。只有这样的新价值，对于今天和未来的人们，才具有无可替代的超越性的文化建设和精神激励的作用与意义。

（三）文物南迁与南迁文物新价值的超越性意义

新价值的超越性意义，集中体现在文物南迁的壮举，经过南迁的百万件文物，由于新价值的产生，又足以使传统文化与革命文化、与新时代文化建设，建立起新型的一体三面的传承发展关系。

我们国家现在比以往任何时候都重视文化建设。我们的文化政策要求我们推动中华优秀传统文化创造性转化、创新性发展，要求我们继承革命文化，要求我们发展社会主义先进文化，要求我们与世界文化交流互鉴，从而创造我们新的辉煌文化。如我前面所说的故宫物质文化遗产双重价值中具有优秀成分的部分，也需要经过创造性转化、创新性发展，才能在今天的文化建设中发挥作用。当然，过去的皇宫转变为现在的故宫博物院，这一转化的过程，就是适应新文化建设需要的文化转型。而伟大的抗日战争赋予文物南迁与南迁文物的新价值，使得这一部分故宫文化遗产增添了现代新文化的因素，从而具备了新文化建设所需要的更为优质的独特资源，更容易与当下的文化建设、社会建设、经济建设建立更为紧密的联系。这就是我所指的传统文化、现代新文化、新时代文化，这三种文化集中融入文物南迁与南迁文物之中，完全可以由此建立起一体三面的新型传承关系，建立起创造性转化、创新性发展的新型文化建设发展关系。如何充分认识、利用、弘扬文物南迁与南迁文物作为优质文化资源的巨大价值？如何让这样的优质资源创造更新更大的价值？讨论刚刚开始，一切刚刚开始。我所强调的文物南迁与南迁文物新价值的超越性意义就在开始之中，就在完全可以转化、创新、发展的广阔空间之中。

二、文物南迁与南迁文物新价值的流失

让人遗憾更让人担忧的是，文物南迁与南迁文物的新价值还没有充分发掘出来，还没有被大多数人认识，尤其是还没有被急需这种优质文化资源，正在四处寻找优质独特的文化资源的人们所认识。更为严重的是，文物南迁与南迁文物已经获得的新价值正在悄悄地流失，已经流失

了许多许多。

南迁路线、遗址、遗迹的流失。在 8 年前重走文物南迁路的一路上，这种感受就很让人揪心。一路走来，我总体上感到南迁文物遗址所在的当地政府、文化部门对故宫文物南迁路线和保存点的研究、保护与宣传很不够。南迁的历史距我们虽然仅仅过了不足百年，却恍如隔世，路线与重要节点缺乏标志性的标牌，甚至已经完全寻找不到当年发生过这一事件的痕迹。当然，其中有历史的原因，当时文物迁移被视为军事行动，通常是在秘密状态下由军队护卫完成，因此一般人并不十分清楚，以至于今日在当地知晓这段历史的人屈指可数。此外，也与文化文物部门、故宫博物院及相关机构对这段历史的重视与研究不够直接相关。此次重走，故宫博物院与地方政府形成共识，加强对故宫文物南迁历史的研究，开展相关资料的整理，促进实施相关保护措施，并拟加强对故宫文物南迁路线的整体研究，为以文化路线的形式联合申报国家级重点文物保护单位打下基础。以重走文物南迁路为标志，为新的开始，对文物南迁路线、遗址、遗迹的重视和保护工作出现了新的气象，有关方面在努力推动保护工作的进展，故宫博物院的推动力度尤其大，效果明显。

南迁文物新价值的得而复失。如前所述，近百万件南迁文物增加了那么多的新价值，但是现在看来，保护、保管、利用这些文物的博物馆，主要是两岸两个故宫博物院，对南迁文物的基础和研究工作还没有跟上。同样是故宫博物院的藏品，经过南迁的文物和没有经过南迁的文物的价值是不一样的。如果在保管和展览中，完全一样对待，不做任何区别性说明，甚至连经历过南迁也不标明，那么，南迁文物因南迁而获得的新价值就自然而然地消失了。文物是历史的创造，历史创造出来的文物在后来的历史中有它的成长史。文物在传承利用中不断地吸收增加新的信息，就是文物的成长史。像文物南迁这么重要的信息，我们为什么不给它记录下来，保留下来？做文物工作的，研究文物的，都强调文物的流传有绪，南迁文物的南迁经历，不就是流传有绪的最重要的内容吗？现在至少应该做两件事：一是在最基础的文物登记登录卡上，给每一件南迁文物做明确的南迁记录。有特别经历的要特别注明，如南迁的路线，南迁期间参加过的展览等。二是在与其他文物一起展出时，要据此基础登录做出特别的说明，把这一特殊重要信息传达给公众。给所有的南迁文物做的这两件事，应该列入对南迁文物的抢救性保护工作中。

故宫博物院文物南迁的这段历史，经过南迁的文物，给两岸的故宫博物院，给故宫文物增加了新的历史、文化价值。古物有灵，走过南迁路，经历过千辛万苦考验的文物，其意义与价值当然异于他物；同样，南迁历史赋予了故宫博物院一代又一代从业人员新的精神内涵，而重走南迁路的考察活动又为新时代的故宫博物院精神注入了生机与活力。对“故宫人”而言，文物南迁是一个极其艰辛的历程，但也正是这一过程，进一步塑造了“故宫人”的特质，培育了“故宫人”典守国家文化遗产的责任与情感，这种情感和精神将永远在两岸故宫博物院、在文化遗产保护和传播中发扬光大。

三、文物南迁与南迁文物新价值的抢救性再现、永续性活化

（一）加大对文物南迁与南迁文物的研究力度

故宫博物院、四川乐山已经建立文物南迁研究所，用实实在在的研究机构和研究人员，保证研究工作的有序推进。通过专业研究机构和专业研究人员，组织和吸引多方面的社会力量，制订切实可行的研究规划，稳步开展研究工作，不断推出高质量的研究成果，这是最重要的也是最扎实的基础工作。

（二）努力推进文物南迁路线、遗址、遗迹申报并申报成为国家重点文物保护线路

这一工作同样是最重要的也是最扎实的基础工作，既可以取得法律层面的保障，又可真正列入各级政府的工作范围，得到社会各界的有效支持。

（三）建设文物南迁与南迁文物博物馆

文物迁移的过程，是中国人民、中华民族文化抗战的宣言，也是中

华民族文化、中华五千年文明播迁的过程。南迁期间，这批文物里的部分精品漂洋过海赴伦敦、莫斯科、列宁格勒（圣彼得堡）展出，克服了种种困难；在迁移线路上，在暂时存放地南京、上海、贵阳、成都、重庆向公众展出，均产生了轰动效应，对于当地的民众有很大的影响力，对于第二次世界大战时期在全世界树立中国国家形象做出了不可替代的贡献，对于中华文化的传播更是意义重大。即使在今日，也无法想象当年的情形，更无法估量它究竟在多少人心中撒下了中国文化的种子，向多少人传达了中国人民同仇敌忾誓死抗战到底的坚强意志。在特殊的战争环境下，在艰难困苦的迁徙中举办展览，也使故宫博物院的文物南迁变成了流动的故宫博物院，充分体现出现代博物馆公益性、公众性以及满足社会需求的核心文化价值。当年在危难关头，迁徙故宫文物，主要出于保护的目的。但是，故宫博物院在文物迁移途中却也同时承担起对公众展示的博物馆文化教育宣传的功能。因此可以说，文物的迁移过程就是文化的播迁之旅。也许，待日后各方面文物保护与展示的条件成熟了，我们能带着故宫博物院南迁过的文物，以全新的形式重新来一次南迁之旅，办一次南迁巡回展览，重回一次战时的文化遗产保护之家。当然，最有价值、最有意义、最可持续发展的是选择合适的、有条件的、能创造条件的地方建立文物南迁与南迁文物博物馆。南京是南迁文物的枢纽与集散地，他们已经开始规划了。重庆存放过南迁文物的安达森洋行，修缮改建博物馆的工程正在进行之中。四川乐山是存放南迁文物最多、存放时间最长的核心地点，完全可以后来居上，精心规划设计，以文物南迁与南迁文物为主体，向外延伸，建设一座在世界范围内以在战争中保护文化遗产为主题特色的博物馆。

（四）还是在乐山，在南迁文物保存区，以博物馆为标志，以复原当年存放南迁文物的历史人文自然生态景观为核心内容，创建文物南迁与南迁文物大遗址园区

与南迁文物一样，当年重走文物南迁路最后是落脚乐山的。在乐山，我深切感受到民间对于故宫文物南迁历史遗迹保护的积极性及蕴含其中的深远意义。我们看到的四川乐山安谷故宫文物南迁史料陈列馆是由当地一位农民企业家创建的，今日这种民间保护和传播故宫文物南迁史迹的自发行为与当年当地群众对故宫文物的护卫精神是一脉相承的。这种文化精神是具有深厚的民间基础的，而一段历史的价值、意义及其影响的持久性是可以用民间性来衡量的。只有得到大多数民众的尊重、维护和保存，这段历史才能被永久记忆，精神遗产才能得以发扬光大。而且，新建的陈列馆同时也成为当地居民的文化活动中心，成为民众推动文化发展和创新的动因动力。然而，民间的力量毕竟太有限了。况且，文物南迁这么重大的举国行动，这么独特的优质文化资源，对于地方政府来说，是求之不得的。让独有的优质文化遗产资源活起来，让优质资源中的传统文化价值、文物抗战的革命文化价值，在新时代乐山的政治建设、经济建设、文化建设、社会建设、生态建设中发挥全方位的拉动引领作用，乐山机不可失，责无旁贷。

我记得重走文物南迁路结束的时候，在乐山大佛脚下的船上媒体采访我，我当时很有感觉。看看这边的乐山大佛，看看大佛对着的峨眉山，想着文物南迁的重大历史事件。想着南迁文物为什么能在乐山大佛与峨眉山之间安安稳稳地存放了那么长时间？想着南迁文物就是在乐山大佛的注视下度过数千个日日夜夜的。现在的乐山大佛和峨眉山都成了世界文化遗产。我想，我们一起想想，想得高一点，想得远一点，想得大一点。这个事情怎么想、怎么做，我觉得都不过分。前面我说过的世界意义、人类意义都可以想、可以讲。只要想好了，做好了，谁说不能在两处世界文化遗产之间创造出第三个新的世界文化遗产来呢？

以紫禁城为“符号”的三种文化形态

位于北京城中心的紫禁城，有三个名称，三重身份：一个是皇宫，一个是故宫，一个是故宫博物院。这三个名称指的是同一个对象，但各自的内涵却大不一样，它们分别具有各自的文化身份认证。从空间看，都属于同一个空间；从时间看，各有各自的时段，又相互衔接。也就是说，这三个名称，是同一空间里不同历史时段的三种身份、三种形象、三种象征。顾名思义，皇宫是帝制的代表、标志；故宫是文化遗产的代表、标志；故宫博物院是现代公共文化机构的代表、标志。

从政治、社会层面看，皇宫、故宫、故宫博物院，此三种身份的功能界定是很清晰的：皇宫阶段是帝制时代皇帝执掌国家政权、治理国家的所在地，是国家的政治中心，权力核心；故宫阶段是失去了帝制统治权力、治理功能的被冷落的帝制遗产；故宫博物院则是向社会、公众开放的，为公众服务的，承担社会教育职责的公共文化机构。

从文化层面看，皇宫、故宫、故宫博物院同它们的政治、社会功能一样，分别代表着完全不同的、有着本质区别的三种文化形态。第一种文化形态，即紫禁城作为皇宫的文化形态，是一切由皇帝做主的、以皇宫为载体的君主、君权文化形态。第二种文化形态，即到了帝制结束，民国建立，皇帝退位，皇宫不再是行使皇权职能的地方，紫禁城成为故宫的时候，这样一个故宫时代的文化形态如何定义？我认为应该算作半君主半民主的文化形态。既然国家已经是崭新的中华民国了，为什么故宫还是半君主半民主的形态？因为已经退位的皇帝还待在故宫里，还保留着皇帝的名号，还过着皇帝的生活，还实行着皇家的礼仪。更由于在故宫里还上演了有人称帝、有人复辟的闹剧。只有到了故宫完全成为故宫博物院的时代，到了由过去禁戒森严、皇帝独占的皇宫，变成了公众自由出入的公共文化空间，紫禁城才进入第三种文化形态时代，即开始进入并逐步实现由君主文化向文化民主转型，再向民主文化迈进的文化形态时代。博物院，即博物馆的概念是一个什么样的概念？是近代文化的概念，现代文化的概念，现代文化民主的概念，追求民主文化的概念。所以，紫禁城的第三种文化形态，是作为公共文化体系中的文化民主形态，是和公众共同建设民主文化的文化形态。

在同样的一座紫禁城里，在将近六百年不变的一座紫禁城里，是不是历经了皇宫文化形态、故宫文化形态、博物馆文化形态这三种文化形态的演变？现在大家在习惯上，在口头上，不分阶段的统统称作故宫，就连北京街头引导人们参观故宫博物院的指示路标，写的也是故宫。1965 年台北新建一座故宫博物院，人们也常常称作故宫，一说起来就说去台北看故宫。这样的说法做法，往往容易遮蔽这三种文化形象、三种文化标志的区别，容易混淆三种身份的演变，容易忽视对三种文化形态做各自不同的价值分析和价值评判。事实上，由于文化形态的特殊性，与政治功能的清晰状态不同，这三种文化形态之间确实存在着相互纠结的复杂关系，所以，非常有必要把以紫禁城为核心的皇宫文化形态、故宫文化形态、故宫博物院文化形态这三种文化形态及其相互关系做一番扼要的梳理和鲜明的切割。

一

先说皇宫文化形态，即君主文化形态，皇权文化形态。这段时间最长，从 1420 年明朝第三个皇帝朱棣从南京迁都北京，皇宫紫禁城正式启用，到 1912 年清朝最后一个年仅 6 岁的小皇帝在紫禁城退位，总共经历了 491 年。从君主文化形态看，其实远不止这么长。人们常说中国的传统文化、文明历史悠久，且没有中断，而漫长的传统文化中起决定作用的就是连绵不断的帝王文化、皇帝文化、君主文化。就算从自称始皇帝的秦始皇开始，也有两千多年的历史了。北京的紫禁城又是最后的皇宫，作为皇宫的时间本来就长，差不多占了有皇帝历史、皇宫历史以来的四分之一，再加上作为最后一座皇宫，作为继承和发展以前所有皇宫文化形态的集大成者，作为治理国家的核心，无论从政治体制上、经济运行上还是社会管理上，紫禁城的功能应该是在以前的基础上越来越完备，越来越完善，足以代表两千多年的皇权文化、帝制文化、君主文化、宫廷文化。况且，紫禁城以前的皇宫，不是消失了，就是只剩下一些残破的遗址。因为中国历史上有这么一个现象，就是改朝换代以后，一般情况下都要把前朝的宫殿毁掉，重新建立自己的宫殿。明朝推翻元朝之后，把元大都中元朝的宫殿建筑都毁掉了，在元代皇宫，即元故宫的废墟上，稍稍把宫城的中轴往东移了一点，建起了紫禁城。清朝取代明朝后没这么做，直接把明朝的紫禁城拿过来变成了自己的皇宫，后来的变动，也只是在原有的构建中不断地整修增补。紫禁城正是这样一个中国皇权帝制不断得到修补、完善的实体与象征。几千年的帝王宫殿就是这样一部历史——建造，毁坏；再建造，再毁坏，一直到紫禁城，一直到以紫禁城为核心的浩大完善的皇家建筑群。与此前相比，与秦、汉、唐的皇宫相比，宫殿的占地面积、规模、体量、气势，可能一代不如一代，但一定是修补得越来越完备、越来越规范、越来越严密、越来越高度集中地体现至高无上的皇权的尊严与权威。以紫禁城为核心的皇家建筑群，是帝制、皇权的最后的也是最集中的建筑体现，是占统治地位的中国传统思想文化空间环境形态的最完备的体现，是君主、帝制、专制、独裁的国家体制的实体与象征。以前的宫殿，统统成了文献中的记载和考古的对象，唯有这最后的集大成的皇宫，帝制功能最完备的皇宫，被完整地保存了下来，作为皇宫文化形态的标本意义，就更是独一无二不可替代了。

一如它所代表和象征的那个帝制一样，紫禁城有它的辉煌，也必然有它的衰败、破坏、荒芜。1860 年英法联军的劫掠，特别是对圆明园的焚烧；1900 年八国联军的入侵，紫禁城门窗飘零，荒草萋萋。辛亥革命后，过去的国家核心一下子沦落到几乎无人过问的边缘，紫禁城的继续颓败一直延续到故宫时期，延续到故宫博物院初期。溥仪出宫后清点各宫殿的文物，需要有专人从遍地荒草中开出通道。新中国成立后中央人民政府接收故宫博物院后，光是堆在各处的垃圾就清理出 25 万立方米，又从内金水河中清理出5000立方米淤泥。清末的紫禁城和故宫时期的紫禁城的废墟化，恰是皇权帝制日暮穷途终至灭亡的缩影。但帝制彻底消亡后，紫禁城毕竟完完整整地留下来了，虽然不再是活态的，但堪称十足的活生生的帝制标本。现在故宫博物院的一大任务，就是对紫禁城的完整保护，就是对紫禁城不断地修缮维护。皇宫时期与博物院时期，同样是修缮，性质、目的则完全不同了。皇宫时代是维护和强化皇权，博物院时代是保护文物，为公众尽可能完整地保护认识帝制历史的标本。

皇宫文化形态最外在最直观，也是最具视觉冲击力的，首先就是皇宫建筑形态。我们说这座中国数千年帝制历史上集大成的皇宫建筑，并不是说它在占地面积、建筑规模上的集大成，而主要说它在建筑理念、建筑格局、建筑形态、建筑功能上凸现和强化皇权文化上的集大成。可以说，在它以前所有的皇宫建筑，都没有像它这样仅仅在建筑形态上，就举重若轻、自然而然地把皇帝的宫殿推向天下独尊、至高无上的地位。让我们从建筑格局着眼，以皇宫里最重要的那条中轴线为例看看吧。进过紫禁城的，肯定都走过从午门到神武门的那条笔直的贯通皇宫南北的轴线。这条中轴线不仅是皇宫里的中轴线，同时也是都城北京的中轴线；用皇帝的说法，还是整个国家的、普天之下的中轴线。站在太和殿前面平台上的正中向前望去，也就是面南而望，或者是站在神武门北面，正对着神武门的景山公园最高处，也是北京城最高处的望春亭上向南而望，向北而望，就会立刻感觉到这条皇宫的中轴线，的确就是北京城的中轴线；同时也会感觉到这条中轴线，向南向北无限延伸，也是天下的中轴线；还会感受到这条中轴线和中国这个名称的关系。一直到现在，虽然四面八方的形态发生了很大的变化，这条中轴线依然清晰地呈现在我们的眼前。想想紫禁城落成的时候，想想在紫禁城作为皇宫的将近500年的时间里，北京城里所有的房屋都是低矮的，唯有皇宫是高大的，高高在上的；北京城里所有的房屋都是灰色的，唯有皇宫、皇家的建筑是黄色的、红色的、金碧辉煌的。皇宫里最重要的建筑都建在中轴线上。皇帝登基的太和殿是皇宫里最大的房子，是皇宫的中心，是中轴线的原点、核心。这座最大最高的房子里只有一座高高的台子，高高的台子上只有一个高高的座位，那就是皇帝的宝座，谁坐在这个位置上谁就是皇帝。想想这些，什么天命神授呀，天子的宫殿呀，君临天下呀，朕即国家呀，这些帝制文化中无处不在的词是不是就都跳出来了？这是什么样的效果？什么样的魔法？这就是建筑的力量，这就是中国的皇宫建筑创造出来的皇权文化的力量。用不着做特别深入的研究，只要用心看看想想，你就会明白皇宫建筑的所有建筑语言，都在非常鲜明地指向一个目标——想尽一切办法，用尽一切手段，由远及近，从外到内，从空间到布局，从高矮到大小，从基础到屋顶，从材质到造型，从图案到色彩，无一不在突显和强化皇帝位置的绝对至高无上。

再从皇宫里唯一主人的角度，即皇帝的角度看看吧。如建筑那样用一切的建筑语言强化皇帝的位置至高无上一样，皇宫里不管有多少人、不管做什么、不管什么时候，都在体现和维护皇帝的绝对权力。只有皇帝一人享有最高的权力，只有皇帝拥有最终的决策权、命令权、裁判权，包括修正权。在家国一体的国家治理结构中，任何一位皇帝当然都会把维护巩固自己和自己家族的权力当作治理国家必须履行的天职。皇宫里所有的制度设计和规章制定，所有做事的程式、程序，包括皇宫里所有人的言语声调、姿态动作、面部表情等等，所有这些，都必须遵循和维护皇帝的绝对权力。如清朝皇宫里言语出现频率最高的是主子与奴才，肢体动作频率最高的是下跪，是俯首听命，影视里盛行一时的宫廷戏将其演示到了极致。两千多年来一直是这么发展过来的，越到后期，皇宫里这样行使和维护皇帝绝对权力的体系越完善、越严密，皇权也就越来越高度集中，这个延续数千年的制度也就越来越集权、越专制。一般的说法是，明清两代有多达24位皇帝在紫禁城这座皇宫里生活、执政，实际上应该是25位皇帝。明清之间还有个推翻明朝的李自成。李自成虽然在紫禁城里只做了一天的皇帝就被挤出去了，但一天也是紫禁城里的皇帝啊。如果说李自成是农民起义领袖，性质不一样，那朱元璋不也是农民起义吗？朱元璋当初比李自成还要贫困啊。不把李自成当作紫禁城里的一朝皇帝，还是成王败寇思维的作用。我想说的意思是，在皇权文化的笼罩下，不管是谁，农民也好，少数族群也罢，贵族官宦更不必说，起义造反的唯一目的是夺取帝位，掌握皇权，打倒皇帝当皇帝，当了皇帝保皇位。朱元璋如此，李自成如此，清朝入关也如此。只要进入皇权文化这个圈子，就会轻而易举地被延续数千年的皇权文化同化，任何人无可逃遁。而且，越是从底层起义夺得皇权的，越是从边远少数民族地带，从经济社会、文化文明相对落后的地区挺进中原夺得天下的，越会加剧维护皇权的力度。如朱元璋的集权与滥杀。从李自成和他的起义军的种种行为看，若他有可能维持住帝位的话，恐比朱元璋更甚。清朝到了后期，到了连像样的皇帝也接替不上的地步，到了整个国家岌岌可危的地步，反而更加把权力牢牢地控制在爱新觉罗皇族的手中，不管这些人有无治理国家的能力。

皇帝对帝制的维护，一般离不开暴力杀戮、利益诱导、道德训诫这三大法宝。即便是在宫廷内部，围绕皇权帝位的争夺，父子相残、兄弟互杀、皇亲国戚明争暗斗、宫廷杀戮等等，也是此伏彼起，从未间断。对臣僚的残酷诛杀，更是维护皇权惯用的手段。飞鸟尽，良弓藏，狡兔死，走狗烹。朱元璋极其残忍地杀戮数万人，几乎杀尽了跟他打天下、帮他打天下的元老、功臣、战将。不是这些人不忠不好，是他不放心。他生怕这些人有了权势阻碍朱家皇位的传宗接代。他不允许朱家皇位朱家天下的传承路上有半点坑洼不平，不允许路两旁有半点视线遮挡，他要负责把这条路打扫得干干净净。朱棣比他的父亲更甚，绝不允许任何人以任何理由不听皇帝的话。朱棣以血腥的屠杀维护他的权力，创造了亘古未见的诛灭十族的历史记录。清朝由北向南一路杀下去，对明朝势力、对汉人，完全是暴力杀戮的征服。汉文化中不是很看重头发吗？好吧，那就来个留头不留发，留发不留头，从肉体到精神予以彻底的摧毁。这分明是杀服，哪里是同化？有人说清朝皇帝很重视汉文化，很重视文化建设，甚至说被汉文化同化了，但是我们一定要看清楚，重视汉文化的出发点是为了维护清朝皇权，整理文化的前提是文字狱，有此前提，摧毁与整理便并行不悖了。清朝的聪明之处，大谋略之处，主要是看清楚了完全可以很便捷地利用汉文化中的皇权文化来证明和巩固清朝的皇权。根本原因在于皇权文化也是汉文化的核心，不管是明朝，还是清朝，在维护皇权帝制上是完全一致的，是通用的。

皇权文化中的利益诱导，也是皇帝维护帝制的重要手段。所以，皇帝一定要把利益分配权和剥夺权牢牢掌控在自己手里。一是对皇族内部，一是对各级官吏。对皇族，主要是保障皇族集团的利益。皇族既是特权的主要服务对象，也是稳固皇权的主要基础。明朝对直系子弟封王外放，各霸一方；清朝则封王留京，致使王府满城。对外，直接掌握各级官吏的升迁权，让每一位官员直接感受自己的地位利益，完全来自皇帝的恩赐。当然，皇帝随时罢免官员的权力对维护皇权更为有效。这样做虽然弊端层出，但终不肯放弃，权衡利弊，对维护皇权与帝制来说，利毕竟大于弊。这就是历朝历代王爷官员大多俯首听命、唯命是从的根本原因，是让皇帝舒心放心的阿谀奉承之辈屡屡得逞的根本原因。

皇权文化中维护帝制的道德训诫，高度集中在一个“忠”字上。忠在中国文化中的提炼，其实也不只在中国文化中，几乎在所有的文化进程中，都源于一个先验的、先天的，也是假定的前提，即一切都是上天安排的。不过，中国的道德训诫具有鲜明特色。将皇权解释为天命神授，皇帝以下的所有获得，都是皇帝的赐予，并类推为所得所有均为上对下的赐予，那么，下对上就应该感恩，就应该尽忠。忠的核心，即是下对上的归属、依附、追随、服从。先是分开了上下、高低、尊卑、贵贱、贫富，再用忠的道德训诫将等级制度固化。怎一个“忠”字了得！于是，忠君、效忠、尽忠，被看得无比重要，被规定推广为帝制君主时代的核心价值观、普世价值观，终于演化成君、臣、民等社会各阶层的共识与共同的行为规范。对于维护皇帝的绝对权威，从心中，即从核心价值观上加以解决是最高明、最有效的法子。上下同心，社会共识，社会公认，只是在如何效忠尽忠的具体路数上，因层面而异，因人而异罢了。意识形态之忠，与暴力杀戮、利益诱导互为表里，共同打造出维护帝制皇权的最高境界：无限愚忠。

维护皇权帝制的暴力杀戮、利益诱导、道德训诫三大法宝之所以千百年来通畅无阻，归根到底还在于帝王拥有绝对权力。生杀、处罚、升迁之权高度集中，而这样的权力行使，在说法上有这样那样的依据，但在做法上往往取决于最高最终决定权的皇帝的主观意志，而且又无任何力量可以制约。皇宫文化、宫廷文化，无疑是皇权文化、君主文化的源头。创造帝制、保护帝制、发展帝制、推行帝制、普及帝制思想与帝制思维，并形式化、格式化、固定化。千言万语汇成天子脚下的一句话：

皇帝万岁万万岁。这既是皇权千年不变，帝制千年不倒的原因，当然也是必定灭亡的根子。

皇宫文化形态的核心是不是这些？起决定作用的，皇帝最看重的，帝制最需要把握的，基本就是这些。一言以蔽之：君主文化，君权文化。不论在皇帝心目中，还是在实际的操作层面，除此之外的其他文化都是从属性的服务型的或无关大局、无关紧要、可有可无的。

二

再说第二种文化形态，即故宫时代的文化形态。从时间上划分，从1912年清朝最后一个皇帝宣布退位，到1925年故宫博物院正式成立并对公众开放。这段时间比较短暂，前后只有14年。清朝最后一个皇帝溥仪3岁登基，6岁退位。溥仪从6岁开始虽然不是皇帝了，但仍住在紫禁城中，直到19岁才离开。因为辛亥革命以后有一个优待皇室的决定，允许逊帝继续住在宫里，不过只允许占据其中的一部分，即占据紫禁城的北半部，乾清门以北的后宫部分。在这个时间段里，虽然退位的皇帝还住在往日的皇宫里，然而任何皇宫的功能，主要是统治国家的功能没有了，故宫成为名副其实的故宫了。从文化形态看，我把故宫这一时期称为半君主半民主文化形态阶段。

首先是故宫内部空间上的半君主半民主。这时候的故宫被分割为两部分，呈现着两种形态。以乾清门为界，以北，原来的后宫部分，以“小孩子”逊帝溥仪为中心，依然维持着小“皇宫”的状态。中国末代小皇帝虽然失去了皇帝身份，失去了皇帝权力，可是，皇帝的尊号，皇帝的年号依然被使用着，皇帝的架子依然被维持着，虽然只是在不为外部知道、不为外界关注的小小的范围里，但依然日日磕头请安，依然被很少的人前呼后拥。不过，最多只是昔日皇室日常生活的一点点保留，且只存在于“小孩子”与一帮伺候“小孩子”的人们之间。这样的小朝廷尽管纯粹符号化了，但在特定的时空里，仍是可以寄托保皇念想与复辟愿望的精神领地，仍有不可忽视的紫禁城皇宫的象征意义，并随时有可能起到实际上的号召作用。在遗老遗少眼里，只要皇帝还在宫里，似乎就预示着某种希望。1916 年袁世凯的称帝丑剧，1917 年张勋的复辟闹剧，虽然只落下个与小朝廷与小逊帝同病相怜、顾影自怜的笑柄，但他们之间的呼应还是引人注目的，显然是君主文化在政体形态上的回光返照。1924 年力主驱逐溥仪出宫者正是从保卫民主共和、杜绝帝制死灰复燃、斩断复辟孽根的政治高度，看待和解决溥仪的去留问题的。驱逐溥仪出宫的冯玉祥就说过这样的话：在中华民国的首都所在地，居然还存在着一个废清的小朝廷，这不仅是中华民国的耻辱，也是中外政治阴谋家随时企图利用的孽根。现在稍明事理的人，无不以留辫子为耻，留溥仪在宫里，就等于给中华民国还留着一条辫子，这是多么令人羞耻的事啊！

故宫的前半部分，即乾清门以南，原来的前朝部分，则归民国政府所用，由政府内务部管辖。1913 年开始筹备，1914 年在这一区域正式成立古物陈列所，并为陈列所改造了武英殿，在武英殿旁边新建起储存古物的库房宝蕴楼。古物陈列所成立后向社会开放，接待观众。1917 年，设置于国子监的历史博物馆筹备处（1912 年设立）移至端门至午门一带。如古物陈列所成立时向社会公告的那样，该所“以为博物院之先导”，并非完整意义上的博物馆，只是较为简单地保存与摆设部分古物而已，从组织管理到实际运行，均谈不上充分展现和发挥博物馆职能，并未引起社会的广泛关注，有观看古物陈列者亦多不满意。历史博物馆则长时间处于筹备阶段。若从博物馆的视角看，观念、机构、管理上的先天性缺失，导致很难有所作为，难以有效显示博物馆与社会公众关系的文化价值。再加上与后半部分小朝廷的关系在公众视野下的不明不白，又有称帝复辟的闹剧在前半部分即古物陈列所所在的宫殿区上演，本来是两副面孔、两个身段的故宫更加不伦不类。

更为实质的问题是紫禁城资产归谁所有并未明确解决。普天之下莫非王土还是莫非民土？皇家拥有的不可移动与可移动资产姓“公”还是姓“私”？故宫的后半部分是归皇室所有还是所用？前半部分是归民国政府所有还是所用？辛亥革命后民国政府发布的《清室优待条件》中明确规定清室“私产归清室”，一切公产归民国政府，但何为公产？何为私产？逊帝“暂居宫禁，日后移居颐和园”，宫禁是公产还是私产？颐和园是公产还是私产？民国政府拨给逊帝“岁用四百万两”，仅是生活零用费，还是包含了居住费？对此，各层人等各有心态，各持不同意见。就说设于紫禁城前半部分归民国政府内务部管辖的半遮半掩半开半放的古物陈列所吧，从皇家禁地承德等地运至此处的古物，民国政府是作价给逊帝打了“白条”的，古物陈列所展出的古物是清室借给陈列所作摆设的，张勋复辟时，古物所的所长还被列入溥仪集团的名单中。

其次是国家政体、社会存在意义上的半君主半民主状态。这个时段与故宫仅仅一墙之隔的地方，则完全是另外一个轰轰烈烈的崭新世界。位于故宫东北角外的北京大学，在辛亥革命之后很快成为中国新文化运动的发源地。新文化、新思想风起云涌，新人物层出不穷，各类社会团体活动频繁，作为公众信息传媒和宣传各自主张和言论的报纸杂志花样翻新。新气象与旧宫殿，新青年与遗老遗少，新文化、新道德、新思想与旧文化、旧道德、旧思想，民主科学与君主愚昧，新世界与旧世界，也就一条护城河的距离。

被宽宽的护城河和高高的城墙维护着的故宫，俨然一块民国首都中心的君主“飞地”。故宫内里的光怪驳杂，宫墙内外的强烈反差，同国家政体的君主立宪、虚君共和、民主共和的碰撞、选择、较量及实际运行，同社会各派系势力的你争我夺，同新旧文化思想道德的论战，形成种种奇特的关系。外面的世界乱象纷呈，里面的世界绝望无奈。旧人物眼中的故宫，是失守的城池；新人物眼中的故宫，是失去灵魂的“木乃伊”。与辛亥革命的指向一致，对立的双方都是从皇宫的政治生命上判定它的实际作用和象征价值，就连文化思想领域的论战也很少把故宫视作某种文化形态而作为论证的对象。帝制一旦终结，故宫便不再引人关注，除了袁世凯称帝和张勋复辟的短暂时刻。

再次是意识形态、文化形态上的半君主半民主。末代皇帝，退位的“小孩子”溥仪是最好的例子。溥仪一方面继续其盲目的也是无忧无虑的，甚至是无人搅扰的皇宫生活，另一方面也在时时刻刻经受着新思想、新文化的冲击。1919 年，爆发五四运动那一年，溥仪 14 岁的时候，请来了一位叫庄士敦的英国人当他的英语老师。这个现象很有意思。英国是老牌的资本主义国家。17 世纪西方资本主义已经形成，英国就是代表。18 世纪西方的工业革命龙头也是英国。火烧圆明园有英国，八国联军侵入紫禁城有英国。中国和西方的关系，竟以这种奇异的方式投影于少年“逊帝”的生活。庄士敦在教溥仪英语的同时，自然也在有意无意地用西方的文化思想影响他的下了台的中国皇帝学生。曾被叫作“奇技淫巧”的新奇玩意儿纷纷进了故宫。身居故宫深处的溥仪绝对是那时的时尚少年：念英语、看电影、听留声机、养洋狗百余条、玩玩具、吃西餐、戴墨镜、骑自行车、挎照相机、打网球、弹钢琴、读新报新刊、打电话。英国“三枪牌”的自行车就买了好几辆。故宫北半部有好多门槛被锯掉了，就是为了给溥仪骑自行车在宫里转悠开辟无障碍通道。庄士敦想西化溥仪，也想西化中国，但他没有那么大的野心，也没有那么大的能力，最后的结果却是他自己反被中化了。他对溥仪完全是臣子对皇帝的态度，磕头、请安、俯首称臣，一律遵循宫里的规矩。庄士敦离开溥仪以后，不论在中国，还是在英国，只要有机会，就会想办法去拜谒溥仪。晚年回到英国以后，已经无法回到西方文化中了。他一辈子没结婚成家，一心一意地惦记着溥仪，溥仪是他的“皇帝”。他无法摆脱回到英国后的孤独，就去英格兰高地买了一座小小的岛屿，在小岛上盖了一座房子。小岛叫国王之岛，房子取名帝室，在房子门口挂了一面旗子，旗了上写着“满洲国”三个字，因为那时的溥仪正做着“伪满洲国”的“伪皇帝”。

在英国人庄士敦被异化为一个黑色幽默符号的同时，溥仪同样被黑色幽默着。庄士敦对溥仪的影响虽然比不上溥仪对庄士敦的影响大，但这位被关在故宫里的“小孩子”基本上过着洋气十足的生活。不过，作为黑色幽默符号的溥仪具有鲜明的二重性——他的“洋化”了的“新作派”的行为方式大多属于好奇猎奇的“小孩子”型，而起主导作用的还是骨子里的“皇帝”型。他并没有像他同化庄士敦一样被庄士敦的西方文化同化掉。溥仪虽然不是皇帝了，但是他仍然一直被周围那帮人当作皇帝伺候着，“拥戴”着，包括英国人庄士敦。隆裕太后代表他颁布“退位诏书”时，他才 6 岁，根本没什么印象。他觉得自己还是皇帝，还以为紫禁城是他的家，他还有权支配那些东西。虽然自我感觉底气十足，但到底心虚，随意赠送宫里的珍贵物品总不是十分的理直气壮了，往宫外转移也多半有些偷偷摸摸的样子。就这样溥仪还是把宫里好多珍稀物品赠送给中华民国的各级政府官员，具体多少无可计数。通过弟弟溥杰转移了多少也无可计数，光是历代书画就有千余件。上行下效，他身边的那些人也在变着法子往外拿。有人提醒说，得管一管。溥仪说，那好吧，明天就查。当天晚上集中存放古物的建福宫就被大火烧毁了，光从灰烬里就拣出数十斤融化成一片片一团团的黄金。奇珍异宝，历代书画，到底烧毁多少，谁也无从知道了。也许溥仪并不怎么心痛，他可能也知道这么多东西迟早不是他的，保不住，烧了也罢，所以，他把废墟草草整理了一下，就做了他的网球场，做了他的自行车车技训练场了。

只有在过渡时期具有双重性的两面故宫里才有可能不断上演此类历史黑色幽默剧。1922 年，故宫装了电话，溥仪试着玩儿，不知怎么就打到胡适那里了。胡适虽已是新文化运动的大名人了，但还是有些异样的兴奋，毕竟是“皇帝”亲自打过来的。胡适接着被请进宫里，溥仪当面“垂询”。胡适惊讶于深宫里的溥仪居然也看新报新刊，也读他们的新诗，溥仪居然还很具体地问到康白情、俞平伯的新诗，并说他赞成白话，也试着写新诗。这肯定使这位极力倡导白话文的、出版了中国第一本新诗集《尝试集》不久的胡适大为感动。他们还谈到皇产的问题，出洋留学的事。胡适给溥仪出了些皇产清理、独立生活的主意。在清室财产是“公”是“私”的问题上，胡适持清室私有论，主张作价有偿收归国有。也许是胡适的主张深得溥仪欢心，1924 年溥仪再度召见胡适。溥仪被逐出故宫后不久，胡适还到溥仪住处拜访，说了些鼓励溥仪实行出国访问计划的话。胡适很想以他的方式影响这位处境“寂寞”“可怜”的“年轻人”，但无济于事。也是 1924 年，溥仪还在御花园设宴招待访问中国的印度大诗人泰戈尔及陪同泰戈尔的徐志摩、林徽因。白胡子诗人与摩登文化男女与摩登皇帝坐在御花园里喝咖啡喝英式下午茶——到底是英国式的做派，和胡适的美国式的实用主义大不一样，溥仪与泰戈尔、徐志摩、林徽因的相互观光式的符号化的黑色幽默更加单纯。正如溥仪不可能被庄士敦“西化”一样，也不可能因阅读新文化运动中的新报新刊，因与胡适、徐志摩这样的新派人物来往而被“新化”，但这种即便是“旧”“新”之间的符号式的“相互关照”，也还是会产生一些深层的心理影响。

三

不管有何种文化在何种程度上渗透与影响，说到底，作为皇宫的紫禁城符号的核心指代是帝制、君主；成为故宫之后则是半君主半民主、君主与民主纠结的符号；只有到了故宫博物院时代，才成为完整意义上的民主符号。接下来说第三种文化形态。按时间段划分，从 1925 年故宫成为故宫博物院以来，一直到现在，仍然以紫禁城为符号的文化形态，已经转化为文化民主和建设民主文化的文化形态。

1924 年冯玉祥出面把溥仪“请”出故宫前后，政界、文化界等社会各界都在追问：故宫到底是什么？故宫到底是谁的？故宫到底怎么办？如果说紫禁城是皇帝的，辛亥革命后的故宫就不是皇帝的，而是全民所有的了，但怎样才能落到实处呢？唯一的办法是把过去的皇帝“请”出去，并把它立即改变为全民共有共享的公共文化机构——博物馆。

从辛亥革命到故宫博物院成立的十几年间，社会形态与文化形态已经发生了翻天覆地的变化。虽然民主共和的国家体制半生半熟，社会结构与运行远非真正的民主，起决定作用的是军阀的“武化”而非民主的“文化”，但辛亥革命使民主共和的观念深入人心。新的政体再不成熟，总统、总理、部门长官即便走马灯似的上来下去，管理效率管理水平无论多么低下，社会多么混乱，可是再怎么乱也乱不回帝制时代去了，袁世凯称帝不行，张勋辫子军复辟更不行。在文化领域，从清末开始的规模不小地派遣留学生以及派官员出国考察，使得世界文化、现代文化迅速大量地传入中国，辛亥革命以后，民主文化形态更见张扬。发展到新文化运动，高高举起了民主、科学两大旗帜，更是大张旗鼓地推进了文化民主运动。由于那时作为“新媒体”的报刊的强势传播，学者、学生、文化人拥有占压倒优势的话语权，文化运动、文化民主的社会影响远远超过了政治民主、社会民主。在这样的政体与文化背景下，才有驱逐溥仪出宫、建立故宫博物院的顺利进行。

故宫博物院的建立与建设，与在此之前已经成立10多年的古物陈列所完全不同。以社会各界名流组建清室善后委员会，构建故宫博物院董事会、理事会与具体职能部门的管理模式，依靠以北京大学学者为主的学术名流参与博物院的初期建设，及时清点文物并向社会公布，不断推出各种专题文物展览，陆续创办数种刊物公开发行，吸纳社会赞助修缮危损建筑。这些足以表明那时的人们，的确是在以全新的理念与体制机制去创建和管理故宫博物院的，也是在以与新的国家体制机制相应的理念与方法，实施着对公共文化机构之管理、对文化民主之管理的。1925年10月10日，“故宫博物院”五个大字高悬神武门。神武门大门洞开，数万市民争相涌入昔日的皇宫禁地。虽然未能与君主帝制转型为民主共和的国家革命同步，禁戒森严的皇家禁地毕竟终于变成民众可以自由出入的公共文化空间了，参观故宫博物院立刻成为北京百姓的盛大节日。故宫博物院的建立与开放，是以文化民主的形式实现了对君主的紫禁城，对半君主半民主的故宫的彻底转换。只有在这个意义上，才可以认为故宫博物院的建立，是辛亥革命在文化领域里收获的民主果实。

为什么选择中华民国的建国日作为故宫博物院的建院日？从故宫博物院成立暨对外开放的仪式上的讲话中可以看出，不论是民国总理还是民众代表，均把故宫博物院的建立与民国的建立，把故宫博物院的建立与民权的收回，把反对故宫博物院与反对民国、放弃民权视为一体。此种高度一致的政治层面的认同，说明表现为文化民主的故宫博物院建院之所以如此盛况空前，实乃全社会政治聚焦的结果而非文化聚焦的结果，是民主政治之盛况而非真正的民主文化之盛况。皇宫转型为博物馆最重要的目标，是把帝制结束之后，社会与民众普遍关心的以皇宫为核心的皇家资产到底应该属于“谁”的问题的解决落到了实处，并最终画上一个圆满的句号，给了社会与公众一个公开而明确的解答。由此可见，大多数人看待故宫博物院的视角，继续保持了与看待辛亥革命前的皇宫紫禁城、看待辛亥革命至故宫博物院成立期间的故宫的一致性——故宫博物院依然是国家与权力所有的象征符号。后来围绕故宫博物院发生的重大事件，此种视角仍在延续。如建院数年之后，因抵抗日本侵略而开始的故宫博物院文物大迁移。当时的政界、军界、社会各界、故宫博物院同人，不约而同地把故宫文物南迁，把南迁中的文物展览，特别是远涉重洋参加国际展览，与国家形象，与中华民族历史，紧紧地联系在一起，把保护文物与保家卫国紧紧地联系在一起。保护文物即保卫国家，在国际上展示中国文物即是向全世界展现中国抗日的意志与抗日的形象，即是在全世界反法西斯阵营中争取自己的地位。在一般情况下，博物馆的藏品与国家与民族相互指代的关系实则更为深远复杂，但在国难当头、民族矛盾聚为焦点时，全民齐心协力保护国家文物安全转移，不畏险阻远涉重洋向全世界展示，就直接简明地成为文化抗战、全民抗战的重要组成部分。后来部分文物迁往台湾，再后来在台北建成台北故宫博物院，从当局给予台北故宫博物院的地位及导向看，更能看到在政治主导层面，是把期望故宫博物院发挥民族文化象征作用摆在第一位的。

作为国家形象与权力归属的象征性符号，不论是皇宫，是故宫，还是故宫博物院，尤其在社会大变革时期，在民族危亡之际，在国际交往中，其象征符号的意义与作用便立刻处于首要地位，并且，其符号形象可以起到的作用的确是无可替代的。此种政治层面的象征符号意义仍将继续，但对于作为公共文化机构，对于承担建设民主文化使命的博物馆来说，博物馆民主文化价值的实现，在较长时期内却由于政治主导的强势未能引起足够的重视。政治层面的符号作用固然可以继续发挥，而被遮蔽已久的文化层面的文化形象与文化内涵的转型则不可以继续被忽视下去。从永恒的博物馆文化使命着眼，从故宫文化的价值构成和博物馆文化价值构成着眼，故宫文化在完成了“谁的紫禁城”之文化民主转型之后，故宫博物院面临的重大文化任务是如何实现故宫文化向民主文化的本质性转型，如何推进故宫文化为真正的民主文化建设做出历史贡献。这是作为现代文化形态，文化民主形态，建设民主文化形态的博物馆文化，也就是故宫博物院文化形态应当承担的文化使命。

四

以上是对皇宫文化形态、故宫文化形态、故宫博物院文化形态的扼要梳理。以下分析三种文化形态的复杂关系。主要的问题在这里，困境在这里，难点也在这里。

正如辛亥革命共和取代帝制并不等于民主革命的彻底胜利一样，皇宫变成博物馆并不意味着民主文化的真正实现，并不意味着皇宫、故宫成为故宫博物院就解决了君主文化向民主文化的转型。对于皇宫来说，对于长达数千年的帝制遗产来说，所有权的改变，政治形态的改变，与文化形态的改变并不同步。政治转型与文化转型并不同步。众所周知，由于长达数千年的皇权文化、帝制文化的积淀渗透，对依然完整，并且一定要继续保护其完整的昔日皇宫紫禁城来说，表面形态的巨大张力与深层的汹涌潜流，不会因政体、功能之变而立刻改变与消失。

对于故宫博物院来说，面对的是上述三种性质与使命完全不同甚至根本对立的文化形态，超越时空并存于同一空间。在这种错综复杂的状态下，故宫博物院怎么办？明摆着的事实是，现代文化形态、文化民主形态、民主文化形态的博物馆中的主要文化资源是君主文化，皇权文化。如此对立的文化形态如何统一？是由君主文化来统一，还是由民主文化来统一？当然是后者。所以，作为故宫博物院的博物馆文化，一定要完成三大任务：一是保护保存好作为标本的君主文化形态；二是让现在的人们和今后的人们通过这个标本看清楚什么是曾经统治了中国数千年的君主文化、皇权文化，认清楚这种文化的本质是什么；三是启发和引导今天的人们如何看待如何评价君主文化、皇权文化，如何做好文化的转化工作，如何让过去时代的君主文化、皇权文化为今天的民主文化建设发挥积极的作用。故宫文化民主化转型的核心问题是对故宫文化的价值判断。价值判断包含两个层面：一是如何从整体上定位故宫文化的价值体系；二是对故宫文化体系随时代发展而发展的“当下性”的价值评判。

历史上已经有过几次大的争论触及问题的实质。一次是 1928 年民国政府委员经亨颐提出“废除故宫博物院，分别拍卖或移置故宫一切物品”案，主要理由为皇宫是“天字第一号逆产”，只有对哪个将来要做皇帝的人来说才有用处，所以必须彻底废除。再一次是 20 世纪 60 年代有人曾提出改造紫禁城的方案，说紫禁城地广人稀，宽河高墙不方便广大人民群众自由往来，所以要把紫禁城改建成一座北京中央大厦，在太和门前的位置修一条贯通北京的东西马路，把太和门左右两边的文华殿、武英殿改造为大众娱乐场所。还有一次是“文化大革命”期间提出的紫禁城整改方案，要在太和殿前面树立两个大标语牌，高度超过太和殿的屋脊；太和殿宝座用封条封上，翻倒在地，宝座前树立农民塑像，手持铁锹对准倒翻的皇帝宝座；中和殿改成人民休息室。这类对待人类文化遗产的非理性的极端化主张，甚至荒唐滑稽至极的主张，当然是不可能被认可的，但不能因此而不引起我们的理性思考。之所以说这类荒唐的主张触及问题的实质，是因为其中贯穿着一条再鲜明不过的价值评判基准线，即极其简单化地认定皇宫及其相关的一切统统是腐朽罪恶必须铲除干净的帝王文化、君主文化。虽然表现方式不同，其价值判断不仅没有摆脱政治符号价值观，仍然是所有者决定论，阶级地位决定论，即谁所有即谁之文化，而且钻进了以政治判决代替文化评价的怪圈，既不区分政治与文化的不同属性，也不分辨君主文化与民主文化、传统文化中精华与糟粕、文化载体与文化形态、实体文化与观念文化之复杂关系。1928 年据理力争，反对经亨颐最有力者是当时的大学院古物保存委员会主席张继，张继所据之理，集中于故宫的学术价值、历史价值，虽然很有力量，但也没有从文化形态、文化观念、文化价值层面分辨是非，论争各方均未吸收现代文化观念，更未触及君主文化与民主文化关系之核心。不能超越狭隘的政治价值评价层面进入包容的文化价值评判层面。

帝制、君主专制向民主共和的过渡，革命与改良、君主立宪与民主共和博弈中的妥协、折中与平衡，此一过程中的旧中之新与新中之旧，也是帝制亡灵两次借故宫与逊帝之“尸”还魂的重要原因。驱逐逊帝出宫与故宫博物院的成立，使帝制政治符号终成泡影，借帝制之“尸”还魂的政体复辟之梦彻底终结。作为帝制遗产的故宫，其政治、政体、权力核心的形象迅速弱化、边缘化；而作为公共文化机构的文化形象逐渐强化、中心化。实在实体的也是寓意性、象征性的政治符号，让位于同样实在实体的也是寓意性、象征性的文化符号。正是因为双重寓意性与象征性在同一空间中的存在，所以，只要固化帝制的那个帝制遗产的实体在，尤其是在未能处理好帝制遗产的政治、政体转型的博物馆式展示的情况下，即使早已成为标本的帝制躯体，仍有可能成为意识形态领域里帝王之魂的精神诱导。

清末就有建立皇家博物馆的动议，到逊帝小朝廷期间亦有过这样的动议。与清末图谋政体改良的体制性自我救赎一致，此种打算至多属于现代世界视野下的自我文化救赎，或者仅仅是一种被迫的自我保护。因其核心问题在于仅限定在收藏品，且不改变所有权。变法改良失败，末代皇帝的退位诏书有一些无奈中的顾全大局的说辞，但也起到了自我保护的一点点作用。结果是帝制终结之后，逊帝仍留后宫，与前朝的古物陈列所、图书馆并列。与古物陈列室的半明半暗一样，故宫成为政治与文化的两面性地标：对于现代社会、现代文化而言，是一种强烈刺眼的反衬；对于保守复辟的旧体制、旧社会、旧文化而言，是苟延残喘中的破烂旗帜、救命稻草。其存在之度，在于可容忍与不可容忍之间。

到逊帝出宫，故宫博物院建立，才与政体的变革相一致，较为完整全面地解决了皇宫、皇家收藏、皇宫物品所有权的问题，即由皇帝所有、皇室所有转型为国家所有、公众所有，从而从物化形态层面实现了君主文化向文化民主而非民主文化的转型。

这一转型是沉重而缓慢的。1912 年，辛亥革命爆发，帝制结束。1914 年，在故宫前朝部分的武英殿创办古物陈列所，英文名“国家博物馆”。1917 年，政府决定故宫午门设京师图书馆，端门设历史博物馆，后因经费问题停办图书馆，合为历史博物馆。同年，新文化运动开始。1924 年，驱逐逊帝出宫。1925 年 10 月 10 日，故宫后寝部分作为故宫博物院正式向公众开放。1926 年 10 月 10 日，午门城楼作为历史博物馆正式向公众开放。至此，帝制遗产最核心的实体实现了全面的文化转型。这一转型长达 14 年之久。与同样是在蔡元培主管下的现代公共教育相比（以小学教科书为例），与社会性的新文化运动相比，无论是速度还是内容，均明显滞后。主要表现在对待帝制遗产、皇权文化的态度上，这与帝制遗产本身的沉重性不无关系。

帝制遗产文化转型的核心层面，是物质文化、文化机构所有权及其意义，集中体现在公共文化机构建设与管理模式的创造上。帝制遗产文化转型的泛文化层面，是国家、民族的文化记忆、文化认同、文化形塑、文化象征。故宫博物院在中国抗日战争，在世界反法西斯战争中的特殊的作用，即文化抗战的旗帜性作用，如影响重大的文物大迁徙，迁徙中的文物赴英、赴美（有动议未实现）、赴苏三国展。由此还造成两岸两个故宫博物院格局之形成。一直到 20 世纪下半期台北故宫博物院文物大规模赴美巡展，20 世纪 80 年代以来故宫博物院文物持续不断大量在世界各地展出，延展出始料未及的效果：中华文化的世界性传播，凝结成两岸的精神脐带与两岸交流的文化纽带。

故宫博物院近百年的不算长也不算短的历史，波澜起伏，内涵丰富，举世瞩目。故宫博物院的建立前提、建立、初期发展、后续发展，与中国末代皇朝、与辛亥革命、与中华民国（北洋政府、国民党政府）、与中华人民共和国、与海峡两岸、与各界要人、与普通百姓，关系密切而直接。也就是说，故宫的历史，故宫博物院的历史（与帝制的历史，与中华民国的历史，与中华人民共和国的历史），与政界、文化界、学界的关系，一以贯之，纠结交织在一起。因此，研究故宫博物院的历史，具有研究中国几千年帝制遗产的政体转型，几千年帝制遗产的文化转型，几千年帝制遗产的学术研究转型的标本性意义。

作为现代文化形态的博物馆，面对丰富复杂的故宫文化、传统文化，既不能因其是帝制时代的文化而采取简单粗暴的排斥态度，更不能自觉不自觉地站在帝制文化的立场上，有意无意地从帝制文化的视角出发，向公众“客观地”展示、传播帝制文化，这样做的结果，无异于继续帝制文化、皇权文化的文化延续、文化影响、文化统治。

帝制终结已经一百多年了，故宫博物院成立已经九十多年了，以故宫博物院成立为标志，将君主主宰、独占的文化改变为人民主导、共享的文化，将皇家的私藏改变为公众的所有，如前所述，这只是改变了作为“物”的所有权问题，解决的仅仅是容易解决的表层问题；在更深的层次上，如故宫成为故宫博物院在文化的民主化革命方面到底意味着什么？到底应该承担什么样的建设民主文化的历史使命？故宫博物院作为现代公共文化机构的价值实现到底应该引发怎样的讨论？到底应该沿着什么样的方向路径前行？怎样以现代理性与观念，即以民主文化的价值观对待保存至今的故宫文化？传统文化、故宫文化如何在现代文化转型、文化创新、民主文化建设中发挥应有的作用？如何在人民创造自己的新生活中发挥应有的作用？由辛亥革命引发的，以紫禁城为“核心”为“符号”的皇宫与故宫与故宫博物院复杂关系中包含的许许多多重大的文化问题，仍然需要予以高度重视，仍然有很大的探讨空间。在君主文化向民主文化，传统文化向现代文化的转型历程中，如何真正做到去其糟粕取其精华，对博物馆人永远是一个严肃而沉重的挑战。故宫文化、传统文化的现代化转型、民主化转型任重道远。

作为图像的紫禁城

紫禁城北面的景山，虽说是营建紫禁城的时候由人工专门为皇宫堆造出来的一座“靠山”，既不高，也不大，但却是欣赏紫禁城的最佳位置。现在的人们从景山最高处的万春亭望下去，大概谁都会惊异于自己的突然发现：紫禁城原来是这么一幅大画卷啊！凝视着铺展在眼底的鲜艳夺目的紫禁城大图像，相信任何人的心中都会涌动特别的感受。是啊，当皇宫——紫禁城——作为帝制时代统治核心的功能终结之后，当故宫——紫禁城——转型为博物馆公共文化空间之后，当紫禁城——现在的故宫博物院——仅仅成为公众自由“观看”的对象之时，紫禁城便只留下了“图像”的意义。

谁都知道，紫禁城是皇帝建造的，是为皇帝建造的。按照帝王的意志，按照为帝王服务的意志建造的紫禁城，如任何朝代任何地方的皇宫一样，一定是当时当地最好的最辉煌的建筑。并且，由于紫禁城是中国最后的皇宫，由于至少有十几个世纪之久的可继承的传统和可吸取的经验，所以与以往的皇宫相比，紫禁城得以建造得无比恢宏、无比壮美、无比艳丽，同时也无比规范、无比标准。紫禁城，这座中国最后的皇宫，是中国传统文化中皇权文化在建筑形态上的集中呈现，是中国帝制文化的立体化、符号化、图像化，也是中国帝制文化与中国古代建筑文化的高度统一，甚至是最完美的统一。由此，把已经成为公众视野中的“图像”的紫禁城，置于图像学视域中被观看、被欣赏、被解读时，紫禁城便具有了中国传统文化、传统文化中的皇权文化与中国古代建筑文化的标本特性，从而为所有观看与解读者提供着欣赏角度和解读通道的种种可能。

2012 年，紫禁城落成 592 年之后，走进紫禁城的人数创造了历史纪录：1500 万！在全世界范围内，绝对没有哪一座皇宫遗址，哪一处公共文化空间，在一年之内能够容纳这么多人进进出出。如所有的帝王一样，建造紫禁城的明朝永乐皇帝朱棣希望朱家的帝业传承万世，但他绝对想象不到，几百年之后，他的宫殿却作为世界文化遗产，作为世界上保存最为完整、规模最大的中国皇宫建筑群，成为了全世界参观人数最多的游览胜地。当这么多人涌进昔日的皇家禁地随意观看“博物馆”的时候，包括它的保护者、管理者、传播者，有多少人是在现代理念关照下理性地解读他们观看着的古老的紫禁城？有多少人是在现代理念关照下感性地领悟他们观看着的古老的紫禁城？又有多少人在思索、探寻理性解读与感性领悟之间的碰撞与纠结？

一个基本的事实是，紫禁城作为帝制统治核心功能的终结，是民主革命的结果；皇帝的旧宫殿转型为人民的博物馆，是民国时代的文化革新与文化建设的结果。在紫禁城这样一个空间不曾改动的图像中，随着时间的流动，演绎和累积着皇朝与民国、君主与民主、集权与公权的对峙与交替。

正是基于这样一个基本的事实，我所指的理性解读，是指以民主的科学的价值观，还原、认识、评价紫禁城的历史，即透过紫禁城的显性图像，身临其境地认识紫禁城与帝制时代的体制制度、礼仪规范，与皇帝的执政行政，与皇家的宫廷生活及其与历史发展、国家民运、民众生活的关系。我所指的感性领悟，是指在感受着紫禁城强烈的视觉冲击与心灵震撼时，仔细体味紫禁城建筑的美不胜收。我所指的思索、探寻理性解读与感性领悟之间的关系，是指进一步追问政治文化与建筑文化、中国传统文化与中国古代建筑艺术之间，到底是什么样的关系。

紫禁城其实是一个“主题先行”的艺术结晶，即中国帝王意志、统治思想、传统文化的艺术结晶。紫禁城不是在建筑美学的指引下完成的，而是在帝制、宗法、礼教理念的指引下完成的。或者说古老文化、政治体制、社会结构、礼制理念左右了建筑审美取向。这正是中国古代宫廷建筑审美的独特性、根底性所在。宏大的建筑源于深厚的文化。找到了这个文化之本、文化之根，也就找到了面对紫禁城宏大建筑群之时，我们总是被建筑政治理念与建筑艺术审美二者之间竟能如此完美地统一而一再震惊的根本原因。

对紫禁城的理性解读与感性领悟的最大特征，是以实体为对象、为中介，以可视的、可走进去的“图像”为对象、为中介。与平面图像（印刷品）、影视图像不同，作为“建筑”的“图像”是可以走进去的立体的多维的图像。走进紫禁城，即走进紫禁城图像之中。在“图像”中行走，在行走中解读，在行走中领悟。

规模无比宏大的迷宫般的紫禁城，形成多维的连绵铺排的紫禁城图像，与其相应的，既十分明确又非常复杂丰富的信息，足以使活动在图像中的任何人成为图像中一个移动的“图像分子”，成为被图像化了的一个“图像”，被符号化了的一个“符号”。包括皇帝时代主宰紫禁城的皇帝本人。如皇帝的登基、早朝、经筵，皇帝的坐姿、站态，皇帝的行走路线，统统是被紫禁城空间严格限定了的。对臣子与奴仆的限定就更不必说了。可以说，紫禁城图像是使皇帝成为皇帝、奴才成为奴才、臣民成为臣民的坚固牢笼。

虽然皇宫的功能早已消逝，现在的人们可以大摇大摆地以主人公的姿态，以审视者的身份行走在紫禁城图像中，但仍然需要警惕紫禁城图像的隐性绑架，警惕被强大的紫禁城图像，图像化为紫禁城图像中的一个移动的“新图像”。因为时世虽大变，但曾经弥漫着帝制文化、皇权文化的那个实体没有任何改变；曾经发散着固化帝制、固化皇权的强大而奇异“气场”的真实空间仍然原样存在。况且，那种长时期的固定化了的力量太强大了，行走在这样的“气场”中，此时此刻的“这一个”的视觉与感觉，很可能在不知不觉间被感化、被置换为彼时彼刻的“那一个”的视觉与感觉，亦即成为被图像图像化了的“图像”，被符号符号化了的“符号”。于是，“这一个”移动的图像或符号，会随时随地不由自主地认同帝制文化、皇权文化，或它们的某一方面。于是，现在的“这一个”便成了原来的紫禁城，即皇帝的紫禁城的附属与俘虏，亦即皇帝的附属与俘虏。

这样的事实其实屡见不鲜。这是我反复强调行走在紫禁城“图像”中的人必须自觉坚守现代理念理性的理由。不只是成百万上千万的参观者，包括紫禁城的保护者、管理者、传播者也是一样，而后者尤其重要。

一方面存在紫禁城图像对于“我”的绑架与俘虏，即对“我”的负面影响与改造的危险；另一方面，在对紫禁城图像的解读与感悟中，“我”对于紫禁城图像的选择、置换与再造的空间无限宽广。一切基于紫禁城建成之后，特别是紫禁城成为现在的人们视野中的图像之后产生的多义性。

紫禁城既是一个实体，也是一个象征体，更是一个成为图像之后能够激发无限想象的空间。

紫禁城的建造理念，几百年来的实际使用，尤其是近百年的功能转换，使得这一形态未改的建筑实体，在图像意义上一直处于“生长”状态。

由建造理念决定，建造之时就赋予建筑本体明显的、隐含的、象征的多重意义，在后来的使用与转换中，更“生发”出真实的、虚拟的、视觉的、心理的、潜在的多重图像，也就是说，紫禁城图像是一个动态的“成长”过程，这个过程随时间而继续。

紫禁城建造者的初衷，紫禁城“需要”和“想要”的理解，与后人的理解、与今人的理解、与可能的解读，永远不可能对等。

所以，理解和解读的过程，即创造的过程。不断“生产”出来的图像可以通过“我”的解读不断地“再生产”。

参观紫禁城，把紫禁城作为图像首先是视觉行为。紫禁城是看的，不是读的，但看也是读。要让走马观花、浮光掠影地看，深化为认真地解读。读属于帝王的紫禁城之图，读属于自己眼睛、自己心灵的紫禁城之图。

当参观者以自己的眼睛与心灵把紫禁城作为完整的或分解的图像来读的时候，事实上观者已进入重构的创造状态。对象已不再是建筑客体而成为参观者的主体创造了。这样，参观者就可以进入读懂原本属于建造者的帝王之图和属于自己的眼睛与心灵之图的境界了。

前面说过，紫禁城是皇帝为自己而建造的。然而，中国的帝制一去不复返了，建造紫禁城的实际目的与使用功能一去不复返了，谁也不会做再建一座紫禁城的白日梦了，紫禁城的原创意图就此终结。

前面也说过，紫禁城并不是在建筑美学指导下设计建造，但由于文化的原因，作为“主产品”的意义与作用虽然随风而逝，而作为“附产品”的如紫禁城图像的美学价值、美学意义等反倒可能成为永恒。紫禁城是中国传统文化、中国皇权宗法礼教、中国古老哲学诗学的形体化、格式化、标准化、图像化，因而作为东方古代建筑的集大成之作，紫禁城建筑留给人们的又是无与伦比的东方建筑之美。

紫禁城之美体现在紫禁城的选址、规划、布局、结构、造型、着色中，体现在紫禁城的高低错落、疏密协调、宽窄相间、空间节奏、光影变幻中，体现在紫禁城整体的统一、完备、端庄和变化差异中的对应、和谐、均衡、灵动中。一句话：紫禁城整体的浪漫想象与细节的灵感闪烁，镶嵌在高远、博大、深厚、精致的文化背景上。

紫禁城就这样凝结为经典图像。这样的经典图像经得起历史的筛选，经得起历史的挑剔，经得起现在与未来的想象，不论是它的整体，还是它的局部，甚至那些最细枝末节之处，最不为人们注意的角角落落。

既凝固又变幻的紫禁城图像属于它的创造者，属于近600年来所有见到和想到它的人们，更属于今天和今后见到和想到它的每个人的眼睛和心灵。不只从事城市规划、建筑设计的人们，也不只从事造型艺术、工艺美术的人们，所有从事艺术创造、艺术设计的人们，都能够随时随地地从紫禁城的建筑形态中汲取艺术创造的灵感；任何一个人，只要有属于自己的眼睛和心灵，都能从紫禁城图像中直接直观地感受到中国传统文化多方面的表达和东方建筑美学的强烈感染力与无限启迪。

紫禁城建筑的审美价值

约600年前，明朝的皇帝摧毁了元朝的宫殿。几十年后，夺得皇位的明成祖朱棣选定在北京最中心的位置上营造自己的皇宫。重新建造的连绵铺排的宫殿群落用高高的城墙四面围合起来，再用宽宽的护城河环绕一周。永乐四年（1406年）筹建，到永乐十八年（1420年），名副其实的紫禁城落成了。占地100万平方米的永乐皇帝的宫城和四周专供皇室使用的太庙、社稷坛、苑囿、寺庙、作坊、库房等组成约有5个紫禁城大的皇城。皇城外是王府、官衙、百姓的京城。那时皇城约占整座北京城四分之一的面积。600年过去了，如今的北京城不知扩大了多少倍，当年皇帝规划的皇城、京城早已发生了很大的变化，几乎面目全非了，唯一没有变化的紫禁城，依然如故地矗立在北京城的中心。

曾是帝王宫城的所有功能早已终结了；成就紫禁城的历史需求、政体制度、实施可能均已不复存在了；谁也不会、谁也不可能再建一座紫禁城了。唯其如此，完整保存了近600年的紫禁城，才成为唯一与永久。

过去的皇宫，现在成为向所有人开放的故宫博物院。作为历史的生命与城市的核心，紫禁城留给人们的是无比丰富的历史信息；作为东方古代建筑的集大成之作，紫禁城建筑留给人们的是无与伦比的东方建筑之美。

一、意象：规划与布局

（一）天人合一的大环境观、大环境艺术

天地感应，天人合一，金木水火土，天地日月人。中国传统文化中

这些天与地、人与天地自然的推演移易的文化理念、哲学思想，统统可以用来为帝王的宫殿辨方正位、象天立宫、规划布局；统统可以用来言说君权天授、普天之下唯我独尊的天然合理。

紫禁城落成后，照例需要一些歌功颂德的诗赋。朱棣让他认为最有才华的也是最接近他的大臣去写。文渊阁大学士杨荣、金幼孜写了《皇都大一统赋》，李时勉写了《北京赋》。除了照例歌颂“圣王”永乐皇帝外，主体还是隆重描述紫禁城的，从中可以知晓紫禁城的规划设计观念。杨荣赋中有这样的辞句：应天以顺时，辨方而正位；乃相乃度，载经载营；贯天河而为一，与瀛海其相通；西接太行，东临碣石，巨野亘其南，居庸控其北；北通朔漠，南极闽越，西跨流沙，东涉溟渤；势拔地，气摩空；梢横青天，根连地轴；包络经纬，混沌无穷；仰在天之神灵，隆万古之尊号……

这类的似曾相识的与历代御用文人颂扬帝王宫室一样路数的华丽词句看起来很玄虚很缥缈，其实，这样的大思路大视野对于紫禁城的营建起着决定性的作用。古代绝没有现代的科技水平、科技手段，没有航测遥感，没有卫星定位，没有精确到毫厘的实测精密仪器，但古人有古人的遥感、遥看、遥测。古人，中国人，是相信天地相应，相信天地感应，相信天人合一的。天上有北辰贯中天，地上有南面听天下。天有天轴，地有地轴。天上有紫微星垣，地上有紫禁城。山有山势，水有水势，地有地势。山水融结在天，裁夺在人。大靠想象力、眼力，小靠功夫工巧。

如果可以说这是中国传统文化中认识天、地、人的宏大的宇宙观、哲学观的话，如果以这样的宇宙观、哲学观作为紫禁城的创意理念，作为紫禁城规划的指导思想的话，那么，紫禁城的规划设计实在是一种精神状态，一种理念，一种意念，因而是高深莫测的，无比神秘的，庄严神圣的，至上至尊的。在永乐皇帝心中，在臣民心中，在所有参与其事的人们心中，他们将要建造的和将要看到的紫禁城，是矗立在天地之间的，沟通天、地、人的光辉的形象与神圣的标志。

毫无疑问，朱棣是紫禁城的总规划、总设计、总指挥。他下面有一个出谋划策、奔走督办、执行操持的班子。不管是谁，有一点是肯定的，从大的方面来说，紫禁城不是测出来、量出来、算出来的，是想出来、看出来、说出来的。自然，一定有一些人，有不少的人，一定要做许许多多很实际很具体的工作，仰观天象，俯察地理，中参人和。他们得堪天舆地。他们至少得在北京城的四面八方风餐露宿。他们不知多少次站在北京的西山上、北山上指指画画。目之所及，心之所想，他们得说出昆仑山如何与燕山山脉相连，得说出大海大水在什么地方，得说出个天高山远、地广水长、纵横四海的天下大势来，得说出北京城、紫禁城在天地山水间的至尊至荣的位置来。

说出这些来并不难。他们有足够的历史参考资料，包括文字资料与口头传说资料。因为中国的皇帝们早已在不少地方建造过不少皇宫了。他们在不同的地方说过类似的话，做过类似的事。元朝人在这里建元大都的时候说过类似的话，做过类似的事。朱元璋建南京都城和南京宫城时说过类似的话，做过类似的事。

让皇帝相信更不难。朱棣曾作为皇帝的儿子，被朱元璋封为燕王，统领军队驻守北平。朱棣在他苦心经营的封地生活了那么多年，他多少次从北京北出北伐，南下南征，凭着他对北京的感情，对北京周边及更远些地方的山山水水的熟悉，他很容易认同、很容易相信北京的风水最好的说法，更容易相信、更容易认定即将拔地而起的紫禁城的风水最好的说法。几乎可以肯定的是，最初的北京城、紫禁城的风水版本原本就出自他的授意。

退一步说，即便实际状况并非如此圆满，也能够说成这样，而且会说得让人没法儿不信服。即便现在的环境艺术家，现在的城市建设规划师，现在的建筑设计师，还有如我们这样的北京市的普通市民，天气晴朗之时，也站在北京西面的、北面的山坡上，极目四望，天上地下，南北东西地想一想，不仅能感受甚至也能说出些类似的道理来。

虽说紫禁城是想出来、看出来、说出来的，在立项的时候、论证的时候、讲理念讲思路的时候，固然可以也有必要大而无当，天马行空，但到具体规划设计的时候，必须想得、看得、说得很实际很现实很实用。得把那些玄虚缥缈的词句落到实处。

至上至尊的紫禁城既不能超凡脱俗，又必须超凡脱俗。既要在人间，要有人气，有臣子，有百姓，又不能混同于普通老百姓，也不能混同于王公贵胄。皇帝就是皇帝，都城就是都城，皇城就是皇城，宫城就是宫城。

紫禁城外有皇城，皇城之外有内城，内城之外有外城。紫禁城是城中城的城中城。既是层层围绕、团团簇拥的中心，又是超然于世的禁地。

紫禁城的占地面积，紫禁城的建筑群落与建筑体量，自然是以大为贵，以多为贵，以高为贵的。以护城河为界，占地足足 100 万平方米，房屋总计据说是 9999 间半。除了赫赫皇家，谁有如此的资格、气魄、实力！

北京城所有的民宅官宅都是低矮的，包括皇亲国戚的府邸，必须遵守大小、高低、样式的严格规制，只有紫禁城是高大的，还有宽河护着，高墙围着，不准进去，不得靠近，连正视也不得，可望而不可即。视线越过高墙偶或可以望见少许黄色的屋脊，一般人只能想象里面的样子。里面的人站在高处则可以无遮无拦地看远山、看远地、看近水，看匍匐在脚下的大片大片的灰色的房屋。距离足以产生高贵，神秘方可保持至尊。

连色彩也是这样。整个北京城是灰色的，唯独紫禁城是黄色的、红色的。黄色的铺排的屋顶，红色的绵延的墙壁与门窗。那是天上的太阳的颜色，那是红日东升时候的颜色，那是可以与太阳相互辉映的颜色，是太阳的光，耀眼的光，灿烂的光，是造就辉煌与至尊的光。

如紫禁城处于北京城的中心，是都城北京的核心一样，紫禁城的内部布局，更是最讲究突出核心与服从核心的。最重要的是那条与天轴对应的地轴，北京城的中轴，进紫禁城出紫禁城的中轴。所有重要的高大的建筑都由中轴贯穿起来。中轴上最重要的是三台之上的三大殿，三大殿中最重要的是太和殿，得用一切手段让它突显出来，让它高耸入云，让它与天相接，让所有看到它的人都能产生云拥天帝的天子宫殿的感觉。

最核心最重要的定位了，其他就好办了，一切依次安排。依次安排各自的位置、形制、高矮、大小、宽窄、色彩、名号、功用。一通百通，一顺百顺。所有的布局，所有的建筑，所有的空间，再大，再多，再宽，再广；方正，规矩，条理，秩序，稳定——一切都在服务与渲染天子的宫殿的崇高与至尊。

所谓的天地感应，天人合一，金木水火土，天地日月人，中国传统文化中这些天与地、人与天地自然的推演移易的文化理念、哲学思想，统统可以用来为帝王的宫殿辨方正位、象天立宫，都可以用来论证君权天授、普天之下唯我独尊的权力、等级与秩序的天然合理。虽然所有的出发点与所有的指向都在竭尽全力地凸显皇城皇权的至高无上，渲染天子宫殿的独尊天下；虽然只有皇帝能这么想、这么做，也只有皇帝才能做到，但从建筑设计的角度想想，这实在是很浪漫很浪漫的事情，也是很诱人很迷人的事情。从建筑美学的角度看，这正是必定成为中国古代建筑经典的紫禁城的大环境观、大环境艺术的根源与灵魂所在。

紫禁城不只是一个时代的存在。没人否认紫禁城是一座伟大的建筑，也否认不了紫禁城的设计者是最伟大的设计家。可是，也没人能够明确指认谁是这位最伟大的设计家。朱棣不是，参与营建紫禁城的那些有名有姓的人们也不是。紫禁城其实是一个“主题先行”的艺术结晶，中国传统文化的艺术结晶。确切地说，紫禁城是中国古老哲学诗学和传统礼制礼教的格式化、物象化、美学化，是集体无意识的创作。紫禁城的选址、布局、造型、着色，紫禁城的高低错落、疏密协调、宽窄相间，紫禁城变化差异中的对应、和谐、均衡，不是在建筑美学的指引下完成的，而是在建筑理学的指引下完成的。悠久深厚的中国传统文化是紫禁城规划布局、定位奠基的原点，是紫禁城营建的基准线和标尺，或者说古老文化、礼制理念、皇权帝制左右了建筑审美取向——这大概正是中华民族建筑审美的独特性所在。

面对紫禁城，我只是惊异于建筑理学与建筑美学二者之间竟能如此完美地统一！只是不知仅仅是一个特殊的个案还是普泛的规律。但有一点我是明白了的：伟大的美在于整体而不在局部，任何时候伟大的美都是整体的美。这样的整体之美是大美。大美不言，大美有声、有形。这样的大美一定有它的深深的整体文化、系统文化之根，如一棵迎风独立的参天大树一定有其发达繁盛的根系那样。宏大的建筑来自宏大的规划，宏大的规划源于厚重的文化。整体的浪漫想象与细节的灵感闪烁镶嵌在高远、深厚、精致的文化背景上——皇帝想要建造的，皇帝为自己建造的至尊的紫禁城就是这样的。

（二）走向太和的中轴引领

皇城、宫城所有的重要建筑都被认为是一条与天轴对应的地轴——中轴线一一贯通。的确是一条威严庄严的神圣轴线，一条界限分明拥有占有无限风光的天下大道。这就是被称为王者的轴线的力量所在吧。

我不止一次地看到过这样的资料，也不止一次地听说过这样的事：中国和外国的建筑家、艺术家、设计师、外交官等等，面对紫禁城时，觉得中国宫殿的空间大得令人感到“茫然”，穿过紫禁城的城门或站在城门下面时，会感到独一无二的、特有的、了不起的威严高贵，甚至有不由自主地跪下来的人。

我不知道使他们产生这种感觉的心理依据主要来自何处，我知道几乎所有论说紫禁城、北京城的专家学者一致赞扬被营建者发挥到极致的那条中轴线，那条南起永定门、北达钟鼓楼、穿紫禁城而过的长达8公里的中轴线，那条被称为伟大的、神圣的、王者的中轴线。大有伟大的紫禁城源自伟大的中轴线的意思。的确如此，至少可以这么说，没有这条中轴线，紫禁城不会这么庄严；当然，没有紫禁城，中轴线也不会这么伟大。

1420年紫禁城落成之初，这条中轴线起于前门。133年后的嘉靖年间，京城扩建，中轴线南移至新建的永定门。537年后的20世纪50年代末，作为轴线起点的永定门被拆除，中轴线起点消失。584年后的21世纪初，永定门城楼复建，中轴线起点重新浮现。

许多年以来，只有皇帝本人，只有极少数人可以沿着中轴线进入紫禁城，进入太和殿。现在，所有的人都可以像当年的皇帝那样沿着这条中轴线进入紫禁城，进入太和殿。可是，并非所有的人都能意识到京城营建和紫禁城营建的轴线结构的意义。

紫禁城破土动工之时，不知在什么地方举行过什么规模的奠基礼没有，近600年过去了，就中轴线而言，虽然最重要的还在，大体的格局还在，但变化还是不小的。除了那些醉心于京城营建、紫禁城营建的人们的心中依然保留着那个完整的，甚至完美的京城图像、紫禁城图像之外，对于大多数人来说，已经不大可能形成那个大紫禁城的图像与概念了。

那条神圣的轴线还能给我们什么？2006年，为了紫禁城筹建600年（1406—2006年）的纪念，我决定从那条伟大的中轴线的起点走向太和殿。

我不知道我会获得什么样的感觉。我期待会有一些属于我的特别的感觉。

正碰上沙尘弥漫的日子。永定门四面的楼宇朦胧在弥天的黄尘中。这样的天气，倒也更能让人想象几百年前这座城楼落成时的情景。那时的城楼也是崭新的，但肯定不是眼前这座几年前复建的城楼的新样儿。那时的城楼也是很突出的，但不孤立，不像今天这样，在四面林立的楼房中看起来完全是个另类。一座孤零零的城门楼，没有箭楼，没有瓮城，既没有城墙连延，又没有城河环护，怎么打量都觉得有点不伦不类的尴尬。

登楼南眺，尽管意识到自己是站在北京城中轴线的起点，但仍会感觉到这条中轴线其实是一直伸向天尽头的，伸向无遮无拦无边无际的苍茫大地的。至少直接通向不远处的皇家猎苑南海子，那是当年皇帝们常去行围、射猎、阅兵的地方。

城楼北面的东西两侧，东有皇帝祭天的天坛，西有皇帝躬耕的山川（先农坛）。单就祭天祭地而言，嘉靖皇帝向南扩建外城并非明智之举。试想，空旷的天坛，天坛外空旷的原野，野旷天低树，是适于且易于对天祈祷的；再想，皇帝亲耕的一亩三分地外面，田陌接天，皇帝在墙里耕，百姓们在墙外耕，可谓天下同耕，一旦圈进高高的城墙里面，又有城楼望着，通天接地的感觉就少了许多，天下同耕的意境就差了许多。

向北望去，那条引人入胜的被称为伟大神圣的中轴线清晰地出现在眼前：一条笔直的大道直指前方远方，像箭一样，像光一样射向前方远方，穿过黄天黄地的沙尘，4 公里处的正阳门依然隐约可见。正阳门后是天安门，天安门后是端门、午门、紫禁城，再往后是景山、鼓楼、钟楼。这条笔直的大道像一束强光那样照向照亮这座城市里最重要的建筑。所有重要的建筑都由这条大道一一贯通。这的确是一条一往无前无可阻挡的威严庄严的神圣大道，一条界限分明、光芒四射、拥有占有无限风光的天下大道。这就是被称为伟大的王者的中轴线的力量所在吧。

从永定门到前门并不算最重要的地段，只是掀起高潮的前奏。即便如此，也非同寻常。因为这里是乡野走入都市、茅屋幻化宫阙、江湖登临庙堂、散漫纳入秩序的过渡段落。皇帝的经常出入并不是最重要的仪式，最普遍最平常也最具魅力的是王公贵族、外国使者、地方官员、文人学士、科考举子、古玩戏艺、商人、旅人的八方汇聚朝夕交流。客店商号云集此处，各种大小会馆就累积发展到有 140 多处。各样的信息如眼前的风一样吹来吹去，像眼前的沙尘一样铺天盖地。行走在这样的路途间，本应应接不暇流连忘返，可是，所过之处无可观览，因为除了它的名字及由此产生的联想之外，已经改变的与任何一条街道似乎并无二致。

正阳门城楼箭楼正在维修。门楼还是原来的门楼，可是，没了瓮城，没了向两边延伸的城墙，如永定门一样，怎么修也恢复不了旧时容貌。连城门洞也不得穿过了。箭楼前、城楼箭楼间疾驰的车辆川流不息，行人须走地下通道。

从城楼至天安门之间的变化就更大了。当年京城、皇城、紫禁城落成，从正阳门门洞进入城内，一眼就看到横在眼前的红墙黄瓦三券洞门的大明门。永乐皇帝朱棣让解缙题写的“日月光天德，山河壮帝居”的对联格外醒目。这是真正的皇城大门。对一般人来说，这座大门是永远关闭的。正阳门与大明门之间的棋盘街才是东城西城居民百姓、东侧西侧政府部门来往的主要通道。清朝取代明朝时，只把大明门上刻着“大明门”三字的石匾翻过来，刻成“大清门”三字原样嵌了上去，改朝换代在一瞬间被简化为翻一块牌、改一个字的事。辛亥革命后，大清门改为中华门，有人也想简单地翻一下牌子改两个字了事，可是，翻过来一看，竟是“大明门”三字，只好赶刻木匾挂上。虽说辛亥革命不算彻底，但也绝非明清易代那样翻牌子的事。新中国的成立是真正天翻地覆的大事。不久之后，中华门就被拆除了，通往天安门的皇帝的御道扩展成人民的广场。再后来，中华门所在地建起了毛主席纪念堂。

无论如何，大明门、大清门、中华门，不管叫什么门，这座真正的皇城正门再也看不到了。门内原本是由东西两侧各 144 间连檐通脊的低矮的廊房相夹而成的长长的千步廊，千步廊的尽头是高高耸立的天安门，把天安门推崇衬托得无比高大威严的千步廊，同样再也看不见了。天安门前与千步廊连在一起的以 6 米高的红墙围起来的“T”形广场也不见了，连同东西两边的长安左门和长安右门也不见了。取这些而代之的是毛泽东在天安门城楼上挥手划定的可容纳百万人的世界第一大广场。毛主席纪念堂、人民英雄纪念碑、中华人民共和国国旗，依次排列在原来的御道正中，排列在过去是现在也是的伟大的中轴线上。天安门广场上每天成千上万的游人中，绝少有人想到他们正徜徉在昔日的皇家禁地，绝少有人感觉到他们正在不停地从皇帝的御道，从中轴线的这边走到中轴线的那边。

天安门以南的中轴线地带的变化确实太大了。站在金水桥与天安门之间南望，掠过汉白玉拱形桥面，本来可以看得见大清门、正阳门，甚至永定门重叠的门洞，正如回首北望，穿过天安门、端门的门洞，在黄色的沙尘中也能看得清午门的门洞一样。可是，现在，向南的御道和门洞都不见了，只见宽广的天安门广场人流如织，五星红旗迎风飘扬，人民英雄纪念碑高高耸立。

这时候，转过身来，向北，不仅可以看见，而且可以穿过天安门门洞，穿过端门门洞，一直走向紫禁城的正门午门。红色的墙，黄色的琉璃瓦告诉我：皇城回来了，那座完整的紫禁城就在前面。这时候，我真切地感觉到我正走在近 600 年前的御道上，走在数百年来只有皇帝才可以走的御道上，走在 20 多位皇帝曾经走过的御道上。

御道是用青白色的巨大的石块铺就的，据说每块石头重达万斤。巨石铺就的御道应当从大明门开始，但保留到现在的只能从天安门前的金水桥开始了。由于石质的不同，每块石头磨损的情况不一，但那种厚实、沉重、坚硬，甚至顽固的感觉是一样的。御道之外的东西都变化了，或变化过了，消失了的也不在少数，唯有这些石块纹丝不动地存在着、记录着、记忆着、见证着全部历史。

也许因为经历了太多的风雨，经历了太多的磨炼，坚硬沉重的御道终于变得光滑柔润起来。这条光滑闪亮的中轴线穿过无数的风雨，引领无数的人们走进京城、皇城、紫禁城最核心最重要的地方，走进历史的深处和高处。

整齐光亮的长长的御道直直地穿过天安门，穿过端门，伸向午门，伸向高大的城墙和雄伟的城楼的正中，伸进午门的门洞。紫禁城红色的厚重的大门仿佛是被笔直的御道推开似的。穿过午门门洞，在期待看见又一个门洞的时候，梦幻般的世界豁然浮现——弯弯的内金水河与内金水桥横在眼前，四面黄色的屋顶铺排开去，融入黄尘弥漫的天空；继续前行的御道越过白色的内金水桥，突然停止在殿宇般的太和门前。站在太和门高大宽敞的廊柱间回望一路走过的中轴线，依次透过午门、端门、天安门，望远镜般的圆形门洞，居然看得见沙尘中驶过天安门广场的一辆又一辆公交汽车。如果千步廊还在，如果大明门还在，如果天气晴朗，我想，我一定能继续依次透过大明门、正阳门、永定门的门洞，看到更远更远的地方。

我是从永定门的门洞开始，一个门洞一个门洞地穿洞而来的。现在，站在太和门，我的目光又一个门洞一个门洞地洞穿而去，居然有可能看到十几里外的第一个门洞——这就是伟大的中轴线足以穿越时空的力量所在吧。

同时，我又强烈地意识到，我必须也只能沿着笔直的中轴线走，必须也只能通过重重门、层层墙才可到达太和门——这就是伟大的中轴线“王”道、“霸”道、威严、庄严的力量所在吧。

九开四进敞开的宫殿式的太和门，这座天下规格最高、最尊荣的大门，这座明朝的皇帝们御门听政，清朝入主紫禁城的第一个皇帝即位的大门，才是天子的宫殿的大门。

太和殿就在我的身后。我转过身来，发现笔直的青石御道已经穿过太和门，直向巍峨的太和殿而去。太和殿的殿脊伸向辽远的天空。

从太和殿往北，青石御道继续延伸。穿过后三宫，穿过御花园，穿出紫禁城的北门神武门，直上万岁山顶万春亭（现景山万春亭）。

万岁山在元代的时候就略有模样了，是用开挖太液池（现北海部分）的泥土堆起来的一个小“青山”，明代紫禁城的肇建者们用捣毁元大都宫殿的建筑“垃圾”，用开挖紫禁城护城河、开挖太液池（现南海部分）挖出来的上百万立方米的土石，为紫禁城堆起的一座镇压元代王气的“镇山”和作为自己的永久的“靠山”，所以取名万岁山。现在，这座人造靠山更多的作用发挥在俯瞰紫禁城上。河泥一旦成山，则成为悠然登临的看城之山（所以清朝就改名为景山了）——防卫的河与山化作权威与礼仪的河与山，又化作审美的河与山。当然，此种审美的功能在那个时候也是生活在宫里的帝王们和他们周围的人们所独享的。我相信入主紫禁城的明清 24 位皇帝，都会登临此处，与身边的臣子后妃指点他们的后宫、前宫、北门、南门以及都城的城门甚至更遥远的山川江河。对于今天的普通民众来说，这座松柏掩映、上有玲珑五亭的高地，则是一个感触古老皇宫、皇城以及整个古都北京的最佳去处。不管什么时候，站在中轴线上的这个最高点上，就可以尽情地真切地感受那条通天贯地的伟大的中轴线了。在这个制高点上，向南望去，依次掠过神武门、钦安殿、坤宁宫、交泰殿、乾清宫、保和殿、中和殿、太和殿、午门、端门、天安门金黄色的大屋顶，正阳门、永定门清晰可见，再往南，是古柳飘拂水草丰茂鹿鸣鸟语的当年皇帝们常去行围、射猎、阅兵的南海子。再往南呢？无边无际无遮无拦的苍茫大地。向北望去，鼓楼钟楼历历在目。往北，再往北，就是“燕山雪花大如席”了，就是“天苍苍，野茫茫，风吹草低见牛羊”了。

宫城里，皇城里，都城里——这座城市里最重要的建筑，所有重要的建筑都被伟大的中轴线一一贯通。这些建筑是京城里最重要的建筑，当然也是全中国最重要的建筑。何况这条伟大的中轴线又以紫禁城为中心向南北两个方向无限延伸，贯通天地宇宙呢！

这的确是一条一往无前无可阻挡的威严庄严的神圣轴线，一条界限分明光芒四射拥有占有无限风光的天下大道。这就是被称为伟大的王者的中轴线的力量所在吧。

2008 年的北京奥运会开幕式，象征全世界 29 届奥林匹克运动会的

29 个巨大的红色脚印，以这条中轴线的起点为起点，从中轴线的上空大步跑向新建在中轴线上的开幕式主会场——鸟巢，跑向孕育和诞生人类强度、速度、高度的鸟巢。

历史的跑道上跳跃着现代的步伐，古老的中轴线与全世界一起运动。

跑不出的中轴线，跑不尽的中轴线——历史再次见证了伟大的中轴线穿越时空的伟大力量。

（三）“座”拥天下的核心定位

太和殿是皇帝登基的大殿，只有在这个地方才能确认皇帝的身份，确立皇帝的地位。皇帝是什么？皇帝就是太和殿；太和殿是什么？太和殿就是皇帝。必须把这座宫殿打造成天下的核心。必须把这座宫殿建成“座”拥天下的宫殿。

紫禁城总在给我一些奇异的感觉。比如，紫禁城往往让我忘记了它是建筑，或往往不让我注意到它的建筑性特征。再次从永定门开始，一个门洞又一个门洞地穿过，一座门又一座门地进入。天有九重，门有九门。数一数，真的是穿过了八个门洞（依据初始的建筑：永定门两个，前门两个，大明门、天安门、端门、午门各一），进入第九道门太和门时，九门九重天处，终于看见白色高台托起的太和殿了，终于看见融入蓝天白云间的天子的宫殿了。近在眼前，又好像远在天边；走进去了，又好像走出来了。

当年的皇帝不这样想。眼前是他的宫殿，里面有他的位置。他可以轻松地走进去。不用走，人们用大轿子抬他上去。从云龙出没的三层大石雕阶石上凌空而上，一定有一种飘上去、飞上去的感觉。甚至有一种飘上天、飞上天的感觉。他走进去了，他刻意地站在中央，坐在中央。高高在上，一切尽在指掌之间。我即天子，天子即我；我即天，天即我。我融入天际，天地之间唯我独尊。别人，只可望但绝对不可即。没有旨意，没有召唤，没有允许，不可上台，不可入内。上来进来亦不可昂首挺胸，必得低头、弯腰、下跪。

皇帝的时代早已结束了。现在任何一个人均可以随意站在皇帝站立的地方。我异常清晰地记得一个深秋的傍晚，2003 年 10 月 28 日，数万游人离开紫禁城后，为纪念故宫博物院建院 80 年拍摄大型纪录片《故宫》的开机仪式在三台之上太和殿前的平台上举行。仪式结束后，所有参加仪式的人们静静地伫立在宽敞的高台上久久不肯离开。喧嚣的北京城中的紫禁城寂静得出奇。仿佛听得见夕阳西下的声音，听得见夕阳的余晖、迷蒙的橘红色的余晖弥漫涂抹在黄色屋顶、红色墙面上的声音。午门、端门、天安门、太庙的背影，人民大会堂、国家博物馆的侧影越来越清晰。广袤的华北平原、泰山、黄河、长江、珠江、东海、南海、青藏高原——万里江山奔来眼底。真有“以天地为一朝，万期为须臾。日月为扃牖，八荒为庭衢。行无辙迹，居无室庐。幕天席地，纵意所如”的感觉啊！着实奇异得很，置身于重重叠叠灿烂辉煌的世界上最大的皇宫建筑群的核心位置，眼里心里却什么也没有了，又什么都有了。

太和殿不只是一座建筑，更是一处“座”拥天下的位置。

朱棣下决心把他经营多年的北京定为他的都城。光有京城是不够的，不显其尊，因为京城的平民百姓可与他共享；他要有皇城，有了皇城也是不够的，不显其独，皇族官宦可与他共享；他要有宫城，皇帝独有独享的宫城。反过来说，他坐拥宫城是不够的，要有皇城；坐拥皇城也是不够的，要有京城；坐拥京城还是不够的，要有天下，要有上天之天下，天子之天下。他把他的这座宫殿命名为奉天殿（嘉靖年间重建更名皇极殿，清顺治重修更名太和殿）。

中轴线是最重要的。最重要的建筑都在中轴线上。中轴线上最重要建筑的核心是太和殿。太和殿比中轴更重要，像一个人的心脏一样，四面八方的建筑群落将太和殿团团围定。事实上是太和殿的位置决定了它周围所有建筑的位置。以太和殿为核心，以中轴线为基准线，整座紫禁城纵横线索网络清晰，大小群落铺排有序。

太和殿是皇帝登基的大殿，只有在这个地方才能确认皇帝的身份，确立皇帝的地位。皇帝是什么？皇帝就是太和殿；太和殿是什么？太和殿就是皇帝。必须把这座宫殿打造成天下的核心，必须把这座宫殿建成“座”拥天下的宫殿。这座宫殿的位置、基础、体量、外部内部空间、结构、材料、色彩等等都必须是“座”拥天下的。

是的，这座宫殿一定要端坐在中轴线的轴心处。它必须是伟大中轴线上的原点。北极星高悬在它的上方。它在地上的位置如同北极星在天上的位置。它指向所有，所有指归于它。它的面前是世界上最大的建筑群的内部广场。任何建筑都不可挡住它通达万里的视线。超过 3 万平方米的空旷的广场足以把任何人的视野引向无限。

它的基础必须是最雄厚、最坚实的。为了它的坐落，2.6 万平方米的“土”字形台基拔地而起。它在“土”字的“十”字交汇处，在世界上最大的“土”的中心。“土”字地基深入地下 8.5 米，高出地面 8.13 米。打桩、换土、投石、填砖、夯筑、加筏，16.63 米厚的坚实基础牢牢地镇住了 600 年间任何一次强烈的地震，泰然自若地守护着普天之下莫非王土的不可动摇的地位。

它的装饰是最鲜亮、最壮丽的。1453 根雕龙雕凤的汉白玉望柱，1142个汉白玉螭首（龙头型排水口），一块块汉白玉挡板护栏，一条条汉白玉台阶通道，曲折有序，逐层上升，环绕巨大的“土”字台基，铺排成浩瀚的白色三台。在汉白玉世界簇拥着的高台上，如从厚土中生长出来似的，72 根数人合抱的森林般的大木柱和更多的一根又一根数不清的木料撑起高达 26.92 米的殿宇，构成唯一的面阔 11 间进深 5 间面积2377平方米的最大木构单体建筑。在如此高大空阔的殿宇中，只在正中设一高台，高台上只有一宝座，那就是凌驾一切之上的孤零零的皇帝的宝座，与孤独的宝座日夜做伴的是遍布殿宇内外无处不有的13433条金色的龙。这里是龙的世界。

最大的广场上只有一座最大的房子，最大的房子里只有一座最高的台子，最高的台子上只有一把最高的椅子，最高的椅子上只有一个人坐着。就是这样，5.6 万平方米的巨大广场，重重叠叠的汉白玉三台，森林般的巨木，将深入大地的宫殿推向云天，将皇帝的宝座推向云天，将皇帝推向云天。所有的都是独一无二的，甚至连色彩也唯我独有独尊。浩瀚的汉白玉闪烁着的白，满目红色的墙、红色的柱子、红色的门窗闪烁着的红，无边的黄色的屋顶和千千万万条龙闪烁着的黄——大面积的，单纯的，强烈有力的白、红、黄，把本来很遥远的天空的蓝吸收过来融合进来。浩瀚的天空因此成为天子宫殿的重要组成部分，天上的色彩因此而成为人间宫殿色彩的重要组成部分。白、红、黄、蓝，这些最基本也是最亮丽、最鲜艳的色彩，使得天子的宫殿无比的辉煌壮丽起来。

“座”拥天下的宫殿，是坐拥天下的结果。宫城皇城的营建，耗费了举国上下无数的资源。名贵的木材来自浙江、四川、贵州、湖南、江西、东北，澄浆砖、红涂料来自山东，“金”砖、金箔来自江苏，花岗岩、虎皮石来自河北，汉白玉来自京郊。太和殿和保和殿之间长 16.57 米、厚 3.07 米、重约 250 吨的云龙石雕，动用两万人拖拉了 28 天才到位。十万工匠，百万役夫，无数的能工巧匠，无尽的劳役死伤，建造起来的皇帝的宫殿，实际用处并不很多很大。最重要的太和殿也就是皇帝即位、皇帝大婚、册立皇后、元旦、冬至、皇帝生日等庆典用用，一年中有数的几次而已。真正的作用，最大的作用，在于它坐拥天下的地位、标识、符号、象征性意义，在于以程序和仪式强化声势、强化威严、强化集权的意义。白手起家的汉朝皇帝刘邦是讲究实用的，不大满意萧何大兴土木地建未央宫。萧何说：“天子以四海为家，非壮丽无以重威。”一说到树立和显示皇权之威，刘邦也就不说什么了。“壮丽”到底怎样“重威”，能起多大作用？好像用处真的不小，从苏辙求见一位大官的信中(《上枢密韩太尉书》）就可得到侧证——“至京师，仰观天子宫阙之壮，与仓廪、府库、城池、苑囿之富且大也，而后知天下之巨丽。”还有一位叫江淹的在《诣建平王上书》中的感受更能说明问题：“日者，谬得升降承明之阙，出入金华之殿，何尝不局影凝严，侧身扃禁者乎？”

坐拥天下对大多数皇帝而言，是坐享天下。江山是个别打出来的，基础是个别奠定的，天下是不少人支撑着的，就像太和殿矗立在雄厚的基础上，靠粗壮的柱子支撑着一样。皇帝倒是坐着的，并不支撑，但只要坐在那个位子上，他就以为是他支撑着，他以外的任何人都变得无足轻重。但那个广场是重要的，汉白玉是重要的，太和殿是重要的，太和殿檐角的十个脊兽是重要的，黄、红、白、蓝的颜色是重要的，以太和殿、太和殿里的宝座为标志的那个位置更是重要的、真实的。所有的建筑都是为了凸现那个位子。只有这个位子定了，其余才可安排、布局、落实。由于是一处坐拥天下的位子，争天下抢天下就是争抢这个位子。争到这个位子，就是争到了天下。任何一个人只要能坐到这个位子上就可以坐拥天下，就觉得自己真的拥有天下了，也可以坐享天下了。如此演化的结果是坐并不重要，谁坐也不重要。谁坐在那里都可以坐拥天下，坐享天下。明清两朝不就有 6 位不足 10 岁的皇帝坐在那里了吗？不到 10 岁的皇帝能做什么？皇帝不也成了符号与象征？成了程序与仪式？说到底，紫禁城不是为皇帝建造的，太和殿也不是为皇帝建造的，是为了可以“座”拥天下的那个位子建造的。

以太和殿为核心，左前方有文华殿建筑群，右前方有武英殿建筑群，左文右武，是太和殿伸出的怀抱天下的手臂；左顾是太和殿的主人们颐养天年的地方，如皇极殿、宁寿宫、养性殿、乐寿堂、颐和轩等，右盼是皇太后、太妃嫔们休憩、礼佛、诵经的地方，如慈宁宫、慈宁宫花园、寿安宫、英华殿等；正后方是帝后的寝宫，左右各有六宫的粉黛；再后面有他们专享的花园，有太和殿的子孙们读书的地方。太和殿需要时时左顾右盼，并时时回首眷念，顾念着它的过去和未来——这样，以太和殿为核心的整座紫禁城就既直上云霄，又四面铺排了；既家国，又天下了。

顺着太和殿的方向，沿着中轴线延伸到紫禁城南，左有祭祖的太庙，右有祭天下的社稷坛；再往前，左有祈祷风雨的天地坛，右有扶犁耕种的先农坛……

紫禁城北呢，则是可以将紫禁城尽收眼底的万岁山，再往北，还有晨钟暮鼓、声闻四达的钟鼓楼高高耸立。前后呼应，左右对称；远近，大小，高矮，轻重，缓急……统统在中轴线，在太和殿，在紫禁城的统领下一一排定了。没有这条中轴线，这座城市就失去了纲领，所有的建筑都会变得散漫无当；没有中轴线上的太和殿，中轴线就失去了灵魂，所有的建筑不管铺排得多么有序，多么流畅，都不会出现震撼人心的高潮。是理念意志？还是艺术审美？不管是什么吧，大山有主峰有余脉，大河有主流有支流，大树有主干有枝条……

这样的轴线，这样的核心与群落，这样的规划与布局，真的可以说是“天人感应”“天人合一”了。

二、形态：结构与造型

（一）高墙围城

紫禁城最能让人们亲近的，是它的宽宽的护城河和它的高高的灰色的城墙。紫禁城最能拒绝人们的，也是它的宽宽的护城河和它的高高的灰色的城墙。紫禁城的河与墙把帝王宫殿的奢华繁复、宏伟壮丽、铺排交错及神秘挡在里面，把单纯朴素、方正肃穆、安稳安静及其诗情画意留给每一位光临者。

紫禁城最能让人们亲近的，是它的宽宽的护城河和它的高高的灰色的城墙。

紫禁城最能拒绝人们的，也是它的宽宽的护城河和它的高高的灰色的城墙。

航空拍摄的照片显示得特别清晰，墨绿色的护城河如注满了水的深深的壕沟，把紫禁城严严实实地圈了起来。每看见这样的图片，我总会想到考古发现的非常非常遥远的时代，先民们聚居地周围那道或天然或人为的壕沟。紫禁城的护城河俗称“筒子河”，“筒子河”的叫法更能唤起我的此种联想和感觉。

从先民的据守高地或壕沟环护的时代开始，到村寨镇堡，到县城州府，到历朝历代的帝王宫阙，无不高墙深沟的严防死守。一路过来，竟成为固定的模式。尤其是对于帝王的宫阙而言，最初的防御性功能似乎慢慢退缩到可有可无的份儿上，模式与程式越来越发扬光大。然而，愈是程式性的装扮愈要格外的认真和缜密。

紫禁城作为明清两朝的皇宫，确切一些应叫作宫城，已是城中之城的城中之城了。从现留的德胜门、东便门可以看得出北京内城墙、外城墙的雄伟和严实；从皇城遗址处可以想得到北京皇城城墙的端庄和坚固。尽管如此，皇帝们还是要为皇宫做一道又厚又高的墙——不做到外三层里三层的认认真真的严密包裹绝不罢休。

于是，南北长约960米、东西长约760米、高11.2米、底宽8.62米、顶宽6.66米的城墙矗立起来了。城墙上可容四马并驰，成百上千的卫兵可环绕奔走。墙体内外包砖，用细砖干摆、磨砖对缝砌法，为的是整齐光滑、不易攀爬。

于是，环绕城墙，总长3300米、宽52米、深达6米、三合土夯底、条石砌帮、岸筑矮墙、引来玉泉山水的护城河荡漾碧波了。

在城墙与护城河之间20米宽的地带，明代沿河筑“红铺”40座，每座三间房，守卫10余人，昼夜传铃巡视。清代扩建为连檐通脊围房，改摇铃传铃巡视为传递红色木棒巡视，如现代接力赛般。

四角楼、四门楼共八楼耸立于高墙之上，墙上、墙下、墙里、墙外宽近百米的防护带尽在守望监视之下，可谓密不透风了。

其实是不大管用的，也从未发挥过保得住一席宝座的真正作用。北京外城的防线一垮，李自成不就大摇大摆地直穿承天门（今天安门）、端门、午门进宫了吗？崇祯皇帝只得出后门在万岁山的一棵老树上了结了自己和一个朝代。百余宫女无路可走，只好投身护城河。护城河护得了什么？不过，严密的防护系统虽无大用，对付小打小闹倒也有点用处。清嘉庆十八年（1813年），天理教小成气候，居然与宫中太监勾结，里应外合攻入紫禁城。此时的护卫系统起了作用，四门紧闭，墙上墙下墙里墙外卫队奔驰呼应，暴乱迅即被镇压。

有作为的皇帝并不特别看重宫城防护带的作用。节俭的康熙，务实的康熙，极富想象力的康熙，浪漫的康熙，把无遮无拦的护城河突然变成一眼望不到边的碧绿的荷塘。17万平方米的面积，那是怎样的“接天莲叶无穷碧，映日荷花别样红”啊！定然是京城百姓争睹的一道亮丽风景。从护城河里起出来的一节又一节的肥胖的莲藕，除宫廷美食之余尚可外卖创收，京城的百姓则可和皇帝吃一样的美食了，筒子河莲藕因此成一时之名品也说不定的。嘉庆年间虽有乱子闹出，也没将莲藕连根拔出，反创出出租经营荷河的法子，不知出租河段几许，居然也年收数百两银子入宫。

事实上，紫禁城从来就没有发挥过多少防卫的功能。肇建者原本也没多往这方面想，格外用心的倒是如何营造通天御地的帝王气象，如何彰显帝王的天下独尊、至高无上及权威不容侵扰、礼制不可错乱的帝王文化。

数百年来，紫禁城宽河与高墙的真正作用，也就是把老百姓阻挡在皇宫之外，把一人在上万人在下的秩序固定下来，把统治者与被统治者明确地区分、切割开来。不过，帝王的各种防卫法防止不了王朝的衰落。当昔日禁备森严的皇宫成为人民自由出入的博物馆后，其高墙，其宽河，倒是起到了有效保护世界文化遗产的作用。否则，占地百万平方米的故宫如何守护？每年上千万的参观人流如何进出游走、流畅有序呢？这是帝王们绝对想不到的结果。与此同时，紫禁城城与河的防护功能终于完全让位于中国古代建筑的审美功能了——这也是帝王们怎么也想不到的。

由高墙环护的紫禁城想到中国的万里长城。由万里长城又回到紫禁城里的重重高墙。

中国的万里长城肯定是世界上最长的墙，最隆重的墙，也是修补保护年代最长的墙。为何把这样的墙叫做长城不大好考，修补动作最大的明代称其为“边墙”倒是较为合适。其实，中国的土地上到处是墙。家有家墙，院有院墙，寨有寨墙，堡有堡墙，城有城墙。假如大都能够修补保护起来的话，中国大地真成了墙的世界了。

现在虽然看不到了，但我们知道，紫禁城就是被一圈又一圈的墙围护起来的。第一圈是皇城墙，红色的，从认真保护着的东华门与王府井之间的皇城遗址处能看得出来，想得出来。第二圈是北京城的内城墙，灰色的，从东便门城墙遗址处看得出来。第三圈是外城墙，也是灰色的，站在新复建的永定门城楼上可以想得出来。

被一圈一圈的墙围护起来的紫禁城，又用一圈一圈的墙把皇帝的宫殿围护起来，如我们现在能看到的这个样子。在紫禁城的外边，除了站在景山最高处的万春亭能够饱览铺排辉煌的宫殿的屋顶之外，在景山前街，在南北池子，在南北长街，环绕紫禁城一圈，除了北门神武门、东门东华门、西门西华门、南门午门的高大的门洞和雄踞城墙上的伟岸的门楼，除了东北、西北、东南、西南城墙四角上四座既豪华又玲珑的角楼，看不到一点宫殿的模样，只能看到宽宽的护城河，高高的灰色的城墙——护城河的岸也是墙，灰白色的石头砌成的墙。即便从任何一座城门进入紫禁城，还是看不到这个殿那个宫的真面貌。你得穿过一道又一道开在墙上的门，走进一座又一座开在房子中间的门（房子连成了墙）才能看到。紫禁城的宫殿就是这样被一圈又一圈、一层又一层的高墙团团围定的。

紫禁城的墙到底有多少有多长，实在很难测算清楚。木结构的宫殿由木柱、木梁支撑，本可以四面开门亮窗，实际上除正面安置门窗外，其余三面一般都砌起厚厚的墙。房屋的后墙，往往也是分隔区域、院落的墙，如北京的一条条胡同一座座宅院那样。单算独立的城墙、宫墙、院墙，其长度也够惊人。最外层的灰色的宫城城墙的长度是准确的，3440 米；把紫禁城的后半部分，也叫后廷部分围成三个区域的红色的宫墙的长度也是准确的，4835 米；比此类宫墙矮，将不同区域分割成大小 90 余处院落的，也是红色的宫墙，也可叫做院墙的部分，就不大好严格地计量了，大约 10500 米。三类合起来，近 2 万米，40 里长，若沿宫墙疾走一回，少说也得 4 个小时。

作为护卫的宫墙，作为分割区域、隔离院落以及起防火作用的皇宫的宫墙，回环往复连绵 40 里的宫墙，无论从哪个方面看，规格都是最高的。首先是高，护城河环护着的灰色的城墙高 11 米，城中的宫墙高的 8 米，矮的也有 6 米。朱元璋开启了有名的“高筑墙”时代，由此推测，从明代开始的皇帝的宫墙，其高度大概会超过以往皇帝们的宫墙。其次是坚实，高 11.2 米的宫城城墙底宽竟达 8.62 米，顶宽 6.66 米，足见其敦实程度。根基用石灰与黄土按比例搅拌成混合土夯实，中间再用江米汁加石灰拌成“雪花浆”泼浇三次，墙体内外侧为“横七竖八”15 层特制城砖垒砌，中为夯土，外墙面磨砖对缝。这样的构造，形容为“固若金汤”也不为过。紫禁城里的宫墙更是里外上下全部用石、砖、瓦砌成，表层灰浆涂抹，再刷上红色涂料，高耸陡直，料想无论怎样飞檐走壁的武林高手也只能望墙兴叹。

其实从护卫的角度来看，本用不着如此大兴土石的，一旦兵临宫城之下，已经太晚了，“金汤”也不管用的。重重叠叠的高墙壁垒，无非是使皇帝的宫殿威仪有加罢了。所有红色的宫墙上，如宫里所有的宫殿上覆盖黄色的琉璃瓦屋顶屋脊一样，都砌起了黄色的琉璃瓦墙脊墙顶，也就是这个意思。想想看吧，一面面开阔的红墙上，一道道笔直的黄色的琉璃瓦脊在太阳的照射下金光闪烁——世界上哪里还有如此高贵、如此奢华之墙？

一如墙脊墙顶的奢华，紫禁城墙之多、墙之高、墙之厚，究其实质，是一种凸现皇家威严气势和保障帝王专制意志的独特的修饰。墙面的颜色选用那种特别的红还是这个意思。紫禁城里所有的墙面，包括一座座宫殿的墙面，为什么统统要涂抹成那么一种红色呢？并且，延伸至所有的门窗，也都是那样一种红色？为什么要把整座紫禁城装饰成一片红色的海洋？红色与黄色固然有温暖的一面，但是宫墙如血，当把一道道血与火的色彩、暴烈的色彩、刺激的色彩、悲壮的色彩竖在你的面前，横在你的面前，挡在你的面前，而且是连绵不绝地竖在你的面前，横在你的面前，挡在你的面前的时候，你还有那种温暖的感觉吗？红墙的这边与那边虽然只有一墙之隔，但是，墙那边的人和事，你知道吗？你能知道吗？该你知道吗？能让墙这边与墙那边的人自由地往来、自由地交流吗？城里城外、宫内宫外自不必说，都是宫里人，年年月月日日住在宫里生活在宫里的人，谁认识谁，谁了解谁，谁知道谁想什么做什么呢？能让你知道吗？一切都可以躲藏在高高的红墙里，一切都被高高的红墙隐蔽起来了。

正如护城河河泥成山，紫禁城的河与墙把帝王宫殿的奢华繁复、宏伟壮丽、铺排交错及神秘挡在里面，把单纯朴素、方正肃穆、安稳安静及其诗情画意留给每一位光临者。

对于长久生活在北京经常有机会经过紫禁城的人来说，对于偶尔走过紫禁城的人来说，我相信他们会永远着迷于紫禁城高高的灰色的城墙；永远着迷于紫禁城宽宽的蓝宝石项链般的护城河；永远着迷于它们之间一棵又一棵的依依垂柳。垂柳当然是后来栽植的。清朝的围房大部分消失了，曾经有过的杂乱的居民棚户消失了，垂柳洋洋洒洒地长了起来。绕墙环河地广植垂柳不知是否受了“宫墙柳”诗意地感染，才幻化出河、柳、墙诗情画意的组合。

早已记不清多少次走过了紫禁城，只记得每一次走过时总有的精神的安宁与心绪的不平。

阴霾的冬日，铅云压在紫禁城上，城墙上的堞口如齿如锯，身体的某一部分，很深很深的地方，确有被咬痛刺痛的感觉。雪片在河上树上墙上乱飞的时候，反倒温暖起来。

突然发现斑驳的灰墙前的柳条如小鸭小鹅般的绒黄，太阳也突然变亮了，所有的失望都变作希望。

日出前，日落后，月亮挂在角楼上，城墙上的堞口修长、整齐、清晰，整个紫禁城简直是一座巨大无比的钢琴，清晰的堞口是跳动的琴键，早出晚归的鸟儿像跳跃的音符，扑啦啦地飞进去飞出来。晚霞朝霞落入护城河，染黄新柳，染红古墙。河水摇摆垂柳，垂柳摇摆城墙。小夜曲、月光曲、晨曲、交响曲，丝丝缕缕的不绝不断。如衣如带地飘扬荡漾，如岸如墙的雄浑厚重，梦幻的形状，梦幻的色彩，梦幻的声音。

每每驻足护城河边，总会问一个同样的问题：紫禁城的高高的灰色的城墙，紫禁城的宽宽的蓝色的护城河，紫禁城的依依的黄色的宫墙柳，紫禁城城墙上雄伟的城门楼和玲珑灵动的角楼，为什么能把紫禁城的围护与守望、拒绝与吸引、阻隔与亲近鸣奏得如此有声有色？

也有不少的时候，紫禁城里的一道道红色的宫墙，会牵出你别样的思绪，会给你别样的感触。如当你忽然看到红墙的某个角落被一年又一年的雨水冲刷出苍老苍凉的雨水痕的时候，如当你看到红墙的某些墙面被一年又一年的冷风翻卷起斑驳的墙皮的时候，如当太阳月亮让宫殿飞檐的影子、让脊吻脊兽的影子、让老树新枝的影子、让宫殿宫墙的影子，在一面面红色的宫墙上游走的时候。

不过，任何思绪与感受，也无法取代一面面高大宽阔的灰墙红墙给你的提醒：任何人不得攀爬，不得逾越。更有无形的墙，比如，只有皇帝可以行走的御道两侧，矗立着的无形的高墙，无形无声无时无刻地提醒你：任何人不得攀爬，不得逾越。

（二）皇家大院

中国的伦理观念、伦理规则描画出中国古代建筑以院落文化为特色的清晰轮廓，也创造出中国建筑文化独特的审美形态。院落，家族，家天下。小则农家小院，大则皇家大院。

皇帝们都说：天下是我的。可是，我始终不明白：既然天下都是他的，他家的，为什么还要拼命地筑城，筑皇城，筑宫城？宫城里再筑墙，再建院？外三层，里三层，一个宫又一个宫，一个院又一个院，大院套小院的没完没了？弄得各处有钱的人也照办，弄出许多这家大院那家大院的。倒不如干脆如秦始皇，修个万里长城围一个天下大院了事。可是，事实上却是围了大院还要不停地围小院。明代修补长城最盛，城池皇宫也修得最堂皇。紫禁城就是一个天下最大最大的皇家大院。

天下最大的皇家大院是由天下最小的农家小院演化而来的。在世界建筑文化中极具特色的中国院落构成，其实是中国的家族伦理构成。这样的构成从遥远时代的小小茅草屋子就开始了。再简单的屋子也会选择背风临水向阳的地方搭建。只要能分出几个隔断来（一般三间一组），一定是中间为堂，长者居左（向阳的房子，阳光先从那边过来）。有能力的东西两面、南面，或左右两面、对面也建起房屋，便围成一座小院子。没能力的起码也是北面建房，其余三面围墙，还是围成一个院子。长者肯定居北居正。若有能力建更多更大的房子，以长者——一家之主为核心，纵向深入，横向扩展，区域、功能的划分便越来越细。大门里边是看家护院的佣人。大门进去有二门，正门旁边有侧门，前后院落之间有后门有边门。前面的院子待客议事用餐，后面的院子分别居住。一夫可以多妻，于是有正房有偏房，还可以发展到东院、西院、前院、后院。妇女儿童不得随意出入，于是最里边有小姐的绣楼，最后边有游乐的花园。儿子多了大了不大方便，就近另立门户，另起院落，如法再建一个院子又一个院子。一座座院子组成一个个村落。

家有贫富，房有高矮，院有大小，道理是一样的。自古以来的中国伦理文化为中国的建筑文化铺就了鲜明的底色，中国的伦理观念、伦理规则描画出中国古代建筑以院落文化为特色的清晰轮廓，也创造出中国建筑文化独特的审美形态。院落空间也是伦理空间，建筑文化就是院落文化。院落，家族，家天下。小则农家小院，大则皇家大院。

从外面看紫禁城这个皇家大院，怎么看都是一个严密的整体，密不透风的严密整体。我们甚至能够触摸到这座皇家大院给予我们的独立于世的非常强烈的整体感。这首先是环护紫禁城的碧波荡漾的护城河与高高耸立的灰色的城墙给我们的第一印象与感觉。

当知道紫禁城内有占地 16 万平方米以上的木构建筑，有大大小小 9999 间半房间（现在的统计是8700余间）的人们，怀着担心或期待突然看见一眼望不到边的奇特景观时将会是怎样的心境，进入紫禁城内部时，却发现在紫禁城外部获得的那种强烈的整体感并没能立即减弱。因为他们看到的不是星罗棋布无边无际的散漫。紫禁城迎接他们的是开阔的广场，整齐的红墙和整齐的红墙间的一条条笔直的通道。上万间房屋就是被这样的红墙和通道，围合和分割成近百座大小不等的齐整的院落。

尽管一座座房子是独立的，一处处院子是独立的，看起来它们各自在地上稳当地守在各自的位置上，但它们分明是整体的紫禁城中的一部分。局部的独立组成了整体的独立。如果那个地方没有了它们，紫禁城严密和谐的整体性就会受到严重的破坏。

当我们惊异并寻找紫禁城如何智慧地处理整体独立与局部独立的关系的时候，我们发现整体的大院与局部的中院、小院之间的关系是既相互独立又相互依存。但相互独立是绝对服从于相互依存的。相互依存则由分明的主次关系、清晰的主从关系——所谓的伦理关系决定。于是，各自的独立，统一于整体的独立之中；内部的独立，统一于外部的独立之中；各自的个性，统一于整体的共性之中。于是，我们在紫禁城中行走，从一座门进入另一座门，从一个院落进入另一个院落，从一组建筑进入另一组建筑，从一个区域进入另一个区域，便有了那种既觉得宏伟又觉得精致；既觉得庄严又觉得生动；既觉得严谨又觉得灵活的特殊感觉。

以伦理为核心的网络结构，以庭院为基本单元的群体组合，形成中国古代建筑不是直指云天地向上发展，而是平面延伸扩展的特色。单体与院落地复制、扩散、延伸、变形，形成单体与整体、局部与全局在统一中的变化，变化中的统一。平铺直叙在空间序列上具有无限扩张的可能性，这一可能使得中国的建筑虽然没有耸立挺拔的气势，却有由方正、规则、想象力、意志力、财力、物力等组织而成的整体视觉中的舒展恢宏、雍容大度。清晰的机理，参差的轮廓，鲜明的色彩又突显出开阔浑厚的华美与典雅。紫禁城的伟大，紫禁城的辉煌就是这样产生的。当我们站在高处，这样的紫禁城的画卷尽收眼底时我们的震惊，我们的感动，就是这样产生的。当我们走进紫禁城内部，顺着红墙规定和指引的一条条通道，走进走出一座座院落的时候，我们又深深感受到宏伟的紫禁城中单体建筑之间、院落之间、区域之间、群体之间的联系、过渡与转换，又是一个极其复杂丰富的体系。一处又一处，一进又一进，一层又一层，庭院深深的精致与婉约就这样被轻松地包裹在宏大的紫禁城里，吸引着我们从宏大与辉煌中寻找细小的隐蔽与神秘。

不论是并联式的重重铺排，还是串联式的层层递进；不论是横向发展，还是纵向深入，伟大的也是丰富的紫禁城总能给我们移步换景的新鲜感受。景观尽在其中，但绝不是一下子显示出来，绝不是一眼就看得清楚。如果不是对紫禁城了如指掌，就算是进去过二次五次，随意走在任何一个地方，也很难弄清楚旁边还有什么，里边还有什么。只知道另一边还有房子，还有院子；只知道其间弥漫着许许多多君臣、父子、兄弟、夫妇的故事；只知道从上看，从外看，从旁看的整体一统之中，有撕扯不清的内部的纠结分散，复杂混乱，各自为政；只知道有外之内，内之外，上之下，下之上——这里的一切，家天下中的一切，家国天下中的一切，都在可穷究与不可穷究之间，一如庞大无比的皇家大院小院，足以使所有来去匆匆的过客深深感触到“无奈”二字的确切含义。

然而，帝王们绝不会产生“无奈”之感。因为帝王们掌握着主从分明、条理清晰、繁而不乱、维护稳定的秘诀。这就是紫禁城，包括皇城、都城在内的以中轴为纲，以太和殿、中和殿、保和殿，以乾清宫、交泰殿、坤宁宫为核心的轴心对称结构形成和体现的秩序与平衡。

不妨再从都城中轴起点的南大门永定门开始，向北而去，看看中轴节点的两侧：永定门内，东有天坛祭天，西对山川坛祭地；前门两侧，东有崇文门，西对宣武门；大明门、千步廊两侧，东有宗人府、吏部、户部、礼部、兵部、工部、鸿胪寺、钦天监，西对中军、左军、右军、前军、后军五军督府和太常寺、通政使司、锦衣卫；承天门（天安门）两侧，东有长安左门，西对长安右门；端门两侧，左祖右社，东有祭祖宗的太庙，西对祭天下的社稷坛；午门两侧的东西雁翅楼；内金水桥两侧的左顺门、右顺门（后改为会极门、归极门；协和门、熙和门）；皇极门（太和门）两侧，左顺门、右顺门外，东有文华殿、东华门，西对武英殿、西华门；皇极殿（太和殿）广场两侧，东有文昭阁（体仁阁），西对武成阁（弘义阁）；乾清门两侧，东有奉先殿、仁寿宫，西对养心殿、慈宁宫；乾清宫、坤宁宫外，东为东六宫，西为西六宫；乾清宫大院通往东西六宫的东西两门，东为日精门，西为月华门；御花园钦安殿两侧，东有东五所，西对西五所……就这样一直两相对应地排列到紫禁城北门玄武门（神武门），排列到玄武门外的制高点万岁山。站在万岁山上看看吧，天子的宫殿就这样天南地北、左文右武、前拥后靠、秩序井然地天地一统、天人一统、江山一统、家国一统了。

以紫禁城为中心的皇家建筑，以皇家建筑核心部分如此严格工整的对称，以几乎所有皇家建筑大体工整的对称格局，使中国的对称伦理观、对称美学观在建筑形态上，在建筑空间中，应用和发挥到了极致。梳理紫禁城、皇城的布局结构体系，不由得就想到了天地、上下、前后、左右、东西、南北、阴阳、春秋、冬夏这些习以为常的概念；想到了太阳月亮、白天黑夜、男人女人、狮虎牛马猪狗、树干树枝树叶这些互为对称和自我对称的存在……哪一个哪一处不是轴线对称？追根寻源，又回到了对称平衡的自然属性，又归入了天人合一的生存哲学。中国的帝王们就是这样地将古老的文化哲学运用于营建天子的宫殿，运用于用建筑形体将帝王体制、权力等级、高低贵贱，异常鲜明地区别划分，造型塑形，达到强化、固定化、不可移动化的目的，亦即以建筑之形态，礼制之实质，规定、强制、约束、控制所有人，包括皇帝，从而自然流畅地实现了传统文化、建筑理念、政治需求、审美效果的互动与置换。

紫禁城建筑所产生的效果的确非同一般。有了轴线，有了核心，才有对称；有了对称，才更凸显出轴线与核心的至上至尊的位置。有了对称才有方方正正，平平稳稳。不论从外看，从上看，还是从内看，紫禁城是极为方正的。方正的城墙、宫墙、院墙，方正的道路，方正的院落，方正的房屋。个体的方正，群落的方正，集合出整体的方正。有方正才显示出规矩，才显示出秩序，才有平衡，才有看上去的形式上的四平八稳，不偏不倚，均衡公允，雍容大度。更主要的，有了轴心对称，便有了主从感、依存感、排序感、方位方向感、严整严正肃穆感、奉迎恭敬回避退让感。但这一切丝毫不影响视觉效果，反而使得视觉效果好得不得了。无论大小，无论高矮，无论宽窄，无论扩展铺排到多大的范围，因为有中轴引领，有核心定位，有对称，有方正、均衡、秩序，看见的所有建筑，便总是井井有条，整整齐齐，安安稳稳，平平静静，即便内里有天大的事滋生着，看上去也好像无事一样。

（三）千门万户

有城就有门，有墙就有门，有宫、有殿、有院、有屋就有门。紫禁城里重重墙重重院，上百座院落，近万间房屋，门外有门，门里有门，重重门层层门，到底有多少门，实在是很难说清楚的。这么多门，到底是为了关还是为了开？为了拒绝还是为了接纳？为了封闭还是为了开放？也实在是说不清楚的。

每年进出紫禁城城门的人数至少在千万以上。每当我融入游客汇成的人流中，如水流中的一滴水一样，从城外流入城内——不管多少次了，每一次总有第一次进入紫禁城的那种感觉——不管人多人少，根本觉不着身边有多少人，只觉门墙之高阔，门楼之高耸，门洞之高深。

我也曾多次站在午门城楼上往下看，密密麻麻，五颜六色的人流，不见首不见尾，不过无论怎样流动，也就如大地上的一条河而已。紫禁城的大门到底有多大的吞吐量，实在很难说清楚的。

绕紫禁城一遭，灰色厚实的城墙把紫禁城围得严严实实，虽然每面墙上只开一门，但就这 4 座门楼，再加上城墙四角上 4 座角楼，8 座巍峨的城楼，14 个高深的门洞，整座紫禁城就被张扬得威仪无比，神秘无比。

有城就有门，有墙就有门，有宫、有殿、有院、有屋就有门，紫禁城里重重墙重重院，上百座院落，近万间房屋，门外有门，门里有门，重重门层层门，到底有多少门，也很难说清楚的。

形式也多种多样。有城堡门，有殿宇门，有八字照壁门，有牌坊门，有影壁门，有垂花门，有肖形门；有独立的门，有与房相连与墙相连的门，有长在墙上的门；有前门、后门、中门、左门、右门，还有中左门、中右门，后左门、后右门；有大门二门，数下去还有三门四门，到底有多少种门，也是很难说清楚的。不用说给这些门起名字，就是认准这些名字，弄清其中的意思，也够要学问、够费心思的。

最高大、最威严的自然是前后对称、左右对称地开在紫禁城城墙上的紫禁四门——南门午门，北门神武门，东门东华门，西门西华门。午门为最。皇帝坐北朝南，天子面南而望。南门为紫禁城正门，正南在 24 方位中属午位，故名午门。午门通高 35.6 米，比紫禁城中最重要的太和殿还高一点，足见其皇宫第一门、天下第一门的地位。12 米高的红色城台三面围合，城台上五楼耸峙，庑廊通贯。正楼重檐庑殿顶，四坡五脊；面阔 9 间，60.05 米；进深 5 间，25 米；前后出廊，建筑面积 1773.3 平方米。正楼两侧及两翼城台南端各有一座重檐四角攒尖阙楼，共 4 座，与正楼合称五凤楼。五楼与连接两翼阙楼的各 13 间庑廊浑然一体、巍然错落、连贯舒展、欲升欲飞，故又称雁翅楼。皇帝祭祀社稷坛、天坛、先农坛出午门时，门楼上鸣钟；祭祀太庙出午门时，门楼上击鼓；皇帝登临太和殿，午门楼上则钟鼓齐鸣。当此时刻，站在高墙崇楼围合起来的近 1 万平方米的凹形广场中，仰望城台楼宇，顾盼左右连阙，耳听鼓声钟声，面对的仿佛不是天子的宫殿，而是那些天下著名的城池关隘，万里长城上的关门关楼。铁马雄关，高天长风，壮怀激烈之感油然生出。

皇帝们或许也是这样想的吧，午门因此成为历朝历代的献俘处。明万历皇帝四次亲御午门城楼受献俘礼，清乾隆皇帝四次亲御午门城楼受献俘礼，彼时彼刻，定然一派威风凛凛威仪天下的气势。抗日战争胜利后，在太和殿前隆重举行侵华日军受降仪式大概与午门受献俘礼不无关系的。

皇帝们也常常把午门作为处罚不听号令者之地。献俘对外，处罚对内，对外对内不同，显示皇权威严不可侵犯则是一样的。明永乐十九年（1421 年），建成不到一年的奉天、华盖、谨身三大殿遭雷击烧毁，一些对迁都不满的大臣认为是上天示警，要求还都南京。拥护迁都的大臣与要求还都的大臣对峙攻讦，不可开交，恼怒之下的朱棣皇帝竟使出了罚双方在午门外跪着辩论的损招。正德十四年（1519 年），那位“游龙戏凤”的明武宗朱厚照，因众多官员联名上疏阻其出游猎艳，恼羞成怒，竟罚 146 位大臣白天跪午门，入夜锁牢狱，五天后又在午门外“廷杖”，当场杖毙 11 人。

与此类行径形成鲜明对照的是康熙皇帝。康熙七年（1668 年），年仅 15 岁的小皇帝为解决明末以来的中西立法之争，让主张吸收西法的传教士南怀仁与反对变更传统历法的杨光先、吴明煊先后在午门外广场和观象台，当着王公大臣的面，各自计算、验证天象，结果“南怀仁逐款符合，吴明煊逐款皆错”，康熙皇帝遂任命南怀仁为钦天监监副并下令采用其中西合璧的新历。后人完全有理由把展现于午门前的这种“公开”“透明”“让事实说话”的做法，评价为康熙给紫禁城带来的科学曙光。

最雍容最从容的是太和门、乾清门。端坐在汉白玉须弥座上，与汉白玉金水桥形成优雅组合的太和门，显得格外灵动圣洁。同样端坐在汉白玉须弥座上，向两侧伸出“八”字形琉璃影壁的乾清门，则显得格外安稳祥和。太和门作为紫禁城前半部分主体的大门，即外朝三大殿的正南门，是紫禁城中规格最高的宫门。乾清门是紫禁城后半部内廷的正门，是清代极为重要的政务场所。走进太和门、乾清门总觉得不是进了门，而是登了堂入了室。因为这两座极为重要的门是殿堂式的。能开能合的门在殿堂的最后边，门的前面是开阔敞亮的可以充分利用的厅堂。事实上亦如此，这两处正是明清两代分别“御门听政”之处。门即殿堂，当门听政、议政、行政，有“门”没“门”皆决于门。

明朝早期的皇帝们还是很勤政的，日日早朝。每日天蒙蒙亮，文武百官就得匆匆赶到，风雨霜雪，概莫能外，想来也是极辛苦的差事。维修太和门的时候，我发现门厅东南角大红柱旁的地面上，原本极结实的“金砖”，竟有明显是被双脚磨出来的凹痕。想来站在这个位置的大臣，不大被皇帝看得清楚，也不大为别人关注，有机会搓动冻痛的双脚，也有可能是侍卫值守的位置，站立既久，又不为他人注目，双脚的搓动便可以更频繁些。

清朝的第一个皇帝在太和门即位后，御门听政改到乾清门。清光绪十四年（1888 年）十二月十五日深夜，太和门失火烧毁，这时距光绪皇帝大婚婚期仅一个多月，而太和门又是皇后凤舆入宫必经之处，重建一座面阔 9 间、进深 4 间的宏伟宫门已无可能。不祥之兆，朝野震惊。皇帝的大婚吉期是万万不可更改的。情急之下，在原址按太和门形制搭建了一座彩棚应急，居然搭出了“虽久执事内廷者，不能辨其真伪”的效果。这么重要的场所，这么重大的事，竟能做到如此的以假乱真，真算得上一桩天大的奇事。

紫禁城里的门的确太多太丰富了，紫禁城里的千门万户有太多的历史，太多的故事，太多的规矩，是永远说不完说不清的。

交泰殿、坤宁宫、东西六宫一带，是皇帝与皇后、妃嫔出入的地方，也是寄托皇家龙脉不断、龙子龙孙繁茂的希望之地，所以这些地方的门就有了百子门、千婴门、螽斯门、麟趾门。

明正德十六年（1521），武宗去世，因武宗无子，由远在安陆（今湖北钟祥）封地的兴献王的儿子朱厚熜进京继位。朝廷议定了继位皇帝的进宫路线：经皇城东门东安门入东华门进紫禁城，但年仅 15 岁的朱厚熜断然拒绝，僵持之后，最终还是由皇城南大门大明门进入，经承天门、端门、午门、奉天门，到奉天殿登基，以示名正言顺。就是这位嘉靖皇帝，三年之后，为了父母的名分之事，与大臣们发生了似乎不可调和的“礼议”之争。这年的七月，竟有翰林、给事中、御史、吏部、户部、礼部、兵部、刑部、工部等 200 余名文武官员跪伏于左顺门（清名协和门）向嘉靖皇帝抗议、请愿、示威，由跪伏到数人撼门大哭，到数百人伏哭不止，哭声响彻紫禁城。尽管伏谏官员如此之多，伏跪伏哭长达七八个小时，但跪着的毕竟熬不过坐着的，趴着的扛不过站着的，嘉靖皇帝当即命锦衣卫将带头者捉拿下狱，随后惩治所有参与者，其中17人被活活杖毙。且不论发生在左顺门这件震动朝野的大事的来龙去脉和是非曲直，也不说这件事到头来是否进一步强化了皇帝的集权，现在每每走过太和门广场金水桥东面的大红门，立刻就想到数百朝廷命官在此处伏地长跪大哭的情境，顿时令人神往不已。

清嘉庆十八年（1813）天理教与宫中太监勾结攻入紫禁城那次，从西华门顺利进入的五六十人，一进来则立即关闭西华门，直冲养心殿，与护卫军在养心殿旁的隆宗门发生激战，至今仍可看得见射入隆宗门檐下的早已生锈的箭镞。

辛亥革命后仍然住在后宫的末代皇帝溥仪，为了能骑着进口的英国三枪牌自行车乱窜，居然锯掉了好几处大门小门的门槛，至今仍可见锯痕历历。

新中国成立后，居住在中南海的毛主席进紫禁城并未真正进入内部，只是从神武门直接上了开阔的城墙，绕城一周，当他准备从西华门回中南海时，门外已聚满了附近的学生、百姓，齐呼“毛主席万岁”，于是，几位随从只好请毛主席从午门出去回中南海了。

其实，门是什么？本就是一个说不清的问题。是通路还是阻隔？是为了关还是为了开？为了拒绝还是为了迎接？为了守卫还是为了交流？为什么进去？为什么出来？怎样进去？怎样出来？

参加殿试的贡士们一起从午门左右掖门进宫，出来时只有一甲状元、榜眼、探花三人有资格走一回皇帝专用的午门中间的门洞。即位的帝王从前门午门进宫，亡国的崇祯和末代皇帝溥仪从后门神武门出走。曾经权倾朝野的和珅20大罪中第三条为“肩舆直入神武门”。如今每年上千万，每天平均三万以上观众进出紫禁城，可谓车水马龙、门庭若市，但很少有人想到当年《大明律》的规定：擅入皇城者，杖一百，充军边远；向宫城投石、射箭或持利刃入宫门者，处极刑。明清的紫禁城一如其名，门禁森严。门籍登记，腰牌查示，合符验证。夜间出入宫门，皇帝亲信直管，次日报告皇帝。门禁即便如此森严，也免不了出些不大不小的乱子。清嘉庆十五年（1810年），一位叫作蒋廷柱的小官，从午门混入，竟在协和门放起鞭炮来，噼啪的鞭炮声惊乱了沉寂的宫廷。

在现在的紫禁城里，唯有当黄昏日暮，游客散尽，管理人员巡查、断电、关门、上锁，沉重又清晰的关门锁门声起落于千门万户的时刻，才仿佛真切地听到和感觉到来自那个年代的声音。那是一种能把人拖入历史深处的声音。

（四）天地之“吻”

太和殿上的大吻，上承天，下通地，是天地与皇帝天人合一的天地之“吻”。不过，当帝王的这类说法渐渐褪色之后，在并不关心和追问这些兽头与皇帝的关系的人们看来，紫禁城宫殿大屋顶上成千上万的兽头，不管怎么看，看起来的确很美。

像鸟儿那样在高空中飞来飞去地看紫禁城肯定是最好的视角了，可是，不在直升机或热气球上，便得不到那样的视角。退而求其次，还是站在景山上吧，或者站在紫禁城内相对高一些的地方也可以。不管在哪个地方，相信给你最大视觉冲击的，除了大片的黄色的大屋顶，还是大片的黄色的大屋顶。

看着紫禁城连绵铺排的黄色的大屋顶，看着一大片又一大片屋顶上流畅清晰的一条条黄色的垄脊垄沟，忽然想到一个游牧民和一个农耕民的故事：春天，牧民看见农民把种子下到垄沟里，不久，垄沟里长出了青青的小苗；秋天，牧民惊讶地发现，成熟了的庄稼都跑到了垄脊上。于是，游牧民对农耕民有如此的“法力”佩服得不得了。

每想到这个故事，总觉得中国的大屋顶，由一条条瓦脊瓦沟连绵起来的中国的大屋顶，大概与中国农民的耕种很有些关系吧。在建造紫禁城的那些日子里，泥瓦匠们在中国最大最集中的铺排的屋顶上敷泥铺瓦，不正像农民们在春天的黄土地上起垄播种吗？事实上，人们可以自在行走的中国的大屋顶，正如它的基本结构模式是“人”字形一样，和人的关系最为密切。所以，它应当是充满着温情，充满着美好的愿望和浪漫的想象的。

紫禁城的大屋顶是这样的；可是，它又不是这样的。

穴居时代，先民们居住地窝子的时代，居住窝棚的时代，他们被地母拥抱着的时候，在地面以上建造起来的遮风避雨的部分就是“人”字形的。还有离开地面的“干阑”式建筑，再后来有连接地面又超越地面的高台式建筑，这些建筑的屋顶也多是“人”字形的。大地如母亲托起婴儿般一步步把人托起来，人把屋顶一步步抬起来。屋顶脱离地面渐升渐高的过程是建筑发展的过程，也是人的居住环境、生存方式进化的过程，而屋顶的“人”字形则一直延续下来。

发展到紫禁城这样的大屋顶，“人”字形状更加明显了。组成“人”形的弧线曲线让沉重巨大的屋顶给了人们美妙轻盈灵巧的感觉。有人这样看：弯弯的大屋顶好看极了，简直是一顶“瑰丽的冠冕”。排列整齐的数不清的长长的瓦垄从高高的正脊两侧瀑布般倾泻，四个檐角突然向上反翘，庄重的大屋顶一下子变得生动亲切起来，沉重的大屋顶一下子变得轻巧起来，飘扬起来，飞舞起来。《考工记》里是这样记的：“上尊宇卑，则吐水急而溜远。”高顶处陡峭，檐沿处和缓，雨水落下便可冲得更急更远，有利于保护房屋的木结构。翘起来的檐还可以让更多的光洒进来，加长日照时间，屋子里更亮堂。

讲究实用的大屋顶虽然不是艺术品，可是，让人看起来却艺术得不得了。就说太和殿吧。你试试从太和殿一侧看过去，高高的大吻如领头的大鸟，与两边叉脊上的脊兽组成人字形“雁阵”，那个大吻只要一振翅，太和殿就飞起来了，太和殿就带着紫禁城飞起来了，紫禁城就带着北京城飞起来了。《诗经》时代早就想象过了：“作庙翼翼”“如鸟斯革”“如翚斯飞”。

紫禁城中所有的大屋顶不只侧面是“人”形，檐角也是“人”形，是正在飞翔的“人”。不论从正面还是从侧面看，一队队脊兽带领着一座座殿堂，一派欲升欲飞的气势。一层一“人”，双层双“人”，多层多“人”，编队飞翔。正脊两侧对应的长长的瓦垄组成的也是“人”，整齐的瓦垄的排列，就是整齐的“人”的排列，数不清的“人”的连接，就是数不清的“人”手牵手的连接，联结成一个又一个大大的屋顶。

沉重的大屋顶的飘然欲飞，何尝不是所有沉重的人们的沉重愿望和浪漫想象呢？想飞，想脱离，离不开，反成压抑。屋顶是人的创造，本愿是遮风挡雨，防寒避暑，是护佑人的，结果是一切都被大屋顶严严实实地遮盖起来，所有的事情都可以在大屋顶的遮盖下堂而皇之地进行。站在高处望过去，如此巨大无比的紫禁城被连绵铺排的黄色的大屋顶覆盖得严严实实。谁真正知道大屋顶下的生与死，苦与乐，荣与辱，治与乱，繁华与衰败，喧嚣与冷落？同样的“人”形结构，一定要用大小、宽窄、高矮分出鲜明的等级；大片大片伸展的大屋顶本可以把一个又一个自成格局相互隔膜的院落连接起来，然而，屋顶间最接近的檐角之处却是“勾心斗角”，连灵动的一个个一队队脊兽的相守相望也变成了怒目相视；翘起来的飞檐本想让灿烂的阳光多进去一些，可照见的却不是阳光下的“光明正大”；排列在飞檐最前面的图章篆刻般的瓦当滴水，飞檐下隆重的斗拱，绚丽的彩色画廊，反将大屋顶衬托得更加寂寞。哪里的“如鸟斯革”“如翚斯飞”？

对于紫禁城来说，“人”形大屋顶，“如翚斯飞”的大屋顶，瑰丽冠冕的大屋顶，应当充满温情、充满人性、充满想象的大屋顶，其实是沉重的、寂寞的、孤独的大屋顶。紫禁城里最大的太和殿的“人”形屋顶上，覆盖了各种琉璃脊瓦 110748 件，紫禁城中近万间屋顶上，覆盖着的琉璃瓦总该有千万件吧？这千千万万的琉璃瓦铺排出了集体的沉重、集体的寂寞与集体的孤独。但我还是愿意把紫禁城的大屋顶看作“瑰丽的冠冕”，看作“人”的飞翔，愿意看见太和、中和、保和三大殿辉煌的大屋顶与蓝天白云一起，在天地间祈望“人”与自然的和谐，“人”与“人”的和谐，每个“人”身心的和谐。

如果紫禁城的大屋顶确如垄沟垄脊流畅铺排的黄土地那样，那么，屋脊檐头的无数吻兽就像是落跳在田埂地头的大鸟小鸟。

站在太和殿广场抬头仰望，高居于层层叠叠的汉白玉三台之上的太和殿确有高入云天之势。而最先触摸云天的是那条长长的、直直的、高高的太和殿正脊。比正脊还要先触摸云天的是正脊两端昂首云天的“吞脊兽”，大多数人更愿意把它们叫作“大吻”。

站在太和殿广场抬头仰望，任凭你怎么想，也想象不到那大吻到底有多大。自从康熙三十六年（1697 年）重新建成太和殿，将这两个大吻安置在这个位置上以来，它们就纹丝不动地在这个位置上值守了300多年，没人惊扰过它们，连靠近也不可能。直到310年后大修太和殿，才把它们从与天相接的地方请到地面上来，我们才有可能近距离地看清楚这个由13块琉璃构件组成、高达3.4米、重达4.3吨的庞然大物。3.4米，两个人那么高，想想吧，假如有人爬上太和殿屋脊，爬到它的旁边，我们从太和殿广场抬头望上去，看到的将是怎样的奇异景象！

据说大吻构件烧制好后，康熙皇帝特派重臣到窑厂恭迎，如迎接皇帝一般，如迎接他自己一般。这两个大吻的地位确实太重要了。它们处于天下最核心、最重要、最顶级的建筑的制高点，处于至尊至荣的天子的宫殿的最高处。它们绝非一般的建筑构件。关于大吻的说法不止一种。有说由鸱尾演变而来，言海中有鱼，虬尾似鸱，激浪即降雨。有说为“龙生九子”之一，好登高瞭望，能降雨防火，表面饰以龙纹，亦称龙吻。据说与其他走兽一起立在檐角的龙首也是九子中的一个。在康熙皇帝心里，实实在在是祈望能降雨防火的。他知道，这金銮宝殿明代就被烧毁过三次，到他手里再被烧毁，为此，他很自责了一番。为重修，着实费了他太多的物力、财力、心力和时日。他被火烧怕了。

老百姓的说法则简单明了——统统叫作“兽头”。兽头一说，把所有的说法做法都包含在里边了。而给皇帝盖房子的更关心这些兽头的实用价值，它们位于屋顶坡面、飞檐的连接处，起着固定、排水的重要作用。不过，工匠们的聪明之处在于即使实用，也一定要做得既实用又好看，普通的民房都这样——何况皇帝的宫殿呢。

实用与好看的结合使脊兽们成为中国传统建筑中不可缺少的最显眼最鲜活的构件，自然也成为紫禁城中所有屋宇上不可缺少的最显眼最鲜活的装置。虽说实用好看，但脊兽安置的数量、大小并不仅仅由此而定，皇帝的宫殿一定要纳入等级规制之中。太和殿的大吻肯定是最大的。檐角兽的数量，按房屋的等级规制，一般为1—9个，唯独太和殿为10个，加上最前面的仙人骑鸡和断后的龙首，一共是12个——最重要最核心的宫殿上的脊兽是最大最多的。

紫禁城里近百组建筑群落，近千座单体建筑，近万间房屋，每个屋顶上都有大小多少不等的脊兽，如太和殿上共有50个，城墙四角的每个角楼上有230个……整个紫禁城到底有多少，谁也没数过，上万个总是有的吧。皇宫里的屋顶成了脊兽的世界。

成千上万的脊兽虽然有些雷同，但丝毫不影响它们组成壮观的阵势。或许因为雷同才更加壮观。站在景山上，站在午门神武门城楼上，站在四周的城墙上，首先跳跃出来的跳进视野的就是无处不有的脊兽。穿行在一条又一条宽宽窄窄的通道间，一座又一座大大小小的院落里，随时可见飞檐翘角上排列守望着的脊兽。连皇帝也把它们当作护佑自己、护佑宫殿的神物，似乎的确很有些神灵之气。是这样的，成千上万只宫殿的“兽头”，确实使庄严凝重的紫禁城神气活现、灵气活现起来。而这些使庄严的宫殿灵气活现的无处不在的“兽头”，更给了所有注意到这些脊兽的人们以特别的感觉。

最让人惊讶的是夜幕降临，当所有的物体朦胧和隐藏于黑暗里的时候，却是它们最突出、最神气的时候。任何一点点光都可以从它们的缝隙中漏过去、穿过去。只需要一点点天光就能剪出它们清晰的影子。朦胧的月光更能把它们带入梦幻之境。薄云与月亮慢慢游走，在宫殿之间的夹缝中游走，在大吻的后面游走，在一层层一重重的飞檐翘角的后面游走，在神气地站在飞檐翘角上的走兽们的后面游走。找到一个合适的角度看过去，便看见了“天狗吃月亮”的奇异情景。成千上万的脊兽们其实并不需要月亮的陪伴，月光的修饰。月亮落下去了，紫禁城睡熟了，所有中规中矩的都沉默了，隐藏起来了，消失了本来的面目，唯独它们醒着，睁着明亮的眼睛站在各自的位置上，在“暗无天日”下显示着自己的身影，如守夜的猫头鹰一样，随时准备唤醒沉寂的宫殿。

愈暗愈显的成千上万只脊兽们又是愈动愈静的。当萧瑟的风刮遍紫禁城的每一个角落，当凛冽的风撞击在高墙上然后从幽深的夹道间呼啸而过，当枯叶、枯草在屋瓦间院落里随风零落的时候；当纷纷扬扬的大雪搅乱了紫禁城，大片大片的雪花在大片大片的屋顶上盘旋，然后大雪严严实实地覆盖了紫禁城的时候；当紫禁城突遭电闪雷鸣袭击，疾风暴雨冲刷，或在连日不开的霏霏阴雨中不停地哭泣的时候，它们却更加精神抖擞。一个个挺胸昂首，目光炯炯，列队齐整，不退不避，镇定自若，仿佛那风那雪那雨是从他们那儿发出去的、受它们指挥着的、照它们的意愿到处奔窜似的。

愈动愈静的成千上万的脊兽们又是愈静愈动的。紫禁城是无比巨大、无比恢宏也是无比沉重、无比沉默，甚至无比死寂的。想想吧，假如没有成千上万的脊兽活跃在紫禁城的上空，那就真的是这样了。一个个脊兽看到了也看清了堂皇的宫殿里发生过的一切，它们无法控制自己不向长天、大地、太阳、月亮、星星不停地诉说。一个个脊兽从沉重、沉默甚至死寂中站起来。它们眺望，它们寻找，它们要呼叫、要跳跃、要奔走、要起飞。一个个跃跃欲飞的样子。不论从正面还是从侧面看，一队队脊兽带领着一座座殿堂，一派欲升欲飞的气势。

看来，被皇帝们奉为神物的通天接地的大吻，那些和大吻一样的定居在屋顶上的数不清的脊兽们，早已被使用着，也早已被欣赏着了。到底是谁造就了它们？依我看来，最早的创造灵感来自山野、田间、村舍。远远的山岩上蹲着的野兽，冬日的山坡上的散漫的牛羊，落尽叶子的树枝上的鸟，刚刚苏醒过来的黄土地上的农人，鸟儿落在房顶上，猫儿爬在屋檐上……这些几乎天天见得着的景象，慢慢地便凝固在一个又一个屋顶上了。也许花样太多，难用一个确切的名称，便一律叫它们“兽头”了。再后来，这些兽头便凝固在戏台的屋顶上，祠堂的屋顶上，庙宇的屋顶上，宫殿的屋顶上。一旦定位于殿堂之上，规制也就跟着来了。民间的生动变调为官府皇家的威势。有些兽头只有皇帝的宫殿才准许使用。即便是皇宫，宫殿的等级不同，兽头的大小、数量、装置方式也各不相同。本来来自自然的形象，到了帝王那里，就加了些天道人道的说法。皇帝是天子，皇帝的宫殿是天子的宫殿，天子的宫殿上的兽头叫大吻，皇帝迎回来的大吻坐落在最高级别的太和殿上，是天下最大的吻，最大、最尊贵、最威严的兽头，上承天，下通地，是天地与皇帝天人合一的天地之“吻”。

不过，当这些帝王的说法渐渐褪色之后，在后来的人们看来，在并不关心和追问这些兽头与皇帝的关系的人们看来，紫禁城宫殿上面成千上万的兽头，不管怎么看，都很美。

（五）大器朝天

紫禁城本身就是一座巨大无比的中国式雕塑。紫禁城本身就是一座巨大无比的中国式装置艺术。从上看是，从外看从里看是，正看侧看横看是，朝晖夕映、雨天雪天看都是。在被我看做大装置大雕塑的紫禁城中，有不少物体是独立于建筑之外的，我们更有理由把此类有各自鲜明独立性的形体看作是具有现代雕塑特征的雕塑作品。

紫禁城本身就是一座巨大无比的中国式雕塑。

紫禁城本身就是一座巨大无比的中国式装置艺术。

从上看是，从外看从里看是，正看侧看横看是，朝晖夕映、雨天雪天看都是。

紫禁城里，与宏大的建筑连在一起的，或独立于建筑的某些装置装饰，在我看来，亦可统统归于雕塑艺术。

营建紫禁城的时候，一直到后来的数百年里，中国并无雕塑的说法，但雕塑存在，雕塑艺术存在。没有雕塑的说法，营建紫禁城的时候，营建者当然不会有雕塑的概念，不会把皇宫的建筑与雕塑拉上关系，不会如欧洲的许多宫廷建筑那样。可是，紫禁城的建筑，紫禁城的装置装饰，的确可以当作雕塑来看，而且是极有特色的雕塑。

雕塑不论大小，有一个非常重要的因素不能忽视，即除了雕塑自身之外，它们相互之间的关系以及它们和环境的关系。甚至可以这样说，雕塑其实是相互关系的艺术，环境的艺术，特别是称得上大器而大气的那些雕塑。

紫禁城，由外往里看吧。从现在还能看到的再远一些的地方：

天安门前一对高高的琢狮雕龙的汉白玉华表是不是？

天安门城楼与华表之间一字排开的拱形汉白玉金水桥是不是？

巨大的汉白玉石块、青石块铺就的笔直的御道，被近六百年的时光，被无数双脚打磨得滑溜溜的直达皇帝的宫殿的御道，同时也是皇城中轴、京城中轴的御道是不是？

宽阔的碧波荡漾的护城河与长长的、高高的、被历朝历代的风风雨雨剥蚀得斑斑驳驳的城墙，以及生长在它们之间的嫩黄深绿的宫墙柳，它们之间的不同季节不同时日的光影变化是不是？

高耸在方方正正的紫禁城城墙四角的四座角楼，用最复杂的斗拱结构组合出最复杂的“九梁十八柱七十二条脊”的多角形角楼，镏金宝顶永远闪烁着迷人的光亮，日日夜夜将玲珑的身影交给宽阔的护城河的四座角楼是不是？

高高的厚厚的红色城墙围合着的近万平方米的凹形午门广场，高高的厚厚的红色城墙上廊庑相连着的五座城楼——一座正楼、四座方亭楼形成的午门组合，早已被形象地称作五凤楼、雁翅楼的午门组合，在朝晖夕映月色星光中从不同角度看上去越看越神秘的剪影造型是不是？

那些和建筑连接在一起，已是建筑的一部分的屋顶上的昂扬的吻兽，檐角的排列有序的脊兽，屋墙上素雅的透风，一字排在屋檐前的瓦当滴水，满铺着整齐有序的门钉与威严有加的铺首组合在一起的一座座各式大门是不是？

黄灿灿的琉璃瓦，仿佛无边无际的黄灿灿的大屋顶的铺排就不必说了，大多用来为一道道门作四边装饰的各式各样的琉璃构件是不是？墙面上的琉璃花浮雕是不是？

都是用于排水，但造型各异材质纹饰不同的下水口、出水口；都是用于取水，大体相似，略有区别，散落各处的百余座井亭井口是不是？

就说地面吧，已经风蚀，已遭雨浸，已是凹凸不平的大面积砖墁广场，来自京郊房山的光滑的汉白玉铺就的通路，来自河北曲阳的坚硬的花岗岩砌成的台阶，宫殿门外铺着的来自河北蓟县的五彩虎皮石，宫殿门内铺着的经二十多道工序、反复烧制百余天、重达百余斤一块、价同金银来自苏州的亮晶晶的褐色“金砖”——所有这些是不是？

介于实用与装饰之间的是无处不有的深雕浅刻的汉白玉石栏杆，还有几乎无处不有的云龙大石雕、中石雕、小石雕——它们被最集中地安置在御路贯通的中轴线上和等级级别很高的宫殿前，这些最具雕塑特征的设置，好像在刻意提醒人们：你已经进入一个雕塑的世界，你正行进在雕塑的空间中。

几乎所有的人都会被精美的、醒目的、连贯的、永远是那么温暖的汉白玉石栏杆所引导，正如被宽厚的、笔直的、光滑的大石块御路所引导一样，你会因此而知道你走向何处。当你看到层层叠叠的森林般的白色栏杆拥托起金銮宝殿的时候，你会想象，甚至会看见排列在白色森林间的十八尊褐色的鼎式香炉，一起漂浮出缭绕的青烟香烟，这大概就是雕塑的特殊意义吧。

几乎所有的人都会在保和殿后面的云龙大石雕前驻足良久。海水江崖的翻腾与蟠龙在云海间的见首不见尾的姿态已不重要。人们思绪纷纷：这块长 16.57 米，宽 3.07 米，厚 1.7 米，重达 250 多吨的大石雕可是一块完整的大石块啊！这是紫禁城也是中国古代最大的一块石雕啊！肯定是紫禁城建成以前运进现场雕刻的，否则无法弄到这个地方。清朝乾隆时曾把原来雕刻的纹饰凿掉又重新雕刻一遍。这样算来，这块石雕的毛料少说也有 300 吨重吧。600 年前，这么大的一块石头，两万民夫，千匹骡马，到底是怎么样用了 28 天的时间，从京郊房山的大石窝运到这个地方？

在被我看做大装置大雕塑的紫禁城中，有不少物体是独立于建筑之外的，我们更有理由把此类有各自鲜明独立性的形体，看作是具有现代雕塑特征的雕塑作品。

太和门前那对铸造于明代的青铜狮子，是我国现存最大的古代铜狮子，其材质、其工艺，不只在当时，就是在现在，也称得上是最好的。雕塑者的姓名虽然无从考究，但无疑是当时最出色的雕塑艺术家。这样一对天下第一的青铜狮子，理所应当雄踞于天下第一门的太和门前。

太和殿前的三台之上，可谓名副其实的雕塑广场。象征国家政权的鼎式香炉，代表时间的日晷，确定计量标准的嘉量，显示皇权、皇帝、国运昌久的龟、鹤，在巨大、辉煌、壮丽的太和殿前，在开阔平展的殿前平台上，更显出素朴无华的本质。

那些到处可见的，纯粹为了防火、用来储水的庞大的镏金铜缸和铸铁铁缸，作为雕塑的视觉冲击力绝对超过其作为实用器的功能性显示。至于御花园里的假山、奇石，本来就是一件件雕塑作品。就连那些不知什么时候死去，但依然倔强地挺立着的松柏的枝干，也包含着张扬、顽强、顽固的生存力及延续生命欲望的强烈的雕塑感。

即便在修缮之中，换一种表述更为确切，修缮中的宫殿更能凸显惊人的雕塑感。几年前大修太和殿，故宫博物院想得深远，做得周到。不只是让成百上千万的观众见证数百年不遇的皇宫大修，还要让观众面对大修现场身临其境，既直观又深入地学习中国古代建筑文化、建筑科学、建筑工艺、建筑艺术和文物保护的知识。比如说，为什么要大修，用什么方法大修，太和殿建造修缮的历史，太和殿的使用，太和殿的结构体量，重檐、斗拱、和玺彩画是什么样子的，大吻、脊兽的形制、样式、名称，还有皇帝的宝座，殿内的其他陈设等等。为此，院方把太和殿四周的施工工地的围挡，做成宣传这些相关知识的图文并茂的展板。大修工地立刻变成了巨型露天展场。

看看矗立在宽阔广场上正在修缮的太和殿吧：最外边的一圈展板比足球场上的广告牌还要气派，还要漂亮，还要引人注目；展板后是重重叠叠、层层向上的汉白玉栏板栏杆；再往上大殿前的平台是摆放整齐的料场；正中便是高高在上的被绿色的施工网笼罩着的庞然大物太和殿了。那段时间里的不论什么时候，艳阳高照或朝晖夕映或雨雪霏霏，谁都能看见无比巨大的浅绿色网罩中若隐若现的太和殿的大气大象。那绝对是一种正常状态下无法想象的有特殊震撼力与穿透力的大气象！有艺术家、设计师相互告曰：到故宫去，看世界上最具历史感的超级装置艺术。

可以举出的例子还很多很多。仔细看来，仔细想来，紫禁城中大大小小的建筑装置，它们之间总是存在这样那样的关系，正是这样才建造成了一座完整严密的大紫禁城。也正是在这个环境艺术的意义上，我才把它们理解为装置艺术、雕塑艺术。更重要的是，雕塑是有灵魂有生命的。紫禁城的灵魂与生命，不主要体现在古代建筑的科学与技艺方面，而主要体现在中国古代的理念与精神方面。紫禁城，不论是整体还是局部，无一不与中国古代的哲学思想、伦理观念、文化精神相对应。这绝不是任何一个个人能想到能做到的，无论多么伟大的雕塑艺术家都做不到。

这是我把大紫禁城看作大器朝天的大雕塑、大装置艺术的根本原因。

这样的大雕塑、大装置艺术空前绝后。

三、声音：空间与节奏

（一）皇帝的广场

那些超越“皇家大院”的一个接一个的“皇帝的广场”，皇帝们想让其发挥的作用，发出的声音，则是凝天下之神、聚天下之气的天帝之音、天子之音、帝王之音。

前面说过，紫禁城作为天下最大的皇家大院，连绵铺排地占据了100万平方米的巨大地盘。但它绝对不是几何状的等分切割，平铺直叙。如果那样，它会变得死气沉沉，索然无味。紫禁城在建筑空间的调度上，以群落及单体建筑的大小、高低、宽窄、疏密的无穷变化，奇巧组合，精妙调配，创造出一部主旋律突出、多声部协调的恢弘的中国建筑交响曲。

最具音响效果的是被我称之为“皇帝的广场”的空间创造。

在结构部分对皇家大院的分析，着重于秩序与平衡的建立，而那些超越“皇家大院”的一个接一个的“皇帝的广场”，皇帝们想让其发挥的作用，发出的声音，则是凝天下之神、聚天下之气的天帝之音、天子之音、帝王之音。

国人对大户人家的空间描绘首先是深宅大院。到底多深算深，多大算大，也无定数的。于是，这大院那大院的就一个一个地冒出来了，大院文化也出来了。到底大院文化是怎样的文化，认真关心深入思考的并不多。不过，有一点是肯定的，深下去，大下去，深到紫禁城般，大到紫禁城般，就到头了吧？有叫这家大院那家大院的，那么，紫禁城叫什么？该叫皇家大院了吧？只是皇家大院里太大的大院，大到比普通的广场还大，就该叫皇帝的广场了。

大院也好，广场也罢，骨子里是一样的。院是缩小的广场，广场是放大的院。天安门广场，端门广场，午门广场，太和门广场，太和殿广场——皇城、宫城内部超过一万平方米的大场地，大多集中在中轴线上，与那些最重要的建筑组成最重要的建筑空间。若以内在形态和用途功能衡量，这样的空间叫广场似乎并不恰当，如某家的大院再大也在他家的院落里一样，皇帝的广场再多再大，也被包围在皇城、皇宫里面；而以外在形态，即以占据的面积和形成的空间感衡量，则是名副其实的皇帝的广场了。

皇帝的广场的概念与现代的广场的概念大不一样。皇帝的广场是内部的、内向的、个人的；现代的广场是向外的、开放的、公众的。以天安门广场为例。当年的天安门还在，但皇帝时代的天安门广场和现在的天安门广场就完全不一样了。

明清时的天安门广场被四合的红墙团团围定。广场四面的围墙上与门楼楼台下开有洞形的大门，进不了这些大门，根本看不到广场，广场再大也看不到。而这些大门平常是不开的，偶尔打开，也绝不准一般人入内。五六万平方米的“T”形广场在绝大多数时间里是空荡荡的，静悄悄的。然而，对于皇帝来说，天安门广场是极为重要的，那是发布御旨广告万民的地方。皇帝的重要诏书在天安门颁布，本意是由内而外，面向天下，面向百姓的，但事实上皇帝并不亲自登上天安门城楼，并不直接与臣民说话，尽管有些话说得特别亲切，特别实在。皇帝只是把他的钤上御印的诏书放在龙亭内，鼓乐仪仗地从午门抬到天安门城楼，宣诏官宣读后让一只“金凤”口衔诏书，从城楼上徐徐落下，然后抄送各地颁告天下。即便是与百姓最直接的农事，最多也是从京郊选一两位年长的农民代表站在金水桥边，听宣诏官传达皇帝的声音：“说与百姓每，用心耕耘，毋荒”，“说与百姓每，春气生发，都要宜时栽种桑枣”。于是，稀稀拉拉的臣民代表诚惶诚恐感激涕零地领旨而去。

还是天安门广场，当东、西、南三面的红墙、门洞、围房被清除得干干净净时，当广场扩展到可容纳百万民众时，同样的天安门降下了承天的尊严（天安门在明代叫承天门），当年寂静的广场现在天天人流如织，重大庆典时数十万上百万民众载歌载舞——维护帝王威严的皇帝的广场最终成为公众狂欢的人民的广场。

由于天安门广场空间形态及功能的本质性的改变，今天的人们已经无法想象被四合的红墙围定的“T”形广场的面貌，当然也无法找到走在两侧各 144 间连脊朝房夹持着的长约 500 米、宽约 60 米的长形广场上的感觉——60 米已经够宽了，但在长达 500 米的连绵的廊柱与屋脊的簇拥下，在前方高高的天安门城楼的引导下，肯定会生发出一种被推压着挤压着走向深处、远处、高处甚至天尽头的感觉。如果这样的空间景观还存在的话，你也有可能感觉到好像被虽然低沉，但有着很强的穿透力的悠长的螺号声牵引着你走向高深莫测的地方。

即便改变成现在这样的无比广阔的天安门广场，即便东西两侧矗立起无比巨大的国家博物馆和人民大会堂，仍然是当时模样的天安门不仅依然不失昂然特立的王者风范，而且更加成为天安门广场上万众瞩目的标志性形象。所有的人都会不由自主地朝着天安门走去。

当你的目光掠过汉白玉金水桥，又立即被城楼下深深的门洞吸引住的时候，任何一个人都会追问：穿过那个门洞又能看到什么？在如此高大的城楼后面还有什么？还会发出什么样的声响？尽管你清楚地知道，你正走在进皇宫的路上。

第一次走进去的人们根本不可能想到，等待着你走进去的至少是三座几乎同样的深深的门洞，三座同样高耸的门楼，三处一处比一处开阔广大的广场。

穿过天安门下深深的门洞，又是一座和天安门一样高大雄伟一样有着深深的门洞的城楼——端门，出现在眼前。本以为走进皇宫了，没想到走进去才发现只是走在两个城门楼中间大约百米见方四面围合的又一个广场里。仿佛特意要让你稍稍放松一点，让你收拾和整理一下过分急切的心情，才为你准备了这么一个不大不小的方形广场似的。

可以从容不迫地走进去了。可是，你看到的还不是皇宫，而是好像又一次让你重复天安门前从千步廊走向天安门的那种感觉。不过，你进入的这个长形广场比天安门前的“T”形广场宽得多，更让你始料未及的是，你正在走向的被称作五凤楼的午门城楼，比天安门、端门的规模更加宏大，更加雄伟；但同时也使你确信，这样的城楼，才一定是紫禁城的南大门。

当你走进午门，走进紫禁城，看见更加宽广的太和门广场的时候；

走上高台上的太和门，看见更宽阔的太和殿广场的时候，看见高高地巍峨地矗立在太和殿广场最高处的太和殿的时候，你已经不再惊异不已了，因为你已经深信不疑，在这样的建筑世界里，什么样的空间奇迹都有可能随时产生。

沿着中轴线走进皇城，走进宫城，走过一座又一座雄伟的建筑，走过一个接一个宽大的广场，皇城、宫城中最高最大的建筑全部集中在通向宫禁深处的一个又一个广场的连接处。天安门高 34.7 米、端门高 34.37 米，午门高37.95 米，太和殿高35.05 米。大明门（明代大明门，清代大清门，民国中华门，现毛主席纪念堂处）至天安门之间的广场宽 60 米；天安门和端门之间，端门和午门之间的两个广场宽 100 米；午门和太和门之间，太和门和太和殿之间的两个广场宽 200 米。午门前的“凹”形广场9900平方米，太和门广场26000平方米，太和殿广场三台下面的部分就超过30000平方米。一个广场比一个广场宽大，太和殿广场成为世界上最大建筑群体内部的最大广场。

正是这样的广场空间的营造，不管从过去的大明门开始，还是从现在的天安门开始，愈往里走，愈觉得高深莫测，愈觉得气势雄伟，愈觉得博大开阔，同时愈觉得高深、雄伟、开阔里弥漫着无比的威严。这威严一层又一层地裹紧每一个身临其境者的身心，一次又一次地震撼每一个身临其境者的心灵。

皇帝的广场就是这样，最深处最核心处的广场最大，最接近皇帝的广场最大。以每平方米站立四个人计，太和殿广场足可容纳十几万人。可是，在皇帝面前，再大的广场也得沉下去。太和殿广场四面的围房统统建在高台上，太和殿建在更高的三台上，皇帝站在最高处，刚好与他站立的台面齐平的四下屋檐朝他匍匐而来。在他的眼底脚下，沉下去的空荡荡的广场即便站满了人，站上十几万人，在他的眼里，无非也如空旷的广场的七层墁砖地面上又多了一层砖而已。

皇帝的广场是没有也不需要生命的广场。皇帝的广场既不养草栽花，也不植树造林。没有花草树木更显空旷博大。从树丛中走过，从林荫道走过与从空旷中走过的心理感受、精神状态绝对两样。没有草木的气息，没有生命的气息，才算得上冷静冷漠，才够得上威慑严酷。皇帝登基、大婚、万寿的大典如果在树影婆娑中举行，皇帝出巡、回宫的壮观的队伍如果行走在林荫道上，皇帝的威仪就不能与日同辉了。大臣小民从树木中走过，就不觉得孤单渺小了。如果在午门前的树林中献俘，城楼上的皇帝将帅如何炫耀、彰显和体验胜利的荣光？如果在午门前的树林中杖击大臣的屁股，被惩治的臣子怎能被光天化日下的重创羞辱到极致？

皇帝的广场通常情况下是空无一物的，但它的形制绝对容得下万千世界。皇帝随时可以举行规格最高最盛大的仪式，站在最高处的皇帝，声音可以通达四面八方，而跪伏在或站立在广场中的任何一个人，十个人，百个人，甚至十几万人，他们的存在与否，皆可忽略不计，就像无数的砖缝石缝间长出来的但很快就被无遮无拦的酷热的太阳晒萎晒死的乱草那样。

皇帝的广场上只上演程式化的正剧悲剧。这个舞台上只允许有一位主角，只允许一位天下最高音尽兴高歌，声震云天。其余所有的人都有规定好了的位置，规定好了的职责，如现在我们仍然可以清楚地看到的太和殿广场上的破碎的旧砖，磨光的有了裂缝的石头，特别如御道两侧早已苍老苍白了的但仍很整齐的指示固定位置的那些坚硬的叫做仪仗礅的石头。即便可以发出些声音，除了震天动地的“皇帝万岁万万岁”，也只能是些整齐协调的应声与和声。

这就是皇帝的广场创造出来的紫禁之声的独特的音响效果。

紫禁之声的基调，紫禁之声的主旋律早已被天地对应、天人合一的中轴线规定好了。被中轴串起来的一个个宽广的广场是起伏的旋律中不断产生高潮的绝妙空间。中轴两侧连续对称铺排的大大小小的院落里的各种和声，通过宽宽窄窄的通道汇入一个又一个广场。协调一致，配合和谐的紫禁之声主次分明，循序渐进。

主调、和声……

序曲、前奏、协奏、鸣奏、交响……由弱到强，由慢到快，由低到高，一次又一次再现，一遍又一遍回转，一个又一个高潮，不断陈述着，一再强化着君权神授、受命于天、唯我独尊的鲜明主题。最后，我们在景山上看到和听到的，就是这样一部既悠长又嘹亮，既激越又恢弘的主题鲜明、叙事宏大的紫禁城交响曲。

（二）栏杆拍遍

正如紫禁城建筑把中国古代建筑发展到极致一样，紫禁城建筑把中国的栏杆艺术也发挥到了极致。尤其是日落人静时分，天籁与栏杆之音浑然天成。

走进紫禁城，面对壮丽无比的宫殿群，自然令人神往；可是，当你一看到那些洁白的汉白玉栏杆的时候，眼睛还是一亮，最引人注目的竟在一瞬间变成栏杆了。

它们的确与众不同。它们是方正的紫禁城里的委婉，庄严的紫禁城里的灵动，大红大黄的紫禁城里的纯净。或者说，它们的委婉使紫禁城更加方正，它们的灵动使紫禁城更加庄严，它们的纯净使紫禁城更加艳丽。

在紫禁城重要的区域，几乎到处都能看到它们俊俏秀美的身影。世界上没有任何一个地方可以集中如此材质最好、雕刻最好、数量最多的汉白玉栏杆。

说到栏杆，多半会联想到栏杆拍遍的难酬豪情，或独倚栏杆的难耐凄清，但是，在庄严辉煌的紫禁城里，看见这么多洁白靓丽的栏杆，在感受它们的纯洁高贵之美的时候，还会生出不少问题，如紫禁城里的栏杆到底有多少啊？皇宫里为什么要用栏杆？为什么要用这么多的栏杆？栏杆到底有什么样的用处？中国建筑中的栏杆是怎么演变成紫禁城中的这个样子的？

据考古资料显示，早在7000多年前，河姆渡文化时期的干栏式建筑中就有可能出现栏杆了。划分人的居住空间，保护人的活动范围，用栏杆围起来是最容易想到也最容易做到的。河姆渡还留有人们驯养野猪的证物。养猪要有猪栏，养鸡、养羊、养牛、养马要有鸡栏、羊栏、牛栏、马栏，如至今仍在使用的那样。城市里人行道边的护栏，马路中间的隔离栏带，也是这个意思吧？对于一座或一组建筑来说，栏杆的支撑承重功能一开始就不是主要的，到后来，为着好看的作用就越来越凸显了。在宏大的紫禁城建筑中，只具礼仪式的审美作用，只有独立的装饰观赏价值的，大概唯有数不清的栏杆了。

正如紫禁城建筑把中国古代建筑发展到极致一样，紫禁城建筑把中国的栏杆艺术也发挥到了极致。

最曼妙的是和委婉的金水河连接在一起、融合在一起的栏杆。

任何人经过天安门，都会觉得搭在天安门前金水桥拱形桥面上的一排排白色的石栏杆真是漂亮极了。可是，一旦穿过午门，立刻惊讶不已：原来更漂亮的河，更漂亮的桥，更漂亮的栏杆，在紫禁城里面。

细心的人们发现，午门内宽阔的广场上横着一条弯曲的河，这条蜿蜒如弓的内金水河上一字排着五座白色的石桥，御道直通的正中的那座桥最宽最长，其余四座依次递减。细心的人们还发现，这座只许皇帝行走的御桥两边的石栏杆为精雕细刻的云龙云凤纹望柱，其余桥两边的望柱，以及向两侧蜿蜒而去的金水河两边的望柱上，均为 24 道阴刻弧线旋扭而成的火炬形柱头，好像排列整齐的卫士规规矩矩地举着火把护卫着并照亮着正中的御道似的。

如果遇上蓝天白云的好天气，所有走过白色的石桥的人们都会惊喜地发现：洁白的栏杆漂在水里，漂在天上，在蓝天白云的波动间隐现出没。

由西向东飘进、飘过宽阔的太和门广场的委婉的金水河就这样始终被委婉的洁白的栏杆上上下下、水里水外地护卫着。正是由于栏杆的这样的呵护与提升，委婉的金水河才有了飘动起来的姿势。

五座金水桥自是太和门广场上栏杆最集中的地方。远远望去，隆起了一片白色的石林。以白色的石林为中心，由白色的石林牵引着正前方太和门前白色的栏杆，牵引着太和门两侧昭德门、贞度门前白色的栏杆，牵引着西北角、东北角白色的栏杆，牵连着西面的熙和门、东面的协和门前的白色的栏杆，被四面的红墙、红门、红窗和黄色的大屋顶圈起来的方方正正的数万平方米的太和门广场，就这样被这么多白色的石栏杆牵引着轻灵地飘动起来了。

最崇高最庄严的是将紫禁城中最重要的太和殿、中和殿、保和殿高高地托举起来的层层叠叠的三台栏杆。

同样是洁白的汉白玉栏杆，与委婉的金水河融为一体的，因临水而显得分外的灵动；与三大殿巨大的“土”字形台基融为一体的，因靠“土”而无比的庄重。

通体精雕细刻、充满神圣宗教气象的三重须弥座高台已经足以奠定紫禁城中最大宫殿的至高无上的地位；围绕三重须弥座，总计1458根望柱、1414块栏板、1142个螭首组成的三台石栏杆，努力向上地簇拥着、装饰着的那座超稳定的“土”字形台，特别是那些蓬蓬勃勃生长着的上千根云龙云凤望柱的铺排与拥护，更让天子的宫殿永远稳稳地矗立于超凡脱俗的境界之中。

数千根望柱层层升高直指云天，数千根望柱雕云雕龙雕凤，数千个龙头从望柱旁伸出，数千块栏板云头飘忽。栏杆上有云翻卷，云中有龙腾跃，有凤飞翔，青铜香炉有香烟飘扬缭绕，整个儿把天子的宫殿缥缈成天上的玉宇琼楼。

且不说成千上万的雕栏玉砌烘托着的是天下最高大、最壮观的宫殿，任何人任何时候从任何一个方向和角度，不论近距离观看还是远距离眺望，弥漫开来又聚拢起来的纯洁的栏杆世界之上的任何存在，都会使任何一个观望者从心中升起的敬畏之感、至尊之感、神圣之感与时俱增。

肯定是建筑的历史形成赋予了高台和围栏凸显建筑重要性的视觉作用。紫禁城中三大殿的台基无疑是最大最高的，周围的栏杆无疑是最多的，其余重要的建筑，如乾清宫、交泰殿、坤宁宫、钦安殿、文华殿、武英殿、奉先殿、皇极殿、慈宁宫、寿康宫等，还有太和门、乾清门等，统统建立在高低不等的台基上，都有多少不等的栏杆护卫着。高台和栏杆早已成为识别和欣赏重要建筑的导引和标志。

栏杆作为建筑组合中的组成部分，并不是必要的、最重要的，但有时候在有些位置上却是最重要的。因此，栏杆往往承担起最独立和最出色的建筑语言角色。它们独立凌虚的空间形象，排列组合的群体效应，总能给单调的空间增加丰富的活力，在规整的环境中焕发勃勃的生机。就说色彩吧，那种温润的白，在紫禁城大红大黄主宰的色彩世界里，却白得出色；而当大雪将紫禁城覆盖为白色世界的时候，它们纯净地凸现，更显出本色而出色的雍容尊贵。还有声音，走近那些与金水河相伴相生的临水栏杆，仿佛看见琴的弦，琴的纽，听见琴的声音融入流水。走近那些与高台相拥相长的朝天栏杆，仿佛看见无数的笙管齐鸣，听见雄壮整齐的鸣奏曲直入云天。尤其在日落人静时分，天籁与栏杆之音浑然天成。

一看到这样的栏杆，一听到这样的栏杆之音，是会想到倚栏、抚栏、栏杆拍遍的古诗古词的。然而，紫禁城里的栏杆，皇帝的栏杆，可不是用来倚用来抚的，更不是用来拍的；也绝没有敢倚敢抚的，更没有敢拍的。当然皇帝是可以的，尤其是拍栏杆，总是居高临下者的姿态和行为。自觉在高位上，自以为有能力和权力左右天下，可实际上不是这样，不可能是这样，于是便只好拍栏杆去了。只是皇帝的栏杆太多了，天下的栏杆太多了，所谓的栏杆拍遍终归是空话、是急话、是气话、是没办法的话，因而也是发泄愤懑发泄牢骚的话。

紫禁城中的石质栏杆接连起来，足有十几里路长，不用说拍遍，若不认真，若不用心，若不凝神静气，数遍数清也不易。

（三）流动的皇权

在看得见金水河、金水桥的地方决断国家大事，行使至高无上的皇权，或许更有一种靠山面水、在风声雨声中指点江山把握天下的真切感受吧？

不论哪位皇帝在紫禁城里走动，比如他到武英殿或者到文华殿，如果看不到一条河，看不到河水的流动；比如他要离开紫禁城，或者从外边回到紫禁城，如果不跨过一两条河，那么，他就缺少了天下江山的感觉，他就会怀疑自己的权力到底有多大？是静态的还是动态的？能不能如流水般蔓延渗透无边无际、无处不有？

营建紫禁城的总负责人泰宁侯陈圭肯定是朱棣亲自精心挑选的。陈圭小心谨慎地向永乐皇帝汇报紫禁城的总体设计时，一定格外用心地强调金水河的含义。他一定会说，在帝王宫阙里放置一条金水河表达天河银汉的意思从周朝时就有了，既然紫禁城上对紫微星垣，自当有一条河对应天上的银河。他还会说，况且自古以来先祖们就是逐水而居，城和水总是连在一起的。他还会从风水学的角度说紫禁城一定要枕山襟水，城北要堆起一座万岁山，城内要环绕一条金水河。他说这样就天地之气相接、山水之象融合了。他还会具体地解说西北是八卦中的乾位、天门位，金水河从万岁山的西侧，从积水潭，从北海太液池，从紫禁城的西北方，即从天门引入，就把天上的生气引入了，这生气贯通紫禁城，从东南方导出，天气、皇气就流布天下了。北方从水，西方从金，金又生水，所以叫金水河。他还会说得更远，说这金水河的水来自北京西北的玉泉山，玉泉山连着燕山、太行山，连着更远处的昆仑山，那是古书里记载的天地的中心；说这金水河从紫禁城流出，可以流向黄河、长江、南京，流向东海、南海，这样，皇气、皇权就铺天盖地了。

如果陈圭真是这样说的话，想来朱棣虽然觉得陈圭说得太远了点儿，但对陈圭对他的旨意的心领神会还是极为满意的。

没有什么人能比得上朱棣对北京山山水水的熟悉，对北京的真情实感了。作为朱元璋的第四个儿子，自从被分封到北平（今北京）做燕王，这个地方就是他的家。这个地方又是他的“龙兴之地”，他从这里起兵南下，扫荡南京，从侄子手里夺得帝位，迁都北京是迟早的事。在筹划和肇建紫禁城的那些年头里，他有不少时间在北京度过。他多次北征元朝余部，都是从北京出发的。燕山雪花大如席；狂野的风从漠北吹来；黄河，长江；江南水乡，江南的雨……这些，朱棣不知经历了多少回。陈圭所说的金水河的引入与导出，陈圭说得再远再玄，也绝赶不上朱棣的真实感受。并且，朱棣会把他的这种感受传给他的儿子，让他的儿子传给他的孙子，一个皇帝一个皇帝地传下去。

不过，朱棣还是表扬了陈圭，嘱咐陈圭把金水河安置得好看一些。

若干年后，陈圭陪永乐皇帝验收金水河时，朱棣着实很高兴。他看见一渠清水穿过西北角楼东侧厚厚的城墙流入宫中，弯弯曲曲地转向西边，从灰色的城墙和红色的宫墙之间直中有弯地向南伸向西华门方向，向东拐入武英殿前，在蜿蜒的汉白玉望柱、汉白玉栏板和一座又一座汉白玉石桥的护佑下飘过宽阔的太和门广场，又拐向北，从文华殿后边飘过，经东华门内往南，从东南角楼西侧出紫禁城。弯弯曲曲，飘飘荡荡，时隐时现，时明时暗，长达 4 里的金水河不知不觉中就走过了。

紫禁城，金水河，白玉桥——多么尊荣靓丽的色彩，连名称都这么响亮悦耳。金水河怀抱着他的紫禁城，白玉桥拱卫着他的金銮殿。朱棣站在午门与奉天门（太和门）之间的金水桥上，站在横卧在弯弯曲曲的金水河上的五座白玉桥中最中间的那座白玉桥上，站在那座只有他能通过和站立的白玉桥上。他抚摸着洁白的汉白玉云龙望柱，凝视沉思良久。

疑是银河落九天。

朱棣没想到他的金水河能安置得如此美观。他知道他的紫禁城是方方正正的，从外看，从里看，所有的建筑、城墙、宫墙、院墙、大院小院、大的宫殿和小的配房，一律是方方正正的。他知道他的紫禁城必须方正端庄，才能显示帝王的庄重威严。但有时候他不免觉得是不是太过端正庄严了，以至于这么大的紫禁城总是安静得出奇，不管有多少人，都得屏气静声。现在好了，弯弯曲曲的金水河就在他的眼前，虽说除了下大雨，金水河并没有流动的声音，但这么一弯曲，这么弯来弯去，声音不就弯出来了吗？这使得他的方正恢宏的紫禁城任何时候都不显得空旷，不感到寂寞了。游龙般的金水河的穿行，弯月般的金水桥的映照，使得他的巍峨的宫殿更加庄严肃穆；而雄伟壮丽的宫阙也使得他的金水河金水桥更加曼妙多姿了。真的是动静相得、刚柔相济、声息相投啊！

所有这些看得到的想得到的感觉得到的，甚合朱棣的心意，也甚合所有皇帝的心意。据记载，紫禁城刚刚启用的一个冬天里，金水河结冰，冰面居然出现了楼阁龙凤花卉的形状，朱棣大喜，赐群臣观赏。是的，再威严的皇权，再冷酷的皇权，也要表现得如金水河般委婉、温和、明亮，如金水桥般纯洁、滋润、柔美。

朱棣甚至有可能因为这些而选择了在奉天门御门听政。在看得见金水河、金水桥的地方决断国家大事，行使至高无上的皇权，或许更有一种靠山面水指点江山把握天下的真切感受吧。更能体现皇权的流动与扩展的力量，体现皇权的凝固的庄严威猛的力量，体现皇权的渗透浸润的无处不在的力量吧。

陈圭心里明白，金水河其实也有很实用的功能，只是不便跟皇上明说，不过不说皇帝心里也明白。《明宫史》记得清楚：“是河也，非谓鱼泳在藻，以资游赏；亦非过为曲折，以耗物料，盖恐有意外火灾，则此水赖焉。天启四年，六科廊灾；六年，武英殿西油漆作灾，皆得此水之济。而鼎建皇极等殿大工，凡泥灰等项，皆用此水，祖宗设立，良有深意。”所记供工程用水的功能当然可以明说，还有排水功能更可以大说特说。紫禁城内 70 多万平方米面积，总计 20 多里上下排水系统，支渠干渠，全部排入金水河，数百年间，无论雨水多大，从无积水之害。有了这些实用功能，金水河就愈加金贵尊贵了。

金水河的变化似乎与家国的兴衰很有些关系。据说到明中期以后，金水河淤积，疏浚后竟栽种了荷花和菱角，还养了鱼和水禽。鱼鸟戏水，叶儿田田的舒展，花儿尖尖的含苞，艳艳的怒放，宫女们荷叶般翠绿的衣衫，荷花般的粉面，好看是好看了，王气皇气就被遮掩了许多，就暗淡了许多。有人说紫禁城里的风景好似江南，明朝后来的皇帝，几乎不再南下过河渡江了——连金水河的水都不如。

（四）宫里山河

乾隆皇帝修了一个他专用的花园，他把遥远的山河收入他伸手可触的格局之中；看起来他想让自己退休后遁入山水之中，但在这样的微天缩地的山水之中，他的庙堂同样伸手可触。

虽然几百年前的环境风水问题远没到时下这么严重的程度，可是那时候的城市规划，特别是都城、皇城、宫城的营建还是很讲究环境风水的，很有生态意识的。且不说紫禁城西边北边的南海、中海、北海、景山，南边的太庙（现劳动人民文化宫）、社稷坛（现中山公园），远一点的天坛、地坛、日坛、月坛、先农坛，更远的南苑、颐和园、圆明园、玉泉山等，均是些山水环绕草木森森的去处，单说皇宫紫禁城里，称得上园林山水的就有好几处。

紫禁城最北，靠近神武门有一处园子叫御花园。御花园北边紧靠红色的宫墙有一座太湖石堆起来的假山叫堆秀山。堆秀山巅有一座高高在上的亭子叫御景亭。山顶的山石已经超过高高的宫墙，从红色的宫墙外边看上去，高高的御景亭浮在高高的红色的宫墙上方。一位年轻小伙子导游指点着堆秀山上的御景亭不无同情地对围着他的游人说：“进了宫的女人们再也没机会出去了，只能站在那上面看一眼外面的世界。”围着他的年轻的年老的游人不无同情地连连点头。小伙子说得不错，外面的人严禁入内，里面的人不得轻易外出，皇帝也不例外，更不用说女人和小孩了。堆秀山上的御景亭为的是皇帝重阳登高，想来平常日子里也不是谁想上就可以上的，所以，一定要建一处御花园，好让皇帝和他的女人们孩子们有一个接近花草树木的地方。

就像本居于田野间的财主，起宅修院，也要在最后边的位置上修一处或大或小的后花园，既要和一墙之隔的田野划清界限，又要在自家的院子里弄出一块有些田野味道的地方来；既不让自家的女人孩子和左邻右舍的农妇农夫混为一体，又要让他们享受到一些自然田园之乐。即便如家道中落的绍兴周家，被鲁迅自称为小康人家的周家，也有一个给了这家小孩子们无限乐趣的百草园，不过到底比不上去乡下的外婆家与真正的农家孩子们在一起有趣味，如鲁迅《社戏》里记下来的那样。

紫禁城里的御花园就是皇帝给他的女人们孩子们修造出来的“百草园”。按说东西 140 米，南北 80 米，占地12000平方米的园子已经不算小了，可是，自明初建园以来，从明嘉靖、万历至清雍正、乾隆，历朝历代的皇帝们总想给他们的女人们孩子们更多更好的山水田园、花草树木、亭台楼阁，就这样弄来弄去，硬是把一个微天缩地的御花园挤得满满当当。

假山、真水、奇石、亭台、楼阁、轩馆，罗列于苍松、翠柏、绿竹、牡丹、芍药、玉兰之间。澄瑞、浮碧、凝香、绛雪、摛藻、延晖——仅亭台楼阁就有二十多座，占去了全园面积的三分之一。造型别致，装饰精美精致，被誉为紫禁城中亭式建筑之首的千秋亭、万春亭，在眼花缭乱中反倒失色不少，至于田野的自然的趣味，就更难感受到了，倒是嶙峋的古柏格外引人注目。古木保护专业人士说，唯有这类现在看来形体怪异的松柏，有可能比紫禁城的年龄还要大。

由此想来，拥挤的风景其实根本关不住可以在御花园里游来游去的女人们孩子们的心，反更让他们总想着攀上堆秀山去看近水、看远山、看林野茫茫。

比较起来，紫禁城西边，郁郁葱葱的十八棵古槐树，西边的慈宁宫花园及周边的院落，倒多一些园林的自然的味道。

春风里随处有淡紫色的二月兰散漫的开放，秋阳下火红的枣儿缀满枝头，冬雪中枣树槐树黑色的枝干骨立。岁月轮回草木荣枯使这里的主人们，曾随皇帝们一起风光过的太后太妃们越来越气静心平。只有在这样的地方，宫殿才让位于森森的草木，本不算大的园子因此而显得开阔疏朗。这是皇帝们专为他们的母亲们及母亲的同事们，那些因改朝换代必须退出政治中心宫廷中心的人们，规划修造的颐养天年的地方。

那些被草木掩映的为数不多的房子，大多是供奉佛像的佛堂。始建于明代的慈宁宫花园东西宽 50 米，南北长 130 米，清乾隆时期改建扩建后，建筑占地面积也不足园子的五分之一，且集中于花园的北部。主体建筑咸若馆内是庄严神秘的佛堂，东、北、西三面是连通式金漆佛龛，佛像、法器、供物一应俱全。咸若馆东侧有宝相楼，供奉佛塔佛像近千尊，可谓千佛龛；西侧有吉云楼，层层供台及四壁、屋梁摆满五彩描金擦擦佛像（擦擦为藏语音译，是一种以泥土为料，用模具制作的小型泥造像），总量过万，堪称万佛楼；北面有藏经处慈荫楼——将精神抚慰的佛堂得体地安置在自然抚慰的园林之中——皇帝们知道如何让不甘寂寞又不得不寂寞的太后太妃们在拜佛诵经、风铃叮当与草木摇落中获得内心深处的宁静。

御花园无疑是供宫里的大小主子们休憩游赏的。慈宁宫花园是供太后太妃们修身养性的。位于紫禁城东部的宁寿宫花园则是乾隆皇帝心造的一个幻影。

比起宫中的其他花园，宁寿宫花园虽然不显山不露水地隐藏在宫院的深处，却更多些江南园林的气息。康熙帝在位 61 年，乾隆帝一时谦虚，说了句“予不敢上同皇祖，至六十年即拟归政”的大话，说不定话一出口就后悔了。不过话既出口，皇帝说话不能不算数，便早早准备起来。只是准备得太早了些，足见其后悔之意。早在乾隆三十五年（1770 年），乾隆帝就开始修建准备 25 年后享用的太上皇宫殿。在紫禁城东部那片占地达 5 万平方米、历时 5 年完成的宁寿宫区域，特意挤出一块宽不足 40 米、长 160 米的狭窄地带，修建成一座宁寿宫花园，因为乾隆的关系，也叫乾隆花园。

御花园已经够挤够满的了，占地只有御花园二分之一的乾隆花园挤得更满。南北依次划分为四个空间，实际上是四处院落。每个院落都有高低错落的山石林木、房屋亭台、敞轩围廊、曲径栏杆。既要层峦岩壑、松荫蔽日，又要楼堂殿阁、檐宇相连；既要小径通幽、曲折迷离，又要柳暗花明、豁然开朗。室内装修精美考究，苏式彩画色彩艳丽。甚至山石间有“一线天”，轩亭内有“流杯渠”……乾隆皇帝大概是想把他下江南看到的好东西统统弄到眼皮底下。不过，在小小的石山间搞出个一线天已经很是造作的了，在十几平方米的亭子间造出茂林修竹、曲水流觞的境界，委实太附庸风雅了。

正如乾隆修建的宁寿宫区几乎是紫禁城的缩小版一样，乾隆花园就更是一个他眼里心里的大好山河的微缩版。浮动在此种建筑格局中的意象，分明是乾隆皇帝到时候不得不退的无奈与打算，退而不退的内心世界的自然流露。

他虽然让出帝位，退居二线了，但他仍然可以端坐在和中轴线上三大殿后三宫格局一样的几墙之隔的旁边，眼睁睁地盯着他的继任者。

他修了一个他专用的花园，他把遥远的山河收入他伸手可触的格局之中，看起来他想让自己退休后遁入山水之中，但在这样的山水之中，他的庙堂同样伸手可触。

一代帝王内心深处的平衡宁静真能通过殿堂的平衡和小小花园的宁静获得吗？25 年前，乾隆修建这片区域的时候真是兴致勃勃。25 年后，真到了他该住进去的时候，他对这个地方早已兴味索然。他只是在他移交皇权后的第三日，由他主持，在宁寿宫区域的核心建筑皇极殿举行了盛大的千叟宴。他让他的皇子皇孙们在这个地方极力地“尊老”了一番，而退位后的他依然住在养心殿把持着朝政，直到他离开这个世界也未曾在宁寿宫居住过，倒是后来的慈禧，以皇太后的身份住进了宁寿宫建筑群中的乐寿堂。

除了不肯放下皇权，或者说放心不下的原因外，乾隆最终没有光顾亲手营建的休养之地，特别是轻易地就将那座倾心打造的宁寿宫花园置之脑后，可能还有另外一个原因，那就是他自己看了以后也极不满意。本想在一篇政治论文中增加些许诗情画意，因为过分刻意而总有些格格不入、不伦不类。宫中的“山河”终究比不得真山真水，那根本不是他的江山。虚假的慰藉不适合自命不凡的“十全”老人。待在这样的地方还不如抬腿出走，在自家的山河间转上一转，或者干脆独处一室回忆往日的荣耀，这样更能网罗他不羁的帝王情结和浪漫情怀。

（五）哭泣的宫殿

如果不是亲眼所见、亲身感受倾盆大雨突然降落紫禁城的情景，怎么也想象不到那是一种怎样的惊心动魄、惊天动地的景象！但紫禁城有无比通畅的排泄体系，再大的雨水也能容得下、排得出，再多的雨水泪水也能在顷刻间消失得无影无踪，再多的污秽血腥也能在顷刻间冲刷得干干净净。有了这样的防范体系，再也不必担心过多的雨水会浸泡紫禁城，更不必担心集体的滂沱与号啕会撼动紫禁城。

如果不是亲眼所见、亲身感受倾盆大雨突然降落紫禁城的情景，怎么也想象不到那是一种怎样的惊心动魄、惊天动地的景象！那雨绝对不是从天而降的，是从一座座宫殿的上方向四面喷洒下来的。当倾盆大雨泼在连绵起伏的大屋顶上的时候，激溅起来的灰白色的雨雾便笼罩了整座紫禁城。这时候你身处紫禁城的任何一个角落，你会看见云烟、雨雾在一座座宫殿的大屋顶上集聚、涌动、翻腾，笔直的墙脊、屋脊，弯翘的飞檐、大吻、脊兽，各样各色的龙，在云烟雨雾里时隐时现。你会觉得，云雾雨水就是从大屋顶上生出来的，雷鸣电闪和翻腾云雨的风就是那些见首不见尾的龙、脊兽、大吻、螭首发出来的。看看吧，上万间房屋，数千个屋顶，数万条屋脊屋檐，数十万、上百万的滴水喷洒出的水柱交织成的万檐飞流，数千个昂天的螭首吐出水流的千龙吐水，那是怎样的集体哭泣和泪雨滂沱！听听吧，急雨敲打光滑的琉璃瓦的声音，水帘、水柱冲击砖石地面的声音，水流在明槽暗沟间奔窜的声音，风雨交加、雷鸣电闪的声音，那是怎样的集体哭泣的号啕交响！

紫禁城数十万平方米的琉璃屋顶，数十万平方米的砖石地面，总计近百万平方米的范围，突然大雨倾盆，刹那间会汇聚起多少雨水？可是，不管多大的雨，不管下多长时间，几百年来，紫禁城中从未有积水之弊；紫禁城建成后多次遭火灾，但从未遭涝灾——紫禁城的规划设计者预设了规范、严密、实用的快速排水系统。

在这个意义上，紫禁城里的金水河是最唯美的也是最实用的——由西北至东南贯穿皇宫的内金水河不仅给威严肃穆的皇宫以灵动委婉之美，更重要的，金水河是紫禁城的排水总干渠。

挂在总干渠上的地下雨水沟总长11000米，总体上北高南低，相差1.22米，具备快速的自流排泄能力。四周的城墙上面，外侧高内侧低，雨水流向内侧，内侧墙砌出排水石槽。大殿前后宽敞的高台，中间高四周低，急落的大雨顺层层高台逐层跌落，流入院中。开阔的广场亦中间高两边低，雨水分别向西南、东南流出。各宫院设明槽暗沟，由东西向支渠，汇入南北向干渠，经主干渠汇入总干渠金水河。靠近中轴的暗沟较浅，0.4—0.5 米，越向外越深，可达 1—2 米。由浅渐深，沟沟相通，沟河相连，水大水小，通畅无阻。

有了这样的排泄体系，再大的雨水也能容得下、排得出，再多的雨水泪水也能在顷刻间消化得无影无踪，再多的污秽血腥也能在顷刻间冲刷得干干净净。有了这样的防范体系，再也不必担心过多的雨水会浸泡紫禁城，更不必担心集体的滂沱与号啕会撼动紫禁城。

急风暴雨撼动不了固若金汤的紫禁城，也不可能给紫禁城留下什么明显的痕迹，只会将辉煌的琉璃大屋顶冲刷得更加灿烂，将灰砖、青石、汉白玉冲刷得更加清爽。倒是那些不经意间慢慢飘洒的凄风苦雨，一点一滴地销蚀着紫禁城的角角落落。

天不知道什么时候阴沉起来，或许已经阴了好多天，或许一直这么阴沉着。好像有雨点雨丝飘落了，宽宽的、高高的、大面积的红墙最先觉察出来。一滴一滴的雨点洒在干净的红墙上是最清晰的，一丝一丝的雨丝挂在单纯的红墙上是最引人注目的。点点滴滴地渗入，丝丝缕缕地洇湿，无论多大的墙面，一律深深浅浅地斑驳变化着，一直到所有的墙面都变得湿漉漉的。

亮晶晶的水珠开始出现了，像从厚厚的红墙里边渗出来似的，慢慢地向下移动，慢慢地向下流动。

雨不知什么时候不下了，冷风继续吹着，太阳慢慢地出来。所有的墙面又开始深深浅浅地斑驳变化着，先先后后地恢复成原来干净单纯的模样。

但有些痕迹留了下来。最初不易觉察，一次又一次的就明显起来。比如那些向下流的雨水一次次留下的痕迹，那些一次次洇湿又一次次晾干的痕迹。这些痕迹往往留不在谁都看得见的大面上，它们往往只能退缩、隐藏在边边缘缘角角落落间。

但太阳晒不掉，风吹不走。

仔细看看这些日积月累的洇迹水痕，有时候会发现其中一些凄美的线条、奇异的图案竟然出现在帝后臣子们的书法绘画里。还有一些雨水也留下了，留在不被注意或者根本看不见的红墙的缝隙里，留在红墙与灰砖之间的缝隙里，留在灰砖、青石、白石的缝隙里，甚至留在黄色的琉璃瓦间，滋生滋润出一丛丛、一株株只要稍稍留心就可以看见的短暂的生命和生命短暂的花。

那些从缝隙里长出来的草，开放着的花，如沙漠里的花草一样，虽然营养不良，不够鲜嫩艳丽，却够顽强，它们存留的时间似乎比御花园里的肥绿瘦红还要长久。

紫禁城内的冬天比紫禁城外的冬天更加凄冷。

当冷雨凝结为冻雪覆盖了紫禁城的时候，深宫大院里许多太阳永远照不着的地方的积雪一直到春风吹过之后也难以化掉，即使是那些大屋顶上的积雪，其融化也变得反复无常。太阳升得很高了，屋顶上的白雪白得耀眼，静悄悄地化出的雪水先是洇湿了屋檐，接着一滴一滴亮晶晶地掉下来。太阳落下去了，寒风吹起，正要掉下的水珠不动了，顺着滴水凝结起来。太阳一天又一天地升起，一天又一天地落下，水滴一天又一天地融化与凝结，一排排长长短短的冰柱便悬挂在一座座宫殿的屋檐下了。

沉重的夜幕把雪压冰悬的紫禁城沉入到黑暗里。大小殿堂的窗户开始亮出橘红的光。一个个红彤彤的宫灯让一排排长长短短的冰柱黄中透红、晶莹闪烁。这时候，几乎谁也看不见的艳美与冰凉会像冬夜里的寒气一样，穿过门窗，穿过锦缎帷帐与丝绸服饰，弥漫在宫殿的深处，渗入到肌肤的深处。

四、色调：彩绘与光影

（一）谁持彩练

本出于等级规制的严格界限划分，以及由此形成套路的程式化图案色彩管理，反使得紫禁城中触目皆是，以至眼花缭乱的花花世界层次分明有条有理。丰富变化中的局部的斑斓色彩与整体的斑斓色彩，被控制得和谐协调，花而不乱。

紫禁城给予人们的第一印象，第一感觉，亦即给予所有人的无法抗拒的强烈的视觉冲击，很难说清楚到底是它的建筑形态，还是它的建筑色彩。正如它的名称一样，紫禁红无疑是它的主色调。紫禁城内所有的墙面，所有的建筑外立面，不厌其烦地涂抹成这样的大紫大红，行走其间，触目皆红，说是被淹没于红色的海洋并不为过。如此景观，与现在流行的中国红的说法不无关系。而道路的地面，院落广场的地面，房屋的根基，十几万平方米的室内地面，则是灰色系列：灰白的石，灰的砖，深灰的“金砖”。若站在高处看，又变成满目皆黄了，那就是连绵铺排的金黄色的大屋顶。以红为主色，红、黄、灰构成紫禁城的基本色。其实，这也是人们最常见的色彩，色彩学里的原色，但被紫禁城张扬到这样的程度，就使所有看见的人们目瞪口呆了。任何一种常态的东西，只要被反复地渲染，极端地铺张，就足以改变人们的视觉、感觉以至心理、思维；若再加以人为的操纵、垄断，则必然如此。如红色的围墙，黄色的屋顶，黄色的装饰、服饰，只能由皇帝及与皇帝直接相关或皇帝批准者使用。

但紫禁城并不满足只拥有这样最夺目的色彩。它还需要在这样的大红大黄中更为出色的色彩。它需要在最暗淡的地方有最能出色的色彩，尤其是在经常被巨大的阴影笼罩着的那些地方。

仔细看看紫禁城中所有的建筑，所有建筑的金黄的大屋顶，大屋顶伸出的宽宽的长长的屋檐与红彤彤的门窗之间的那些地方，有些是永远见不到太阳的地方——就是需要这样色彩的地方。

当连绵铺排的金黄色的大屋顶与同样连绵铺排的红彤彤的门窗借着太阳的辉煌散发着耀眼的、刺目的光芒的时候，这样的色彩却和颜悦色悠闲自在地以它们绚烂的微笑打量着眼前的一切；当黄的屋顶、红的门窗因没有阳光的照射而黯然的时候，当日出之前、日落之后，当阴霾笼罩、雪雨飘洒的时候，这样的色彩便大放异彩、笑逐颜开了——这就是紫禁城的彩绘，中国皇宫里的彩绘。这就是能使最暗淡的地方成为最亮丽最繁华之处的皇帝的彩绘。

紫禁城里到底有多大面积的彩绘，实在无法精确计算，只能大体上做一个统计：紫禁城建筑占地面积约 16 万平方米，有彩绘的建筑占地面积约 14 万平方米。每座建筑的彩绘部分、彩绘面积各有不同。大多数建筑，尤其是一组又一组建筑群落中体量较大的主体建筑，从外檐、斗拱、脊檩到天花，也就是整个建筑的上半部分，从外到里全都彩绘。能看到的地方彩绘，看不到的地方也彩绘。不少彩绘并不在一个平面上，木构件的角角落落都有，要想精确计算彩绘的面积的确太困难了。

中国的木结构建筑本就复杂，皇宫建筑尤甚。皇帝的彩绘和皇宫的木构件一样复杂。按总的程序，依次有处理木构件表面，做地仗（地仗有使麻、使布、不使麻布等十几种），油饰垫层，磨生油，过水布，起谱子（设计构图，描画纹饰），打谱子，勾线条，沥粉，刷色，油皮，贴金等等。从单项看，图案着色多达三十多种，油饰各色做法四五十种，仅朱红一色就有八种细目。总计各种工艺工序百种以上。在异常繁复的木结构上做异常繁复的油饰彩绘，繁复复繁复，奢华无以复加。

到底为什么要用油饰彩绘把皇帝的宫殿严严实实地包裹起来？最适用的理由自然是为了保护木构件，更重要的理由当然是极端地显示至尊与荣耀，还有无与伦比的华丽。就像皇帝要穿豪华气派的衣服，皇帝身边的人要穿华丽漂亮的衣服一样，皇帝的宫殿也要穿上豪华漂亮的花衣服。就像皇帝的衣服的用料是最贵重的一样，宫殿彩绘的用料也是最精致最昂贵的。

明史载，三大殿重修，征诏牛胶万斤为彩绘用。清康熙三十四年（1695 年）重建太和殿，据《太和殿纪事》载：彩绘用红、黄金箔 128 万张（每张约 110 平方厘米），大青 6 吨，绿 1.6 吨，银朱 1.8 吨，桐油 33 吨，白面 17 吨，油饰彩绘经费总计用白银 4.9 万余两。现在大修午门、太和门、太和殿、神武门，为修饰部分彩绘仅黄金就用去十几公斤，加厚金箔 199 万张。以此类推，再算上不断地修饰、油饰，整座紫禁城的彩绘到底用去多少珍贵的材料，实在也是无法计算的。

宫殿的彩绘以青、绿、红、金为主色，其实几乎所有的色彩都用上了，用遍了。白色的汉白玉底座，红墙、红柱、红门窗还有黄黄的屋顶，夹在这些单纯、庄重的色彩之间的花花绿绿的彩绘，花得格外出色，格外出彩，格外好看。

好看归好看，但绝不许为了好看乱了规矩，好看必须服从等级，一定得按着等级出色出彩。最高等级叫和玺彩绘，以龙凤图案为核心，大面积贴金，庄重辉煌，用于紫禁城中轴线上的大殿及其他宫殿区域帝后出入的殿堂；次一等级的叫旋子彩绘，因基本构图为漩涡状花纹而名，稳定中有流动感，多用于次要的宫殿、配殿、门廊等；再次一等的叫苏式彩绘，因源于苏州地区而得名，布局灵活，题材广泛，山水人物，花鸟鱼虫，用于生活区域及宫廷花园间的亭台楼阁。

本出于等级规制的严格界限划分及由此形成套路的程式化图案色彩管理，反使得紫禁城中触目皆是眼花缭乱的花花世界，层次分明、有条有理。丰富变化中的局部的斑斓色彩与整体的斑斓色彩，被控制得和谐协调，花而不乱。

在无比宏大的紫禁城中，不只是黄的屋顶与红的门窗之间的彩绘连绵为不知何处是头何处是尾的条条彩练，缠绕飘动在座座宫殿厅堂亭台楼阁间，事实上，整座紫禁城，紫禁城内内外外的所有色彩，共同组成一个彩练舞动、色彩缤纷的彩色世界。

环绕在紫禁城四周的宽宽的护城河是光泽粼粼丝绸般柔软的蓝色彩练；高高的灰色的城墙，城墙上方向外一边齐齐整整的堞口，向内一边黄色的琉璃砌出的直直的边沿，如灰色的丝练镶上高雅的蕾丝花边；紫禁城内一面又一面、一圈又一圈、一层又一层宽宽大大的红墙，红墙上黄的绿的琉璃砖瓦组成的连续不断的墙脊；红墙、墙脊夹着的长长的蓝蓝的天空；所有彩绘上方的黄黄的琉璃大屋顶的铺排；所有彩绘的下方红门红窗与一根根粗大的红柱的排列；排列齐整、密布在一扇扇红色大门上的金色的或黑色的门钉；在红色的墙面上不停地移动变幻着的檐角走兽的黑色的影子……

花色、单色、冷色、暖色；轻盈沉静的阴柔之色、稳重强烈的阳刚之色；移动的色彩，变幻的色彩……

所有的色彩组合起来的彩练，不受时空、季节、气候影响的不褪色的彩练，不老的彩练，立体地舞动着，集体地舞动着，不知疲倦地舞动着。高低延绵，上下起伏，节奏明快，旋律舒缓……

“赤橙黄绿青蓝紫，谁持彩练当空舞。”毛泽东的诗句当然不是写给紫禁城的，但送给紫禁城很合适。至于谁持彩练，谁在紫禁城舞动着，对于紫禁城来说，当然可以是至高无上的皇帝了；但并不是——一个接一个的皇帝轮换着，一直换到没有皇帝了，缠绕着紫禁城的彩练仍在舞动着，矗立在天地之间的彩色的紫禁城仍在舞动着……

（二）琉璃花

紫禁城是琉璃的世界，是放射着黄色光芒的琉璃的世界。在这座金碧辉煌的宫城中，到处盛开着琉璃的花朵。让人惊讶的是，这些缺乏创意、寓意流俗的题材，竟然能够与宏大辉煌的建筑协调相处，相映生辉。

紫禁城是琉璃的世界，是放射着黄色光芒的琉璃的世界。

站在景山最高处，从上往下看，四面八方林立的高楼，斑斓的色彩，遮不住紫禁城放射着的黄色的琉璃的光芒；退回到一百年前，北京城还没有出现新的建筑，还到处是灰色的平房的时候，想想吧，从空中往下看，紫禁城，灰色的波涛中浮动着的一座金黄色的宫殿；再往前，近600年前，朱棣建成紫禁城后站在景山顶上四下张望，在他的感觉中，他的紫禁城一定是一座缥缈在苍茫的、灰色大海中的金色的海市蜃楼，或者，他看到了硕大无比的金色花朵盛开在灰色的世界里。

多少年过去了，我们在高处依然能够看到的在金色的太阳照耀下恍恍惚惚浮动着的黄色的光芒，就是那些被琉璃覆盖起来的连绵铺排的一座又一座大屋顶放射出来的。其实，不只是参差错落的大屋顶，从紫禁城的正门午门往里走，我们会看见，在这座金碧辉煌的宫城中，到处盛开着琉璃的花朵，越往里越多，越往里越“花”。

不知出于什么原因，至少是从安全的角度考虑，更多是为了营造庄严肃穆的皇家氛围吧，除了几处花园，不论前朝还是后宫，紫禁城似乎不大允许、至少不大鼓励花草树木的生长。可是，不论出于什么原因，作为日常行政生活的后半部分区域与前面的举行仪式的区域，总须有些区别才好。日日起居，天天行走，不一定非如前朝那般严肃、单调、冷静，要尽可能活泼些、丰富些，多些变化、多些花样。但又不准随意地植树栽花养草，即便是建筑，这个殿那个殿，这个宫那个宫，皇家规制下的造型色彩也不允许随心所欲、百花齐放、百家争鸣，那么，在覆盖着所有屋顶的琉璃上做文章就是最佳的选择了。

那个时候，单从建筑材料看，最高档，最尊贵，最易实行专造、专控、专供的，非琉璃莫属。从装饰功能，造型取意，光鲜亮丽，经得起风吹雨淋，且风越吹越亮，雨越淋越鲜的特色看，亦非琉璃莫属。再从施工便利、绝对保证皇帝工程的优质高效考量，还是非琉璃莫属——不管多大面积，多大体量，多复杂的形状，多丰富的色彩，均可分解为一块一块的构件，制坯、着色、上釉，一并烧制而成，运往现场拼接组装，方便快捷。

整座紫禁城到底用了多少琉璃烧制的构件，到底有多少人为紫禁城制作琉璃构件，恐怕怎么想也不过分。紫禁城偏西南不远处的琉璃厂，从明朝一直叫到现在，因为那里是永乐皇帝建造紫禁城的琉璃生产基地。紫禁城建成了，历朝历代的修修补补也离不开琉璃厂。乾隆皇帝大概觉得这个地方离他的宫殿太近了，他看见烧制琉璃的浓烟污染了明净的蓝天，他闻到刺鼻的气味影响了子孙们的胃口，于是他下令将琉璃生产基地迁移到远了许多的京城西郊门头沟。现在那个地方有一个村庄叫琉璃渠村。

几百年来，琉璃厂、琉璃渠的泥土就这样源源不断地变成了数不清的黄的瓦、黄的砖，还有绿的、蓝的、紫的、白的瓦及各式各样的形状的砖，陆陆续续地输送进紫禁城，整齐地排列到皇帝的屋顶上，巧妙地安置在皇帝的屋脊、屋角、屋檐、墙脊上，灵活地砌贴在皇帝的门楼、门脸、墙面上。

太和殿的槛墙上，琉璃砖拼成龟背锦。重要宫殿的门旁边，琉璃砖装饰出五花山墙。九龙壁应当是紫禁城中，当然也是天下最豪华、最显赫、最威风凛凛的墙壁了。九条造型、色彩各异的巨龙，连同墙脊上的十一条，共二十条蛟龙腾跃在波涛翻滚、礁石海花海树突立的大海中。

据说琉璃烧制工艺中的兑色、配色是最具技术艺术性的，有此绝技完全有可能赢得为皇家专造的权利而发家致富。身怀绝技的掌门人每当配料之时，便会登上高台以示技艺高超，实际是害怕他人看取。并且，这样的技艺是只传儿媳不传女儿的。就在已经处于垄断地位的琉璃马家为乾隆皇帝组装九龙壁的时候，意外的事件发生了，其中一条龙身上的一块构件摔成了碎片，重新配色烧制绝来不及，延期改期万不可能，只能冒欺君大罪之险，秘密选一块木料雕刻配色应急。精明挑剔如乾隆者，验收时居然没有察觉，足见造假技艺之高超。然而，假的毕竟是假的，最终逃不过时间的挑剔，现在，只要知道这个故事，都能从那条琉璃龙身上找出那块作假的木头构件。

在紫禁城里，开得最旺最盛，怎么开也开不败的，正是各式各样的琉璃花。

御花园里降雪轩前的大花坛是用琉璃花砌成的，宁寿宫乐寿堂后颐和轩前的花坛也是用琉璃花砌成的。乾隆花园符望阁前的碧螺亭上的宝顶，是琉璃烧制的冰裂梅，冰裂纹上浮雕的梅花枝也是琉璃烧制而成的。

花坛中花园里的不论什么花，在北方寒冷的冬天统统凋零了，唯有琉璃花依然争艳斗奇。

乾清门、宁寿门、慈宁门两侧高大宽敞的八字影壁的正中，多种琉璃花草组成大大的花篮，像现在盛大庆典摆放的豪华鲜花花篮那样，似乎时时刻刻都在欢迎和欢送任何一个出入宫廷的人。紫禁城里几乎所有的大小宫门周围，都有琉璃花草盛开蔓延。生长最多的是既含宗教信仰又寓多子多福、高洁清爽的莲花；还有花朵硕大饱满、高贵富丽的西番莲，也叫大丽花；象征富贵的牡丹；表示安居的菊花；宜男宜寿的石与兰草的组合；期望长久长寿的缠枝卷草，也是随处可以看到的。

让人惊讶的是，这些缺乏创意、寓意流俗的题材，竟然能够与宏大辉煌的建筑协调相处，相映生辉。此中的原因，想来是由图案的精致，比例的适当，色彩的和谐，造型的典雅成全的。好在一般人并不仔细考究其中的寓意，只是浮光掠影地分享感官视觉的愉悦。这已经足够了。皇宫里所有的装饰，让人们获得这样的体验其实是恰到好处的。如果一定要往深里探究的话，只要想想本来很美丽的琉璃花与俗气的寓意牵强附会在一起，人们从那些不断地重复地开放着生长着的花花草草表层获得的美感，就会随着深入的思考，像融雪一样，一点一点，一层一层，消解得干干净净。

（三）窗里窗外

旭日东升之时，火红的阳光照耀在到处可见的大面积的红门红窗上，照耀在红门红窗上的金框金钉上，与粗壮笔直的大红廊柱一起，红光浮动，金光闪烁，满眼梦幻般的景象。

中国的古代建筑，不管体量多大，都是用粗大的柱子撑起来的。紫禁城无比宏伟的宫殿群，是用森林般的粗壮的柱子撑起来的。由于立面不承重，只要得到允许，一座建筑的任何一个面，都可以任由建筑师尽情发挥——中国的窗户因而成为大同小异的建筑群中最活跃最自由最丰富的部分。

然而，紫禁城只给了建筑家限定的自由，从造型到色彩。不过，这已经足够了。高高大大的宫殿，给了门窗也给了建筑家充足的空间。

不论窗里窗外，不论白天晚上，紫禁城的窗户总是特别引人注目的地方。尤其是旭日东升之时，火红的阳光照耀在到处可见的大面积的红门红窗上，照耀在红门红窗上的金框金钉上，与粗壮笔直的大红廊柱一起，红光浮动，金光闪烁，满眼梦幻般的景象。

皇帝的窗户自然是等级最高的窗户。最高的等级中还有等级，不格外用心观察是看不明白的。紫禁城最重要的建筑集中在中轴线上。中轴线上最重要的太和、中和、保和三大殿的大窗窗棂造型全都是最高级别的三交六椀菱花形状，其次为双交四椀菱花形。正是这种基本没有多大变化——颜色没有变化：红色、金色；形状没有变化：三交六椀、双交四椀——大面积的铺排，反复的铺排，铺排出紫禁城最炫目的艳丽辉煌。

除了那些用作肃穆活动的重要建筑的窗户一定要营造出至尊庄严的辉煌来，其余大小建筑的窗户在等级的范围之内，在豪华、尊贵、精致的范围之内，还是可以生出不少的花样来。于是，在紫禁城的东西六宫、南所北所、大小院落、斋堂书房、楼阁亭台间，圆形的、方形的（四方的、六方的、八方的）窗出现了；如意形、灯笼形、双连式灯笼形窗出现了；松形、竹形、梅形窗出现了；描金窗、雕花窗、嵌玉窗、嵌景泰蓝窗、嵌瓷片窗出现了；夹纱窗、双面绣窗、书画贴落窗出现了；堆石窗出现了；玻璃窗出现了；窗棂组成的回纹、球纹、“卐”字“寿”字“福”字纹、冰裂纹、竹叶纹出现了——或齐整庄重的铺排，或眼花缭乱的变化，紫禁城里皇家的窗户，总是让人感叹装饰的华美而不大关注甚至忘却了它们通风、采光的实用功能。

紫禁城中的窗户上出现了亮堂堂明晃晃的玻璃大约是雍正时候的事情。突然发现窗外的太阳居然可使屋子里变得如此明亮，突然发现不用开门开窗就能如此清晰地看见屋子外面的人、院子、房子、屋脊上的天空，皇帝和他身边的人们不知怎样的惊讶。他们一定挨个儿地用手指轻轻地触摸那透明的叫作玻璃的东西，否则，他们难以相信真有一块东西挡隔在那里。不过，用不了多久，他们就挑出了玻璃的不少毛病。

比如，他们会说，在屋里做的事与在屋外做的事大多数时候是不一样的，在屋里说的话与在屋外说的话大多数时候也是不一样的，况且，每个人都有窥视的心理，在外面的想看清楚里面的，在里面的想看清楚外面的，里面的人使劲看外面，外面的人使劲看里面，没玻璃的时候，是怎么也看不着的，最不道德最极端的也须冒险捅破窗户纸才行，可是，玻璃窗就方便多了，里里外外的窥视就是有意无意间的事了。

比如，他们会说，阳光月光无遮无拦地洒到屋子里，那光色，那感觉，实在不如让绵软的纸过滤后来得无声无息，来得温柔温暖。

比如，他们会说，纸窗户上可以画窗花，可以剪窗纸，在宫殿的隔扇窗户上，臣僚们还可以书诗作画，这些叫做贴落的创作，能够让皇帝不止一次地近距离地看到，说不定哪一位的才华就横溢得被皇帝发现了。

比如，他们还会说，日光月光将松，将竹，将梅，将花草树木的影子投到窗户纸上，那是怎样的疏影斑驳？单把那些各种各样的窗形窗棂投到青幽幽的金砖上面，就有无限的情趣……

也许这是一些很有说服力的理由吧，也许皇帝们不愿意让自己的紫禁城过分奢华（那时候玻璃的价格十分昂贵，一平方米玻璃的价钱相当于一间五檩瓦房的价钱），他们只把无数的窗户、大面积的窗户中的小小的方框让给了玻璃，其余仍然保持纸窗的传统。

紫禁城中最最重要的三大殿，庄重地屹立在宽阔的汉白玉三台上的太和、中和、保和三大殿大铺大排的红彤彤的窗户上，始终没有允许大块的玻璃出现。如果真的出现了，真的把大殿的纸窗户统统换成明晃晃的大玻璃窗，不用说当时的人，就是现在的人，只要看见了，也不知觉得有多么的难堪。

事实正是这样，不必说古人了，就是现代人，可以说生活在玻璃世界里的现代人，仍然千方百计地保留对中国式的纸窗的怀念与回忆。他们会在透明的玻璃后面，挂上各式各样的窗帘；他们会把原本透明的玻璃，设计制作出纸样纸感的效果；他们会用不同的纸，做出不同的灯罩灯饰来。

紫禁城的窗户，宫殿的窗户，毕竟是皇帝的窗户，中国的窗户。这样的窗户在中国人眼里除了亮丽光彩，可能并不觉得格外特别，可是在外国人眼里，简直神奇到不可理解，他们只好用“梦幻”和“仙境”来表达他们的直觉。

这样的感觉更接近紫禁城之窗的美感。

屋里屋外，里面外面，也就是一窗之隔，但这一隔非同一般。白天，外面的光穿过它点亮里面的世界；晚上，里面的光穿过它点亮外面的世界。只想想夜里的情境吧——在紫禁城广大无边的黑漆漆的夜里，一处又一处殿的窗，宫的窗，有些隐在黑暗中，有些在黑暗中亮起来了，此时此刻，不管中国人还是外国人，除了看到梦幻，看到仙境，还能看到什么？

（四）死生有“命”

被扭曲的生命见证了无数被扭曲的生命而更加凹凸不平，太苍老的生命见证了太多的苍老而更加苍老。正是这些苍老的生命，用它们的苍老苍劲苍翠与红墙黄瓦的绝色组合，与流动的风，与漂移的太阳月亮光影的绝色组合，无声地抚慰着寂寞的宫殿。

虽说紫禁城里容不得生命的自由生长，在主要的场所，特别是在举行隆重仪式的大场面里看不到花草树木，看不到生命的绿色，但在边缘地带，还是点缀了一些顽强的生命。

一场大雪压断了紫禁城御花园里的不少树枝，故宫博物院研究明清家具的一位专家拣出一根杯口粗的柏树枝，数数年轮，足足 160 年。紫禁城中，御花园里，碗口粗、桶口粗、一人合抱、两人合抱的古树老枝多的是。

乾隆年间的《日下旧闻考》记：御花园内珍石罗布，嘉木葱郁，又有古柏藤萝，皆数百年物。乾隆《咏御花园藤萝》诗中有“禁松三百余年久”句。大概御花园里既有古柏藤萝，又有古松藤萝。现在御花园的古柏藤萝在东侧的万春亭北。不知从什么时候开始，枯死了的，或者老死了的连理古柏枝干，被年年嫩绿一回的藤萝攀援缠绕。

可以确切算出时间来的，是古柏藤萝的北边，摛藻堂与堆秀山之间的一株古柏。据乾隆皇帝自己说，他在下江南的船上做了一个梦，梦见御花园里的这株柏树跟着他下江南了，江南太阳如火，这柏树就站出来为他遮荫，回宫后乾隆皇帝特地到御花园看望了这株柏树，并亲封此柏为“遮荫侯”，还写了一首诗：摛藻堂边一株柏，根盘厚地枝擎天。八千春秋仅传说，厥寿少当四百年。时在乾隆十四年（1749 年），从那时至今，又过了 260 多年了，就按 400 年加 260 年算，至少 660 多岁，可知这“遮荫侯”是元朝的遗老了。“御园古柏森森列。”其中不少看样子比“遮荫侯”还要苍老。想想这地方曾是元皇宫的区域，它们比紫禁城还要苍老许多也在情理之中。

对于没有几处绿荫的巨大无比的紫禁城来说，最后面的御花园，东边的乾隆花园，西边的慈宁花园和武英殿东侧的十八棵槐一带，真是毫无生气的红色紫禁城里仅有的几片生机盎然的绿洲，弥足珍贵，更不用说生长在这些地方的这些三朝四朝的“元老”了，理应得到历朝历代地仔细呵护，悉心关照。

按照现在的对列入文物级的古树名木的挂牌保护管理办法，紫禁城里年龄 300 年以上挂红牌的一级古树 105 棵，年龄 100 年以上挂绿牌的二级古树 343 棵。其中柏树最多，依次为松、槐。想来除了取其长寿常青的寓意外，与柏树含“百子”之意，与“三槐”代“三公”之意（周代朝廷植三槐，三公位于三槐，后以此代指）以及“槐荫”寓意相关。御花园里的龙爪槐正好是三棵，最大最老的那棵，主干周长达 163 厘米，据说树龄少也在 500 年以上。虽说 500 年只长了 3 米高，但盘结如盖、老态龙钟的枝干绿叶年年槐荫罩地。

武英殿东的金水河上，有一座至迟建于明初，也可能建于元代，至少是使用了元代构件的断虹桥，桥北的植于明代的十八棵槐，老干新枝，不论春夏秋冬地映掩着白桥、红墙、黄瓦，为紫禁城笼罩出一大片难得的安宁清爽之地。

皇宫正西，与三大殿并列的慈宁花园里的两株银杏，树龄均在 300 年以上。夏绿秋黄的大树与浮在水中的精致的临溪亭，与花园北边慈荫楼、咸若馆、宝相楼里不时传出的修养中的后妃们的念经声相生互动，别是一番寂寞的风景。

紫禁城最西北角的英华殿前左右两侧，枝叶茂盛的菩提树铺排了半个院落。这树，据说是明神宗生母李太后亲手栽植。当年肯定是一边栽一棵的，几百年后，竟繁衍成两片小小的树林，可谓一树成林。每年盛夏，黄花烂漫，有籽缀叶背，秋天落地，若豆粒，色棕黄，光滑莹润，年复一年，大多成了宫里人诵经的串珠。因籽粒类菩提籽，乾隆命名为菩提树，大家也都这么叫了。那籽粒，因此便愈见珍贵。其实，它的真正名称是小叶檬椴。

从坤宁门出去往御花园走，门两侧各有楸树两株卧在土里。树不高，可根部已经非常非常老了。传说是清朝的皇帝从东北老家移来的。此后，征战各处，凡胜，必带当地土回宫，培于树下，土堆便越来越高，树反矮了，但楸树的地位更高了。

还有一株有名的楸树在东面的乾隆花园里。乾隆在紫禁城中给自己修花园时，为避让、保护原有的一株楸树，把设计中已定位的建筑往后移了移，让树冠华美的楸树立于门侧，并为该建筑取名“古华轩”，亲手书金字匾悬于上。

御花园里有名的绛雪轩，则是因轩前的五株古海棠得名的。乾隆为此写诗多首。写于乾隆三十二年（1767 年）的《绛雪轩》中有这样的诗句：绛雪百年轩，五株峙禁园。名轩因对花，取意缘体物。算来这古海棠至迟康熙初年就有了。确实也有记载，康熙春日赐宴于内苑，就曾“观花于绛雪，玉树临风”。花苞如胭，花开如脂，花飞如雪，的确是喝好酒、吟好诗的好景象。可惜这样的好景致早已消失了，现在正对绛雪轩的不是“丹砂炼就笑颜微”的香雪海，而变成了一丛不怎么惹眼的灌木太平花，在春末夏初的和风里，倒也能开出一堆素雅清甜的小白花，然而，那气势可就差多了。不过，宫里的人却很看重，把太平花称作“瑞圣花”，甚至把宫廷的命运与它们联结在一起。花若开得繁盛，天下就祥和太平。英法联军抢了烧了圆明园，废墟间竟有太平花开放，光绪专陪慈禧太后去观赏，群臣聚会赋诗，以为大清国就要“复兴”。1911 年，御花园里的太平花开得格外繁茂，紫禁城里的最后一位皇太后高兴得不得了，可是没过多久，她就得为六岁的末代皇帝签发“退位诏书”。

有时候，人们会看见从高高的红墙上边探出绿色的树枝。到了秋天，还会看见绿色的树叶间露出红了半边脸的枣儿。据说，主要在紫禁城西北角一带，主要供退居偏安的太后妃嫔们生活的寿康宫、寿安宫、慈宁宫、英华殿区域比较空闲的地方，栽种着一些比较实用的枣树、柿子树、核桃树等，大概和这些树的名称及它们能长出累累的果实有关吧。既然实用，就不会太长久。现在在那些地方看到的许多枣树、柿子树，大多栽植于 20 世纪 60 年代，据说和那时候国家遭受的极端困难有关，和想要多少解决一点生存生活问题有关。半个世纪很快就过去了，这些树也老了，在枝叶果实落尽的多雪的冬天，它们把铁划银钩般的枝干刻在苍老的红墙上。

常常看见人们欢欢喜喜地在御花园里一株又一株“连理柏”前照相留影。其实帝王们并不关心“在天愿作比翼鸟，在地愿为连理枝”的世俗意愿，他们关注的是史籍中“王者德化洽，八方合一家，则木连理”的记载，相信的是“木同木异枝，其君有庆”的说法。于是，下边的人便用人为扭曲的手段造出天示的祥瑞来——钦安殿前的“连理柏”是把分植的两株从上面拧在一起，万春亭旁的是把一株从中间劈开分植两处，让上边仍连着。那拧起来的结，那劈开的伤痕，不管过去多少年，仍显露得清清楚楚。

人们更惊奇一株又一株松柏的躯杆上为什么布满那么多瘤状物而凹凸不平？没有其他的解释，只能说被扭曲的生命见证了无数被扭曲的生命而更加凸凹不平，太苍老的生命见证了太多的苍老而更加苍老。正是这些苍老的生命，用它们的苍老苍劲苍翠与红墙黄瓦的绝色组合，与流动的风，与漂移的太阳月亮光影的绝色组合，无声地抚慰着寂寞的宫殿。

紫禁城中最能震动人们的还是这些比紫禁城还长久，至少与紫禁城同龄的生命。经历阅历就是资本与力量，尽管它们中有些已经停止呼吸。我自己，我也看见无数的旅游者、参观者团团围绕在仍然枝繁叶茂和虽然已经枯干依然顽强挺立着的苍老的松柏周围，久久不肯离去。人们之所以对它们肃然起敬，因为谁都知道，只有它们看遍了紫禁城里的24位皇帝一个个怎样走来，一个个又怎样离去……还有无数的后妃、宫女、太监，一个个怎样走来，一个个又怎样离去……

而当狂风大作，黑云压向紫禁城之时，人们抬起头，看见那些早已枯死的黑黑的枝干不屈不挠清晰坚强地向阴云密布的天空伸去的时候，便立刻更加敬畏起这些生生死死、生死死生的“生命”来。

（五）雪舞紫禁城

当现代的楼宇街景模糊在风雪里的时候，人们发现紫禁城的线条在风雪中更加清晰优美了，紫禁城的声音在风雪中更加丰富悦耳了，紫禁城的形态在风雪中更加典雅端庄了，紫禁城的景象在风雪中更加大气磅礴了。

紫禁城北的景山上的确是看紫禁城的最佳位置，尤其是在下雪的季节看雪中的紫禁城，看雪后的紫禁城。

云暗天低，雪花纷扬纷乱起来，便立刻朦胧了紫禁城天上人间的界限，朦胧了古往今来的时空，朦胧了宫殿庭院的高低、宽窄、大小，朦胧了皇朝的礼治、权威的尊严、人臣的等级，朦胧了皇室与平民的分隔与距离。紫禁城属于皇帝的黄色的琉璃瓦屋顶，紫禁城周边一座座王府的属于达官贵族的绿色的琉璃瓦屋顶，再远处属于普通百姓的灰色的屋顶统统被同样的白雪覆盖了那样。虽然是暂时的，人人都明白，皇帝更明白，但在飞雪的世界里，总会生出些别样的异样的情态来。

端坐在龙椅上的皇帝隔窗而望，有可能突然发出一道“圣旨”，喝住了纷乱的雪花中纷乱的扫帚，喝退了面目不清的纷乱的扫雪的太监们。他突然反感起臣僚与太监们的殷勤，他不想让他们的殷勤搅扰了难得的上天赐予的纯净与宁静。皇帝起身走到养心殿的庭院中。他虽然发现了他留在雪地上的脚印与大臣与太监的脚印没什么区别。不过，他的心境还算不错。他把他的漂亮的后妃们及皇子们召来，让他们在雪花中雪地里尽兴。如果恰值元日元宵，他会传令春节灯节要更热闹些，他希望听到纷纷的雪花中爆竹的噼啪乱响；看到爆竹的纸屑与雪花一起飞扬；他希望闻到雪花中弥散开来的清爽又浓烈的火药的刺激的味道。他突然变得亲切起来，慈祥起来，他会顺手写出一些柔润、温馨、祥瑞、和谐的诗句来，还会写出一幅又一幅不大不小的“福”字，随着飘舞的雪花，送给他身边的人们。

纷纷扬扬的雪花在紫禁城的每一个角落舞动起来的时候，在一派朦胧的景象中，似乎一切都消解了，一切都消失了。其实一切皆在，或者更加真切。

仍然可以站在景山最高处的万春亭前观望。如果你在晴天丽日时也观望过的话。你会发现一个奇怪又令你无比惊讶的景象——在晴朗的天幕底下，古老的紫禁城似乎陷入现代高楼大厦的谷底；在大雪纷纷的此时此刻，一切现代的建筑一齐面目不清了，甚至退缩得无影无踪，而宫殿高低错落、铺排宏大有序、线条清晰流畅、轮廓典雅秀美的紫禁城却如迷人的海市蜃楼般奔来眼底。洋洋洒洒的大雪不仅遮掩不住它的容颜，反而渲染了它的丰姿。不管是距离的原因，还是心理的原因、视觉的原因，或是别的什么原因，总之，凡是有此经历者，都会思索：紫禁城，这座最经典的中国古代建筑，为什么具有如此穿透时空的魅力？

这时候，你从景山下来，在纷纷的雪花中沿紫禁城宽达 52 米的护城河行走。冰面的积雪已经使得护城河更为开阔。透过飘扬的雪花，看得清河对面深灰色城墙的墙面上已经挂起累累的雪团。横在乱雪中的一线堞墙如锁链般清晰整齐，被锁定的威武的神武门城楼与玲珑的角楼，在飞舞的雪花中愈显出遗世独立的势态。雪花越墙而过，神秘的宫殿近在眼前又遥不可及。

这时候，与神武门南北守望的午门前，午门城楼与东西雁翅楼、与阔大的紫红色的墙体墙面合围而成的巨大的敞口式广场更加雄浑整肃。密密麻麻的雪片旋转翻动出一派浑然浩然的境界。谁都用不着怀疑，再多再大再密的雪，不论是狂乱的还是轻盈的，都可以集中在这个地方，这个地方总可以从容地容纳吞吐。

近 600 年前，就在午门城楼刚刚竣工的第一个元宵节，永乐皇帝朱棣在午门前高搭彩阁，燃放焰火，与民同乐。不料烧毁了崭新的城楼，烧死多人。那一年肯定没有出现“正月十五雪打灯”的瑞象。尽管如此，后来的皇帝们仍然会登临午门城楼。雪中的元宵灯节分外隆重热闹。高高在上的皇帝乐意看着他的臣民在雪地里点亮花灯。通体亮堂的长龙与飞雪共舞。

不知过了多少年。世界著名的三大男高音的终生梦想实现了。21 世纪的第一年，帕瓦罗蒂、多明戈、卡雷斯在午门广场高歌《今夜无人入睡》。他们也有遗憾。如果是在飘着不大不小不紧不慢轻柔雪花的元宵节，一流的现代灯光师把古老的城楼幻影为无法复制的背景，世界上最最著名的男高音的嘹亮歌声在曼妙的飞雪中直上河汉，那会是怎样的浑然浩然啊！

紫禁城内长达2000米的蜿蜒起伏的金水河在飞雪中舞动了。到处可见的檐宇四角的走兽，屋脊上的龙吻，嵌在基石间的螭首，数不清的石雕栏杆上的云龙云凤，九龙壁上的九龙，青铜狮子，青铜兽面，铜鹤铜龟，所有的动物雕塑雕刻，统统摘去威严的面具，一齐被飞雪舞动起来。

殿前殿后的云龙石雕上积了雪，还没有被完全覆盖，你便看见也知道了什么是神龙见首不见尾。在保和殿后面那块重约 250 吨的云龙石雕前，你会想到这块最大最重的石块如何运进紫禁城的故事。如果那一年下了一场铺天盖地的大雪，数万民工就用不着掘井泼水做冰道了，他们只要将雪道压成冰道就可以将这块巨石滚运进紫禁城。

数倍于午门广场面积达 3 万平方米的太和殿广场上，长长的御道被白雪覆盖了，遍体沧桑的无数的地砖被白雪覆盖了，一派洁白的广场无比空旷。融入雪色的汉白玉三台托起的太和殿巍峨而缥缈，一排又一排石雕望柱顶端的积雪一点点加厚。“高处不胜寒”的感觉顿时袭来。紫禁城东北的一个角落里的一口井，因珍妃被推入井口，故现在叫“珍妃井”，井口也被白雪覆盖了，而所有经过此处的人都感受到直入骨髓的冰凉。

纷纷扬扬的大雪终于完全覆盖了紫禁城，覆盖了几百年来纷乱的脚印和明灭的灯火，覆盖了争权夺利的动乱与朝代的更迭。当纷纷扬扬的大雪安静下来之后，紫禁城被覆盖得如此静谧，如此安逸，如此干净，如此完整而完美，仿佛什么也没有发生，只留下浩瀚的建筑在纯洁的世界里尽情地展现它的完整与完美。

纷纷扬扬的雪应当不停地落下。下得再大一些，积得再厚一些。紫禁城承受得起。在这座宏大无比的中国的宫城中，再大的雪也不显沉重，再厚的雪也不显冰冷，再狂乱的雪也不显肆虐。上下一体、河山共色、天地莽莽原本就是紫禁城的境界。

可是，在没有人希望停下来的时候，大雪停止了。停得那么突然，那么匆忙，那么猝不及防。

突如其来的一阵又一阵的强劲的风迅猛地扫荡了沉重的冬云。紫禁城上空的天突然变得格外的蓝，紫禁城上空的太阳突然变得格外耀眼。格外尖刻的风在紫禁城宽宽窄窄、长长短短的通道间急速地窜来窜去。空气格外的纯净、凛冽。紫禁城中所有人的头脑突然变得格外的清醒、理智、现实，格外的亢奋、不安、冲动。

剧烈的变动之后，一切归于平静。紫禁城中的人们突然发现从来没有的明朗，从来没有的清晰，从来没有的鲜艳。

被厚厚的白雪严严实实地覆盖着的所有的高低错落的屋顶一律闪烁着炫目的白色的亮光。被厚厚的白雪严严实实地覆盖着的所有的砖石路面高台平地一律闪烁着炫目的白色的亮光。在上上下下的炫目的白光之间，那些被太阳照亮了的红色的廊柱门窗，那些被屋檐遮映得半明半暗的红色的廊柱门窗，以及那些无处不有的大块大块的红色的墙面，一律闪烁着炫目的红色的亮光，从炫目的白光间跳了出来，从四面围拢而来。不论在东西六宫一座又一座精致的院落中，还是在开阔的太和门前、乾清宫前，此种感受都很强烈。当然，当你一个人静静地站在湛蓝湛蓝天宇之下的太和殿前，此种感觉就更为强烈了。而当太阳初升的早晨和太阳西下的傍晚，站在同样的地方，你会感受到另一种奇异的景象——上上下下的炫目的白光镀了一层金，上上下下的白光之间的炫目的红光镀了一层金。四面八方一派炫目的灿烂辉煌。

这个时候，你会惊异如此纯粹的色彩能给你如此惊心动魄的感受，你会感受到从来没有过的博大与雄浑；你会感受到从来没有过的气壮神往；你会发现你自己忽然产生了从来没有过的想做一些重要的事情的强烈愿望。当然，你也有可能感受到从来没有过的寂寞、孤独与渺小。

当你终于冷静下来的时候，当你明白你置身于伟大的建筑之中的时候，当你发现你的所有感受来自你周围的一切的时候，你终于明白，或者你终于清醒地意识到，紫禁城的建筑家们为什么把所有的宫殿区域里四面合围着的所有的廊柱门窗及大面积的墙面统统交给了红色，交给了被今天的人们称之为“中国红”的色彩。

厚厚的积雪在辉煌的太阳的照耀下，在火焰般明亮温暖热烈的“中国红”的渲染中闪闪烁烁地开始融化了。

一座座屋顶上，一条条笔直的屋脊两端的一个个龙吻昂起张扬的头和张开的嘴巴。高耸的屋脊上、墙脊上的积雪大片大片地滑落。大屋顶上的瓦垄渐渐显出凸凹的行列。过不了多久，连绵的屋顶上铺排着的无边无沿的琉璃瓦闪现出明明暗暗的金色的光泽。广场上一块接一块的露出来的湿润而新鲜的褐色地砖更显得饱经沧桑。被无数的鞋底打磨过的石头御道湿漉漉的又滑又亮。

太阳更亮、白雪更白、红墙更红、黄瓦更黄。红墙黄瓦点缀着白雪不知不觉地幻化成白雪点缀着红墙黄瓦。

雪溶化得更快了。雪水变成冰，又化为水，又变成冰，再化为水。一丝丝地，一点点地渗下去。像太阳的影子一样，像流转的时光一样，一丝丝地，一点点地渗下去，渗入一行又一行金黄色的瓦垄中，渗入一面又一面紫红色的宫墙里，留下一缕又一缕几乎寻觅不到的湿痕来。

大雪终于消失得无影无踪了。可以让人生出无数关于大雪的回忆的残雪，只有在太阳永远照不到的角落里，在东西六宫狭长的阴暗的通道中，在曲折蜿蜒的金水河的冰面上，在慈宁宫、慈宁花园枯萎的草丛里，在神武门两侧的城墙根，在护城河边的石缝里，静悄悄地存留着。

一切又回归了，一切又复原了。大雪飞扬的朦胧诗意被大风吹散，大雪覆盖的柔和的温馨被冷漠驱逐。岂止是复原复归，整个紫禁城像被潮湿冰凉的抹布擦过一样。更红的高墙更加森严，更鲜艳的门窗更加紧闭，广场更空旷更冷清，石狮、铜狮、雕龙、绘龙更严厉、更威猛、更张牙舞爪。更清晰了上下高低，更清晰了大小宽窄，更清晰了尊卑贵贱。一切更加分明，更加有序，更加规矩。

然而，天气却愈加寒冷了。

然而，同样是冬季，同样是下雪，同样是几百年前那样的雪，同样是几百年前雪后的紫禁城，却早已物是人非了。大雪扬扬洒洒的时候，不知有多少人相约到故宫看雪。紫禁城东北角、西北角的护城河边，景山的最高处，突然架起了比平日多得多的各式照相机。看起来确实也很奇怪，当现代的楼宇街景模糊在风雪里的时候，人们发现紫禁城的线条在风雪中更加清晰优美了，紫禁城的声音在风雪中更加丰富悦耳了，紫禁城的形态在风雪中更加典雅端庄了，紫禁城的景象在风雪中更加大气磅礴了。雪后的太阳出来，紫禁城的色彩更加亮丽夺目了。当此时刻，我不止一次看见并羡慕快乐无比的女生男生们，在金水桥边的雪地里，在太和殿广场的雪地里，尽情地打滚撒欢。

他们不再如昔日的臣民向帝王的威权跪伏。

他们陶醉于今日的紫禁城之美而情不自禁。